FRIEDRICH POHLMANN

DAS REICH DER GROSSEN LÜGE

FRIEDRICH POHLMANN

DAS REICH DER GROSSEN LÜGE

Essays zur Transformation Deutschlands

DIE WERKREIHE VON TUMULT #12
Herausgegeben von Frank Böckelmann

MANUSCRIPTUM

Impressum

Zwölfte Ausgabe der Werkreihe TUMULT, erste Auflage Juni 2021
Herausgegeben von Frank Böckelmann/TUMULT. *Vierteljahresschrift für Konsensstörung*, Dresden
www.tumult-magazine.net

Gestaltung & Herstellung
Autorenfoto Friedrich Pohlmann © Friedrich Pohlmann
Lektorat: Horst Ebner, Wien
Gestaltung: Thomas Löffler, Berlin

Titelnummer: 10610
ISBN: 978-3-948075-96-5

www.manuscriptum.de

INHALT

VORWORT

Daß die westlichen, liberaldemokratischen Ordnungen nach dem radikalen »Epochenwechsel« (Rolf Peter Sieferle) von 1989 – ihrem scheinbar triumphalen Sieg über ihren kommunistischen Antipoden – in dem historisch kurzen Zeitintervall von rund dreißig Jahren in eine fundamentale Krise derjenigen Art, wie wir sie gerade erleben, geraten könnten, eine Krise, die das Corona-Regime zu kaschieren trachtet und die Projekte großer autoritärer Systemtransformationen bei kleinen, überaus mächtigen global vernetzten Cliquen auf den Plan gerufen hat, das hätten sich im ersten Drittel der neuartigen Globalisierungsepoche selbst scharfsichtige Pessimisten kaum vorstellen können. Der Sieg im Kalten Krieg, der das »kurze 20. Jahrhundert« (Eric Hobsbawm) beendete, hatte ein hypertrophes Selbstverständnis verfestigt, das seinen prägnantesten Ausdruck im Schlagwort vom »Ende der Geschichte« in einem global erfolgreichen liberaldemokratischen System erhielt, obwohl Francis Fukuyamas so betitelte Schrift einen eigentlich unüberhörbaren Subtext einschließt, der gehörige Zweifel an der Stabilität dieses Systems weckt. Zwei prominente Stimmen allerdings verweigerten sich ganz dem großen Gesang der Affirmation, nämlich Samuel P. Huntington in seinem tiefgründigen Werk über einen sich nach Ende des Ost-West-Konfliktes verschärfenden »Kampf der Kulturen«, in dessen Zentrum der Antagonismus zwischen islamischer und westlicher Welt stehen werde, und die erst jüngst hörbarer gewordene Stimme Rolf Peter Sieferles, der – dabei Deutschland in den Blickpunkt rückend – frühzeitig in einer außergewöhnlich subtilen Analyse die vielfältigen Widersprüche, Paradoxien und Aporien zwischen universalistischen und partikularistischen Tendenzen im neuen »Zeitalter der Globalisierung« analysierte.

Ihr aktuellster Ausdruck ist die unüberbrückbare politisch-weltanschauliche Gegnerschaft zwischen einem »globalistischen« und einem »populistischen« Lager in unseren Gesellschaften geworden, eine Gegnerschaft, zu der man freilich – als Folgen einer historisch beispiellosen, politisch gewollten Massenimmigration – das kulturell-religiöse Spannungsverhältnis zwischen dem Islam und westlichen Orientierungen hinzudenken muß: Der »Kulturkampf«, der sich im Inneren der liberaldemokratischen Ordnungen entfaltet hat, hat somit eine *dreipolige* Grundstruktur; und er wird mittlerweile in einer noch vor einigen Jahren undenkbaren Schärfe und Unerbittlichkeit geführt; in einem »thymotisch« (Peter Sloterdijk) aufgeladenen Klima des mentalen Bürgerkrieges, in dem sich ungefilterte Aggressionsaffekte Bahn brechen, die kommunikative Verständigungsmöglichkeiten zerstören. Die Figur des »Weltanschauungsfeindes« ist in die Arena des politischen Kampfes zurückgekehrt, und jede ihrer Ausprägungen läßt sich letztlich einem der Pole in der benannten Dreieckskonstellation zuordnen.

Die in diesem Buch versammelten Aufsätze* wollen alle zu einem besseren Verständnis unserer Gegenwartskrise aus ihrem Gewordensein beitragen, wobei die Dimension des Gewordenseins historische Perspektiven einschließt, die teilweise weit über die Epoche ungebremster Globalisierung seit der radikalen Zäsur von 1989 hinausreichen und beispielweise im Falle der Islamproblematik sogar bis in archaische Zeiten zurückgehen müssen, bis in die Entstehungszusammenhänge der drei monotheistischen Weltreligionen und ihr spannungsvolles Konkurrenzverhältnis. Wie bei Sieferle, so steht auch in den meisten meiner Texte die *deutsche* Entwicklung im Zentrum der Reflexion, und zwar nicht nur, weil das ›unser‹ Land ist, sondern weil sich – bedingt durch die singuläre Sequenz von Brüchen in der deutschen Geschichte des 20. Jahrhunderts – in Deutschland in besonderer Schärfe reale soziale und mentale Entwicklungen vollzogen haben, die, nunmehr gewissermaßen zu einem idealtypischen Bündel verschnürt, die Systemkrise der westlichen liberaldemokratischen Ordnung prägnant auf den Begriff zu bringen gestatten.

Den zusammenschließenden Sinnrahmen für die hier vorgelegten, zunächst ganz disparat erscheinenden Texte bilden vier übergeordnete,

* Die Aufsätze wurden in den letzten fünfzehn Jahren verfaßt, ihr Entstehungs- bzw. Erscheinungsjahr ist im Quellenverzeichnis nachgewiesen. Die meisten von ihnen sind als Rundfunkessays gesendet worden, weshalb im Band auf Fußnoten verzichtet wurde. Erwähnte Autoren und Publikationen sind in einer Literaturliste versammelt. Die Reihung der Texte folgt zwar einer thematischen Logik (mit manch inhaltlichen Überschneidungen), ihre Einhaltung beim Lesen ist aber für das Verständnis kein Muss. Jeder Essay steht auch für sich.

realiter vielfältig miteinander verzahnte Themenkomplexe: der *Realprozeß kapitalistischer Globalisierung* mit seinen destruktiven Konsequenzen für traditionelle soziale Partikulareinheiten wie Familie, Volk und Nationalstaat; die diesen Prozeß begleitenden und fördernden *Ideologien*; das neuartige *Verhältnis zum Islam*; und schließlich die mit den makrogesellschaftlichen Entwicklungen auf das Intimste verknüpften Wandlungen des *Geschlechter- und Generationenverhältnisses.* Einige grundsätzliche Stichworte zu diesen Themenfeldern verhelfen zu einem roten Faden zwischen den Texten.

Erst der welthistorische Bruch von 1989 hat die radikale Transformation des – bis dahin primär ›volkswirtschaftlich‹ strukturierten – Kapitalismus zu einem essentiell *globalistischen Neoliberalismus* ermöglicht, der – befeuert vom vierfachen Credo einer ungehinderten weltweiten Mobilität von Kapital, Waren, Dienstleistungen und Arbeitskraft – alle gesellschaftlichen Teilsysteme an der ungehemmten Funktionslogik der kapitalistischen Ökonomie auszurichten trachtet. Nur im Zusammenhang mit dieser Transformation sind die ganz präzedenzlosen politisch-kulturellen Großexperimente in Europa zu verstehen, etwa die ökonomistisch dirigierte Umgestaltung und Angleichung der Bildungssysteme im Zuge der »Bologna«-Reformen, aus deren Ungeist auch die gegenwärtige Perversität des »Homeschooling« im Corona-Regime stammt, aber vor allem die Transformation der EWG zur EU selbst, die, hinter der schmeichelnden Fassade von Ideologien eines »grenzüberwindenden« *humanitaristischen Moraluniversalismus*, die gänzliche Auflösung der Nationalstaaten in einem demokratisch nicht legitimierten supranationalen politischen Herrschaftssystem anzielt, das sich als Vorbild eines »Weltstaates« versteht. Als ein Hebel dieser Transformation fungiert auch die Massenimmigration vorwiegend junger Männer aus dem islamischen Kulturkreis. Sie ist zwar langfristig mit unserem Sozialstaat inkompatibel und hat massive Friktionen im demographisch austarierten Geschlechterverhältnis in den jüngeren Altersgruppen zur Folge, befördert aber – durch ethnisch-kulturelle Durchmischung – den gewollten Machtverlust der europäischen Völker. Das Immigrantenheer soll außerdem den durch Wandlungen im Geschlechterverhältnis bedingten ›Menschenschwund‹ in Europa aufhalten und darüber hinaus die Schaffung moderner Formen einer lohndrückenden »industriellen Reservearmee« (Karl Marx) ermöglichen.

Der entfesselte Globalkapitalismus erfordert und propagiert einen Menschentypus, dessen ›Ideal‹ der voll in den Arbeitsprozeß integrierte totalmobile, ortlose und von familialen Bindungen und solchen an sein Volk und dessen Geschichte und Kultur weitgehend ›emanzipierte‹ Einzelne beiderlei Geschlechts ist; das atomisierte, sich primär der »Menschheit« zuordnende Individuum mit einem sich in konsumistischen Begierden erschöpfenden Glücksverlangen – eine Variante also jenes »letzten Menschen«, der Nietzsches Zarathustra entgegenblinzelte, als dieser nach zehnjähriger Einsamkeit von seinem Gebirge herabstieg. Grundmerkmale dieses ›Ideals‹ finden sich in gegenwärtigen Leitbildern zum Geschlechterverhältnis, und sie sind integraler Bestandteil jener *Ideologien*, die, alle mehr oder weniger deutlich utopistisch konstruiert, als *humanitaristischer Moraluniversalismus* und *politische Korrektheit* die hegemonialen westlichen Weltbilder prägen. Nun setzt die Bereitschaft zur Selbstverortung des Einzelnen in einem harmonisch imaginierten globalen Irgendwo namens »Menschheit«, die diese Ideologien wecken wollen, seine ›freiwillige‹ Herauslösung aus dem Humus der Geschichte und Kultur seiner eigenen Nation voraus, und diese ›freiwillige‹ Entwurzelung gelingt am einfachsten, wenn dem Einzelnen dieses *Eigene* – die Geschichte und Kultur seiner Nation und darüber hinaus des gesamten Westens – als ein grundlegend verderbter, verachtenswerter Seinszusammenhang erscheinen muß. Die »Verachtung des Eigenen« (Frank Lisson), die etwas substanziell anderes ist als jene nur im Okzident zur Tugend gewachsene Haltung kritischer kultureller Selbstreflexion, ist eine *conditio sine qua non* für die Attraktivität der hegemonialen atomistisch-universalistischen Menschen- und Weltbilder, und diese *Abwertung des Eigenen* findet sich als machtvolle Attitüde gegenwärtig in allen westlichen Gesellschaften – in seinen pathologischen Extremformen als Minderheitengeschrei der Totalabwertung der gesamten okzidentalen Entwicklung und des »weißen Mannes« –, aber die längste und tiefgehendste kollektive Identitätsstörung dieser Art hat sich doch in Deutschland ausgebildet.

Die Erkenntnis ihrer spezifisch deutschen Ausprägung, die hier ausschließlich behandelt wird, ist natürlich ohne Rückgang auf das Ende des zweiten Dreißigjährigen Krieges, den radikalen Einschnitt ins Selbstverständnis der Deutschen durch das Jahr 1945, nicht möglich. »1945« steht hier für mindestens zweierlei: für das nackte Faktum der »totalen« Kriegsniederlage samt den dazugehörigen Ohnmachts- und Demütigungserfahrungen der Besiegten und für die Konfrontation mit den nationalsozialistischen Massenverbrechen. Daraus formte sich eine Disposition zur Übernahme der Welt- und Geschichtsbilder der Sieger, die diese Bereitschaft durch »Umerziehung« forcierten, und im Zuge dieser Übernahme entstand eine radikale Abwertung des Eigenen, die tendenziell die Gesamtheit der neueren deutschen Geschichte einschloß.

Spätestens seit »1968« hatte sich in den Köpfen einer jüngeren Generation, die in teils dramatischen Formen gegen ihre Kriegsverliererväter zu rebellieren begann, ein volkspädagogisches geschichtspolitisches Glaubensbekenntnis festgesetzt, dessen harter Kern ein auf drei Sinnpfeilern errichtetes quasireligiöses Narrativ darstellt. Dessen *erster* Teil handelt von *deutscher Hybris und singulärer Schuld*, die im Zweiten Weltkrieg und schließlich in Auschwitz katastrophal kulminierten; sein *zweiter* spricht die *gerechten Strafen* durch die Sieger an (Vertreibung, Gebiets- und Souveränitätsverlust, Teilung etc.), während sein *dritter* Teil von der *›Bewältigung‹ der Vergangenheit* durch die Nachgeborenen handelt, den *Lehren*, die sie uns aufnötigt. Dazu gehört an erster Stelle das aus »singulärer Schuld« folgende Bekenntnis zu einem *unaufhörlichen Bemühen um moralische Besserung*; ein Bemühen, das den Nachkommen des »Tätervolks« ganz besondere Sühneleistungen aufbürdet, unter denen die Verpflichtung zur fraglosen Pflege eines gesinnungsethisch radikalisierten humanitaristischen Moraluniversalismus herausragt, der das selbstgewollte Verschwinden als einer kulturell-nationalen Einheit samt Abschaffung des Nationalstaates in einem mit der EU gleichgesetzten »Europa« einschließt. Schlüsseltopci in dieser mythologischen Erzählung sind das mit dem Schuldbegriff verknüpfte Singularitätstheorem und eine im Kern ›rassistisch-kollektivistische‹ Zuschreibung im Begriff »Tätervolk«, die dem nachgeborenen volkspädagogischen Geschichtsaufklärer nur ein gespaltenes

Zugehörigkeitsbewußtsein ermöglicht: Er gehört ihm an – qua Abstammung –, aber er gehört ihm auch – und vor allem – nicht an, und er hätte ihr auch ›damals‹ nicht angehört, und zwar aufgrund seiner unvergleichlich anderen Moralstandards, seines humanitaristischen Universalismus. Folgen dieser Spaltung des Zugehörigkeitsgefühls sind die abstoßenden routinierten öffentlichen Bekundungsrituale angeblicher Scham im politischen Betrieb und auch jenes Phänomen, das anläßlich der Debatte um Günter Grass' Zugehörigkeit zur Waffen-SS »Schuldstolz« genannt wurde, nämlich der paradoxe Versuch, eine aus »singulärer Schuld« abgeleitete kollektive Selbstverdammung zur Quelle kollektiver Selbstachtung umzudeuten.

Die gravierendste Konsequenz des Abschüttelungsversuchs der Zugehörigkeit zum »Tätervolk« durch aggressive Zuwendung zum »Humanitarismus« (Arnold Gehlen) mit seinem utopischen Wolkenkuckucksheim vom grenzüberwindenden Irgendwie eines Allgemein-Menschlichen scheint aber der Verlust realistischer historischer und politischer Phantasie zu sein. Wer in diesem »gutmenschlichen« Heim heimisch geworden ist, entwickelt einen mentalen Habitus, der seine selbstreflexive Vorstellungskraft so sehr beschneidet, daß er unfähig zur Erkenntnis wird, wie sehr er selbst unter den Extrembedingungen der Diktatur und des Krieges gefährdet gewesen wäre, zum Täter zu werden. Hingegen ist die geschulte historische Phantasie, die zur Konfrontation mit den dunklen Seiten der eigenen Person führt, die Grundvoraussetzung dafür, auch die dunklen Seiten der deutschen Geschichte in sich auszuhalten und als Teil eines längeren und breiteren geschichtlich-kulturellen Stroms, durch den man – ob man will oder nicht – ist, was man ist, anzunehmen. Die Verkümmerung historischer Phantasie schließt freilich immer auch die Verkümmerung realistischer politischer Phantasie ein, unter der eine mit der Potentialität interner und externer Gewalt- und Freiheitsbedrohungen immer rechnende Haltung zu verstehen ist, also ein Gefahrenbewußtsein auch und gerade in Zeiten scheinbarer politischer Normalität. Wem dieses Gefahrenbewußtsein abhanden gekommen ist, der stolpert bei der Konfrontation mit der Macht eines Unvorhergesehenen sofort ins Falsche. Gerade das Mitläufertum im gegenwärtigen Corona-Regime zeigt, wie sehr viele Verfechter der hehren Harmonieideale des Humanitarismus auch ›damals‹ mitgelaufen wären.

Der humanitaristische Moraluniversalismus und sein Korrelat, die Abwertung des Eigenen, gehören zum inhaltlichen Kern jenes Sprachregimes, das den Namen politische Korrektheit trägt. Es hat mittlerweile seine schärfste Waffe in Sanktionsregelungen gegen Abweichler entwickelt, die die Zerstörung ihrer sozialen Existenz bezwecken. Dazu kommen im gegenwärtigen Corona-Regime ›Zensurpraktiken‹, die die Rede von der »Meinungsfreiheit« mehr als problematisch erscheinen lassen. Die Kompatibilität der schimärischen Utopieideale des humanitaristischen Moraluniversalismus mit einer freiheitsvernichtenden politischen Praxis wird dadurch eindringlich demonstriert.

Im Verhältnis zum *Islam* – dem dritten zentralen Konfliktpol innerhalb unseres liberaldemokratischen Systems – gebiert das mentale Bündel aus kollektiver Identitätsschwäche, verkümmerter politischer Phantasie, Humanitarismus und dem westlichen »Momentismus« (Hans-Peter Raddatz) – worunter eine wesentlich auf die Gegenwart zusammengezogene kulturelle und politische Selbstverortung verstanden wird, der die Kraft zur vorwärts gerichteten Langsicht fehlt – gravierende Fehldeutungen und vollkommen inkohärente politische Entscheidungen. Der Islam ist eine *politische Religion*, die – die Scharia zum unanfechtbaren Leitprinzip des Alltagslebens erhebend – mit dem westlichen politischen Denken in Kategorien der strukturellen Differenz vollkommen unvereinbar ist. Zusätzlich konfrontiert uns die islamische Masseneinwanderung mit neuen Formen des Antisemitismus und Körperverstümmelungspraktiken (die sogenannte »Beschneidung«), die für ein aufgeklärtes Rechtsverständnis eigentlich intolerabel sein müßten.

Das genuin islamische Selbstverständnis und Zeitgedächtnis bietet ein extremes Gegenbild zur westlichen Abwertung des Eigenen und zum momentistischen Denktypus. Die Gegenwartsdeutung leitet sich hier, in um sich kreisender Selbstaffirmation, aus dem ständigen Gedächtnis an die idealisierte Urgemeinde des Propheten in Medina ab. Sie ist unwandelbares Vorbild und die Quelle, aus der sich die Vorstellung der Geschichte als islamischer Geschichte und somit Heilsgeschichte speist. Der Auftrag zur Expansion des eigenen Glaubens, den das Medina-Modell jedem Gläubigen vorgibt, ist integraler Bestandteil dieser sakral-historischen Verortung. Diese Expansion aber wird nicht in Einzeljahren gedacht, sondern in Jahrzehnten und Jahrhunderten. Man sieht: Der Momentismus und die Identitätsschwäche der westlichen und an erster Stelle der deutschen Gesellschaft stehen in einem Verhältnis der Komplementarität zum Langzeitgedächtnis des Islam, aus dem sich seine Kulturstärke, die das Sich-in-Frage-Stellen nicht kennt, herleitet: beide passen zusammen wie der Schlüssel zum Schloß.

Den vierten großen Sinnpol der hier vorgelegten Texte bildet jener große Wandlungsprozeß im Machtverhältnis der Geschlechter – zugunsten der Frauen –, den der Begriff *Feminisierung* anspricht. Vier Dimensionen sollten im Begriff unterschieden werden: der grundstürzende Wandel der öffentlichen Funktionssysteme durch die rasante Entwicklung der weiblichen Berufsarbeit seit den 1960er Jahren; seine Rückwirkungen auf die Sphären des Privaten und Intimen, die auch hier die Machtpotentiale der Frau massiv stärkten und zu ganz neuartigen Formen ›vaterloser‹ Rumpffamilien und einer Dominanz weiblicher Erziehungsstile führten; der damit einhergehende große Bedeutungszuwachs feministischer Ideologien, unter denen manche bereits vor der großen Zeitenwende von 1989 eine radikale Vaterlosigkeit propagierten; und schließlich die Auswirkungen dieser Feminisierungen auf jene Semantiken, in denen Gesellschaften ihr politisch-gesellschaftliches Habitusprofil auszulegen trachten. Auch diese Semantiken haben sich ›feminisiert‹, und wir deuten die Attraktivität des humanitaristischen Moraluniversalismus und die Zurückdrängung genuin männlicher, ›grenzziehender‹ staatlicher Ethosprinzipien im Anschluß an Gehlen als ein Produkt dieser Feminisierung; als Ergebnis der Überführung ursprünglich familialer, feminin geprägter Ethosformeln in die Arena politischer Weltanschauungen, als Übertragung familialer Gefühle der Brüderlichkeit (*fraternité*) auf »die Welt«.

Die Feminisierung hat also einerseits Zerspaltungs- und Vereinzelungsprozesse im sozialen Mikrobereich forciert und »Kinderknappheit« (Wolfgang Höhne) zu einem harten demographischen Faktum werden lassen, und andererseits die Sirenengesänge des Humanitarismus gefördert, sie hat also gewissermaßen ›von unten‹ reale und ideologische Tendenzen der neoliberalen Globalisierung ergänzt und abgestützt. In der erst nach 1989 wirkmächtig gewordenen Gendertheorie hat sich der Feminismus dann zu einem quasisuizidalen Dekadenzprodukt entwickelt, denn nunmehr wird nicht nur die ›Entmännlichung‹ des Mannes und die ›Entfraulichung‹ der Frau, sondern neben der ›Vaterlosigkeit‹ auch die ›Mutterlosigkeit‹ propagiert, also ein Antinatalismus, der den Unwillen zum intergenerationellen Weiterleben einschließt.

Im ersten Text wird nun gezeigt, daß sich das Spannungsverhältnis zwischen dem Islam und dem Westen in den westlichen Gesellschaften ganz wesentlich in der Konfrontation zwischen diesem durch Feminisierung, Vaterlosigkeit und Humanitarismus geprägten Selbstverständnis und einer kulturellen Orientierung zeigt, die »Maskulinität«, die Herrschaft des Mannes über die Frau und Familie als »gottgewollt« deutet und sich im partikularistischen Verband aller Gläubigen – der »Umma« – strikt von den »Ungläubigen« abgrenzt.

Auch der zweite Text, »Die Rückkehr der Besiegten«, handelt von Vaterlosigkeit, freilich in einer ganz anderen Form, nämlich der Vaterlosigkeit im Kontext des Jahres 1945, der totalen Kriegsniederlage, des radikalsten Umbruchjahres in der neueren deutschen Geschichte, ohne dessen Reflexion deutsche Mentalitätsprägungen bis in die Gegenwart unverstehbar bleiben. Aus der Nahperspektive der Beteiligten und auf der Basis einer Annahme der deutschen Geschichte wird das damals bestimmende Tableau kollektiver Ohnmachtserfahrungen beschrieben und damit der tiefe Einschnitt ins deutsche Selbstverständnis, den die Konfrontation mit den nationalsozialistischen Massenverbrechen hervorrief. In der Abwesenheit des Vaters – durch Tod oder Gefangennahme – stellten sich solcherart Ohnmachtserfahrungen ein, während dessen Entwertung – durch die Niederlage und die Verbrechen – sich zunächst nur untergründig entfaltete und erst 1968 zur Triebkraft einer offenen Revolte wurde.

Im dritten Text wird 1968 zunächst in der Sequenz aller Umbruchjahre der deutschen Geschichte des 20. Jahrhunderts verortet: in der Mitte zwischen 1945 und 1989 liegend, bezeichnet es auch den Umschlag des

Kalten Krieges in das mildere Klima der »Entspannung«. Im Anschluß daran werden seine unterschiedlichen Sinnschichten freigelegt: »68« war eine kulturrevolutionäre Zäsur, die freilich sehr bald konsumistisch umgepolt und kapitalistischen Verwertungsbedürfnissen dienstbar gemacht werden konnte; und es war eine zeitverzögerte Reaktion auf den Nationalsozialismus: als Revolte gegen die Generation der Väter als Kriegsverlierer und Täter und als Ideologiekampf gegen alle Formen des politischen Partikularismus und für universalistische politische Weltbilder. Letzteres drückte sich zunächst in der Begeisterung für den marxistischen Universalismus aus, der freilich eng mit dem humanitaristischen Moraluniversalismus verschwistert ist, der Dominanzideologie in unserer Epoche der Globalisierung.

»1968« hat das politische Denken in *utopischen* Kategorien revitalisiert, dessen Strukturmerkmale nicht nur im humanitaristischen Moraluniversalismus bestimmend sind, sondern auch im Sprachregime der politischen Korrektheit. Der Begriff der Utopie ist in der Gegenwart vorwiegend positiv konnotiert. Der Text »Elend der Utopien« hingegen entfaltet eine vollkommen andere Sichtweise. Hier werden die regressiven Antriebe, die utopisches Denken üblicherweise speisen – allen Utopien eignet eine mehr oder weniger starke Angst vor der Triebnatur des Menschen und ein extrem radikalisiertes Gleichheitswollen –, offengelegt und die Niederschläge dieses Denkens in den totalitären Ideologien des 20. Jahrhunderts kenntlich gemacht. Die Affinität zwischen einem utopischen Denken, das stets das »Gute« will, und dem freiheitsvernichtenden Totalitarismus ist auch das Grundthema der modernen dystopischen Literatur. Die Synthesen aus regressiven Sicherheitsbedürfnissen, radikalem Gleichheitsdenken und einem »grenzenlosen« technologischen Machbarkeitsbewußtsein, die man in ihren Gesellschaftsphantasien findet, sind in Ansätzen im gegenwärtigen Corona-Regime Wirklichkeit geworden.

Die nächsten drei Texte bieten Reflexionen zum Problem religiös inspirierter und legitimierter Gewalt, mit dem der Westen durch den wiedererstarkten Islam seit einigen Jahrzehnten ganz neu herausgefordert wird. Von ihnen ist der Essay »Die Weltreligionen und die Gewalt« der bei weitem grundsätzlichste. Er bettet das Problem islamisch motivierter Gewalt in Thesen zur Eigenart der drei monotheistischen Weltreligionen ein, die – in Weiterführung von Theoriewegen aus Max Webers Religionssoziologie – verdeutlichen, daß ein Motivbündel zum Gewalthandeln im wesentlichen nur diesen »Ausschließlichkeitsreligionen« (Karl Jaspers) eignet. Nur dem Monotheismus ist, wie seine historisch erste Verwirklichungsform, die jüdische Religion, bereits deutlich offenbart, eine gewaltaffine Struktur inhärent. In der theologischen Substanz des Christentums findet sich zwar eine Zähmung dieses Strukturmusters, aber die weitgehende Überwindung religiös begründeten Gewalthandelns konnte doch im Abendland nur im Kontext einer universalgeschichtlich einzigartigen Gesellschafts- und Kulturentwicklung gelingen, die Max Webers Begriff des »okzidentalen Rationalismus« anspricht. Die Herausarbeitung von Bedeutungsdimensionen dieses Begriffs bildet den Hintergrund für eine Bestimmung des Islam als einer *politischen Religion* in einem Kulturkreis, der keine der Grundmerkmale dieses Rationalismus ausgebildet hat. Grundvoraussetzungen für die gegenwärtige Kraft dieser politischen Religion waren freilich das Ende des Kalten Krieges und das rasante Bevölkerungswachstum im islamischen Kulturkreis.

Der erstarkende Islam innerhalb Europas hat auch einen neuartigen *Antisemitismus* hervorgebracht, der mit seinen früheren Formen nur wenig zu tun hat und im folgenden Text behandelt wird. Der spezifisch islamische Antisemitismus ist ein Amalgam uralter religiöser Motive, die aus dem Konkurrenzverhältnis der drei Monotheismen entspringen, mit einem sehr modernen Antizionismus, der die Existenz des Staates Israel und das israelisch-arabische Feindschaftsverhältnis voraussetzt. Mit dem nationalsozialistischen Antisemitismus hat dieses antizionistisch-islamische Amalgam kaum etwas gemein.

Auch der Text »Die Beschneidung« demonstriert die fortwirkende Macht uralter Muster religiös-magischen Denkens und ihre Inkompatibilität mit einem aufgeklärten Menschenbild. An der Beschneidung hängt das islamische und noch fundamentaler das jüdische Selbstverständnis, und die Autorität der Verbände beider Religionen wurde vor einigen Jahren durch ihren erfolgreichen Widerstand gegen eine juristische Neuregelung der Beschneidungsprozedur offenkundig.

»Mut und Feigheit« reagiert auf den allgegenwärtigen Konformismus und den geringen Widerstand gegen die demütigenden Repressionen von seiten des politischen und medialen Mainstreams. Widerstand erfordert Mut, aber was dessen rare Eigenschaft auszeichnet, wird selten reflektiert. Zwei Grundformen des Mutes werden hier unterschieden: der physische und der moralische. Beide basieren auf gerade gegenteiligen Einstellungen zu einem Grundprinzip gesellschaftlicher Ordnung, dem der sozialen Zugehörigkeit. Während physischer Mut, als Überwindung der Furcht vor körperlicher Verletzung, oft durch Zugehörigkeitswünsche befeuert wird, wird moralischer Mut, als ein selbstbewußtes Auftreten gegen moralgepanzerte Mehrheitsmeinungen, erst durch die Überwindung der Furcht vor sozialem Ausschluß möglich.

Der Essay »Die Grenze« verdankt seinen Ursprungsimpuls dem Entsetzen über das Eindringen von Millionen junger Männer aus dem islamischen Kulturkreis über die ungesicherten deutschen Grenzen ab 2015, ist aber als Versuch zu verstehen, diese Grenzöffnung im Zusammenhang mit dem Erstarken metapolitisch-philosophischer Semantiken zu verstehen, die seit Jahrzehnten die klaren Bedeutungsmarkierungen im Grenzbegriff zu verwischen und zu diskreditieren trachten. Die positive Konnotation, die dabei Rhetoriken der *Grenzüberwindung* und *Entgrenzung* bekamen, verweist natürlich auf den Bedeutungszuwachs des humanitaristischen Moraluniversalismus, der Leitideologie der Globalisierung. Die Rettung Europas setzt nicht nur den Schutz seiner territorialen Grenzen, sondern auch seine selbstbewußte politisch-kulturelle *Abgrenzung* voraus. Dazu aber müssen Semantiken des »Lobes der Grenze« (Karl Schlögel) revitalisiert werden.

Im gegenwärtigen Corona-Regime, das im abschließenden Text angesprochen wird, haben sich Entwicklungsstränge aus den Bereichen der politischen Korrektheit, des Utopismus und des Humanitarismus zu einem vielfältig verschlungenen Lügenknoten zusammengezogen, während die asozialen, dystopisch anmutenden Maßnahmen die naturwüchsigen Vereinzelungsprozesse in den liberaldemokratischen Systemen in einen sozialtechnologisch geplanten Extremzustand der Atomisierung überführen. Die weitere Entwicklung der westlichen Gesellschaft in virusimmunen Zeiten ist nicht prognostizierbar.

VATERLOSIGKEIT UND FEMINISIERUNG

›Vaterlosigkeit‹ ist in den Diskursen der Moderne seit dem 18. Jahrhundert immer wieder zu einem prominenten Topos geworden, aber im Wandel der Zeiten wurden damit doch höchst unterschiedliche Sachverhalte angesprochen, die hier nicht einmal im entferntesten gestreift werden können. Der Begriff soll hier zur Charakterisierung einer wesentlichen Tendenz unserer Gegenwart verwendet werden, wobei gleich zu Beginn betont sei, daß damit heute auf Phänomene hingedeutet wird, die wenig oder gar nichts mit seinen früheren Verwendungsweisen zu tun zu haben scheinen. Wer etwa in unserer Gesellschaft ›Vaterlosigkeit‹ zu einem Programm der Befreiung von realer patriarchalischer Herrschaft in Familie und Politik ausrufen würde, wie das Anfang des 20. Jahrhunderts manchen Linksintellektuellen plausibel erschien, würde als Reaktion wohl nicht einmal mehr ein indifferentes Achselzucken ernten, aber ebenso erginge es wahrscheinlich jenem, der das Wort – wie Alexander Mitscherlich in seinem berühmten Buch *Auf dem Weg zur vaterlosen Gesellschaft* (1963) – lediglich als Chiffre für ein nostalgisch beklagtes Verschwinden des Vaters als eines positiven Arbeits- und Berufsvorbildes verwenden würde, das es so nie gegeben hat. Auch mit dem lebensgeschichtlichen Unglück der Millionen Kriegswitwen und -waisen des Zweiten Weltkrieges hat die ›Vaterlosigkeit‹ unserer Zeit kaum etwas zu tun. Heute umschließt das Wort ganz andere Sinnsphären, und um diese erkennen zu können, bedürfen wir eines Verständnisses der wichtigsten gesellschaftlichen, politischen und ideologischen Kontexte, in denen dieses Phänomen anzusiedeln ist.

Die ›Vaterlosigkeit‹ in unserer westlichen Gesellschaft ist ein Unteraspekt jener übergreifenden sozialen Entwicklung, die am ehesten der Begriff der ›Feminisierung‹ kennzeichnet, ein Begriff, der in verschiedene Bedeutungsebenen zerlegbar ist und seinerseits nicht ohne Bezug auf spezifische ökonomische Strukturveränderungen gebildet werden kann. Einige ganz grobe Hinweise dienen einer ersten

Annäherung. Unter ›Feminisierung der Gesellschaft‹ soll ganz grundsätzlich jener große Prozeß sozialen Wandels verstanden werden, der seit einigen Jahrzehnten allgegenwärtig bei uns die Machtverhältnisse zwischen den Geschlechtern verschoben hat, zugunsten der Frauen. Er hat, *erstens*, in den meisten öffentlichen Funktionssystemen von einer Ausgangslage fragloser Männerdominanz in den 1950er Jahren eine so weitgehende Chancen- und Positionengleichheit herbeigeführt, daß die nach wie vor bestehenden Differenzen – faktisch nur noch verstreute Außenbastionen einer weitgehend geschleiften Festung – sich auf dem neuen Geschlechterplateau ganz überdimensioniert ausnehmen und deshalb besonders heftige Attacken aller Bannerträger von Gleichheit und Gerechtigkeit auf sich ziehen. Der Marsch der Frauen in die öffentlichen Funktionssysteme hat letztere tiefgreifend verändert, aber am fühlbarsten für die Einzelnen wurden die Rückwirkungen dieses »Strukturwandels der Öffentlichkeit« (Jürgen Habermas) doch, *zweitens*, auf die Sphären des Privaten und Intimen. Es kam zu fundamentalen Veränderungen im Familiensystem und in den Geschlechterbeziehungen, die auch hier die Machtpotentiale der Frau stärkten und von einem ideologischen Dauergetöse begleitet wurden, das den ›Mann‹ als ›Partner‹ oder ›Vater‹ und ›Männlichkeit‹ in die Defensive drückte. Die eklatanteste Konsequenz dieser Entwicklung ist die vaterlose Rumpffamilie mit ihrer fraglosen Dominanz ›mütterlicher‹ Erziehungsstile, die freilich den psychosexuellen Bedürfnissen der nachwachsenden Generation – vor allem der Jungen – kaum jemals vollauf gerecht werden können. Jedenfalls hat das mikrosoziale Problembündel, auf das die Begriffe der Feminisierung und Vaterlosigkeit im Hinblick auf die private Ebene von Geschlechterbeziehungen und Familienstrukturen hindeuten, eine harte demographische Faktenlage in Gestalt eines Gesellschaftssystems geschaffen, das zur Bestandserhaltung aus eigener Kraft unfähig geworden ist, dem also eine quasisuizidale Entwicklungstendenz innewohnt.

Feminisierung und Vaterlosigkeit sollen hier aber noch etwas anderes meinen als den gerade angesprochenen Wandlungsprozeß sozialer Strukturen im öffentlichen Makro- und im privaten Mikrobereich. Darunter werden, *drittens*, auch die Veränderungen im Bereich der dominanten Wertorientierungen und Mentalitäten verstanden, die diesen Prozeß begleitet und forciert haben; seine Binnenwirkungen auf jene Semantiken, mit denen Gesellschaften sich selbst deuten und die ihrem Habitus im Vergleich zu anderen ihr Gepräge geben. Dieser Habitus, so die These, hat sich schleichend in einer spezifischen Weise ›feminisiert‹, was sich auch und gerade am Stil politischen Handelns ablesen läßt. Diese Feminisierung wird – das hat Arnold Gehlen bereits 1969 hellsichtig diagnostiziert – als ein Produkt des Transportes und der Verfestigung ursprünglich familialer Ethosformeln und privater Intimstile in die Arena des öffentlichen Räsonnements – die Massenmedien, das Bildungssystem und die politischen Ideologien – gedeutet, was zur Zersetzung eines genuin staatlichen Ethosprinzips geführt hat, das immer ›männlich‹ konnotiert war. Die Auswirkungen dieses Zersetzungsprozesses lassen sich gegenwärtig beispielhaft an der apostrophierten »Flüchtlingskrise« beobachten, die Europa in den Abgrund zu ziehen droht, einer Krise, die tatsächlich etwas ganz anderes ist, als das Wort suggeriert, nämlich eine Fundamentalkrise staatlichen Handelns.

Und, *viertens*, wird hier schließlich mit den als Feminisierung und Vaterlosigkeit beschriebenen Tendenzen der Feminismus begriffen, der als Oberbegriff für »die Frauenbewegung« gesetzt wird, für jene Gruppen und Personen also, die sich in der Öffentlichkeit kämpferisch primär »der Sache der Frauen« widmen. Im Feminismus erlangen die behaupteten Veränderungen im Bereich der Semantik einen zugespitzten Ausdruck, er ist die lauteste Stimme im ideologischen Chor der Feminisierung, er spiegelt, bündelt und überzeichnet Grundmerkmale derselben und treibt sie weiter, er ist jene einflußreiche Strömung im gesamten Strom, in der dieser ideologisch ›überschießt‹. Nun ist selbstverständlich der Feminismus als Ideologie nichts Einheitliches, und er hat sich im Zuge der Machtveränderungen zwischen den Geschlechtern und der ökonomischen Entwicklung selbst verändert. Seine gegenwärtig dominante Form ist die ›Genderideologie‹, die die ›Entmännlichung‹ und ›Vaterlosigkeit‹ zu einem aggressiv verfochtenen Programmpunkt erhoben und um das Postulat der ›Mutterlosigkeit‹ ergänzt hat. Diese Ideologie erscheint als ein Dekadenzphänomen, das nur im Zusammenhang mit den selbstdestruktiven Tendenzen des entfesselten neoliberalen globalistischen Kapitalismus der Gegenwart angemessen verstehbar wird.

Nun reichen allerdings auch diese vier Ebenen für eine kritische Bestandsaufnahme des Problems keineswegs aus. Wir leben in einer Zeit, in der westliche politische und ökonomische Machteliten eine Ideologie der *einen* Welt Wirklichkeit werden lassen wollen, und was gegenwärtig durch geöffnete Grenzen und Einwanderungsströme in Europa geschieht, scheint nur als Versuch angemessen verstehbar, im kleinen Europa auch gegen die Selbsterhaltungsinteressen seiner Völker ein vorwegnehmendes Modell einer solchen globalistischen Ideologie experimentierend zu erschaffen. Den euphemistischen Verklärungen der Utopie der *einen* Welt, die sich tagtäglich über uns ergießen, standen aber immer auch warnende Stimmen gegenüber, von denen hier nur eine ältere, nämlich diejenige Hannah Arendts zitiert sei, die in ihrem klassischen Werk über die *Elemente und Ursprünge totaler Herrschaft* schreibt, daß die liberal-humanistische Schwärmerei von der einen, unteilbaren Menschenwelt vielleicht »niemals den Schrecken erfaßt habe, die der Idee der Menschheit zukomme, sobald nun wirklich alle Völker auf engstem Raum mit allen anderen konfrontiert sind«. Das aber heißt für unser Problem: Wir haben uns einzustellen auf eine zunehmend stärkere Konfrontation des westlichen feminisierten, sexualisierten und vaterlosen Selbstverständnisses mit einem Geschlechter- und Familienbild, das in allen wesentlichen Punkten dessen konträres Gegenbild darstellt, nämlich dem islamischen, dessen zentraler Pfeiler das »göttlich« geforderte Patriarchat, die religiös legitimierte Herrschaft des Mannes über die Frau und die Familie bildet. Der Ausgang dieser Konfrontation ist jetzt noch gar nicht überblickbar. Michel Houellebecq hat sie in seinem zu Recht hochgelobten Roman *Soumission* (dt. *Unterwerfung*) zum Gegenstand einer virtuosen Satire gemacht, in der die europäische Selbstunterwerfung noch einigermaßen glimpflich ausgeht. Aufgrund der aktuellen Lage scheint ein größerer Pessimismus freilich angebrachter.

Im folgenden sollen die angeführten fünf Ebenen näher beleuchtet werden. Begonnen sei mit einer kurzen Aufzählung der wichtigsten Merkmale jener gesamtgesellschaftlichen Strukturveränderungen, durch die sich in den letzten fünf Jahrzehnten die Stellung der Frauen in den öffentlichen Funktionssystemen fundamental gewandelt hat. Veränderungen, die alle in eine Richtung liefen: hin zu einer Erhöhung der Unabhängigkeit der Frauen von den Männern mit der Konsequenz einer Aufweichung traditioneller Machtverhältnisse in den Geschlechterbeziehungen, die bis dato in allen uns bekannten gesellschaftlichen Geschlechterrollenordnungen immer asymmetrisch gestaltet waren, mit einem Übergewicht der Macht des Mannes über die Frau.

Vier Grundaspekte dieser objektiven Dimension der Feminisierung sollen dabei unterschieden werden. Es ist, *erstens*, auf den grundstürzenden Wandel der Qualifikationsstandards der Geschlechter hinzuweisen, der sich ab den 1960er Jahren vollzog und in kurzer Zeit zu einer weitgehenden Angleichung des Bildungs- und beruflichen Fähigkeitsniveaus der Frauen an dasjenige der Männer führte. Diesem Wandel der weiblichen Qualifikationsstandards korrespondierte, *zweitens*, ein Umbau des Arbeitssystems, in dem, bedingt durch den technischen Fortschritt und das außerordentliche Wachstum des Dienstleistungsbereichs, sich der Anteil traditionell männlicher physischer Schwerarbeit drastisch zugunsten eines wachsenden Spektrums nichtkörperlicher Tätigkeiten auch und gerade mit frauengemäßen sozial-kommunikativen Kompetenzanforderungen reduzierte. Da ebenfalls der Haushalt immer arbeitssparender eingerichtet werden konnte, konnte sich die weibliche Berufsarbeit – auch bei Müttern mit kleinen Kindern – in einem zuvor ungeahnten Maße ausweiten. Mit dem Vordringen der Frauen in die öffentlichen Systeme verschwand dort der ›Kommandoton‹ zugunsten zivilisierter Umgangsformen, und die ökonomisch unabhängige Frau wurde jetzt mehr und mehr zum Ideal und gesellschaftlichen Normalfall.

Abgestützt und verbreitet wurde der Trend in Richtung weibliche Unabhängigkeit, *drittens*, durch sozialstaatliche Regelungen für alleinerziehende und gering qualifizierte Mütter, so daß keine Frau auf den ›Mann als Ernährer‹ mehr zwingend angewiesen war. Dadurch aber wurde die traditionelle familiale Geschlechterrollenordnung, die in den 1950er Jahren gegen die Anomalien der Kriegs- und unmittelbaren Nachkriegszeit wieder restituiert worden war, mehr und mehr ausgehöhlt.

Auch hier paßte sich in den 1970er Jahren das Recht den neuen Entwicklungen mit Bestimmungen an, die massiv die Frauen für den Fall der Scheidung privilegierten. Und weil zugleich die neuen chemischen Verhütungsmittel die Sexualität völlig vom Schwangerschaftsrisiko befreit hatten, entstand im Einklang mit stark sinkenden Geburtenzahlen eine Vielzahl neuer Formen der Geschlechterbeziehung – vor-, außer- und ehelicher Art – mit einem gemeinsamen Kennzeichen: der leichten Kündbarkeit.

Dieser Wandel der Geschlechterrollen- und Sexualverhältnisse vollzog sich in rasanter Geschwindigkeit und wurde vom beharrlichen Lärmen der Ideologien der sexuellen Revolution und des Feminismus begleitet, das so sehr die Aufmerksamkeit fesselte, daß oftmals der Eindruck entstehen mußte, als hätten Ideologien diesen Wandel verursacht. Tatsächlich aber haben sie ihn nur kanalisiert und beschleunigt, sie haben die Anpassung der Wertorientierungen und Mentalitäten an den gesamtgesellschaftlichen Strukturwandel vorangetrieben, an vielfältige objektive Prozesse, die alle eines bewirkten: die – historisch einmalige – Erhöhung der Unabhängigkeit der Frauen von den Männern, also eine radikale Änderung der Machtverhältnisse in der Geschlechterbeziehung.

In der Gegenwart erleben wir, als weiteren Hinweis auf übergreifende gesamtgesellschaftliche Determinanten, *viertens*, eine nochmalige Beschleunigung dieser Prozesse, die endgültig die traditionelle Familie – als Leitbild und Wirklichkeit – auflösen könnten. Der aggressive neoliberale globalistische Kapitalismus unserer Zeit erwirkt eine ökonomistische Umgestaltung tendenziell aller Lebenssphären und postuliert das totalmobile Individuum als Leitbild. Den Frauen als größter Arbeitskraftreserve soll die Integration in den Arbeitsmarkt nicht mehr als eine Kann-, sondern als eine Mußentscheidung erscheinen, und dafür werden staatlicherseits flankierende Maßnahmen wie der Ausbau der Kindertagesstätten und Ganztagsschulen vorgenommen und Ideologien wie diejenige des »Gender-Mainstreaming« gefördert, die auf eine Totaldiskreditierung der traditionellen Frauen- und Mutterrolle hinzielen und im Namen eines absurd überdehnten Gleichheitsprinzips biologische Geschlechtsunterschiede zur Marginalie erklären.

Diese verhängnisvolle Allianz von Kapitalinteressen und ›linken‹, angeblich emanzipatorischen Ideologien, denen man in unserer Zeit auch auf anderen Gebieten immer öfter begegnet, aber untergräbt nicht nur die tragenden Fundamente der Familie als eines Solidarverbandes, sondern damit zugleich auch unserer gesamten gesellschaftlichen Ordnung. Denn sie verstärkt noch einmal den demographischen Trend sinkender Kinderzahlen und läßt eine Massenmigration als »alternativlos« erscheinen, die Grundvoraussetzungen unserer Gesellschaftsordnung zusätzlich in nochmals anderer Hinsicht in Frage stellen wird.

Wie rasant und tiefgehend die skizzierten Veränderungen der Geschlechterbeziehungen waren, die uns ›normal‹ erscheinen, erhellt am ehesten der Kulturvergleich und historische Rückblick. Keine der uns bekannten Gesellschaften hat Frauen eine vergleichbar starke Stellung im Verhältnis zum Mann zugestanden wie die westliche im Schub der letzten Jahrzehnte. Die Geschlechterverhältnisse bekommen in allen Gesellschaften ihr Gepräge durch die Strukturen der außerhäuslichen Gesellschaftssphäre, aber keine Gesellschaft hat Frauen dort bis in die jüngere Vergangenheit bedeutende Teilnahmechancen geboten. Das Übergewicht des Mannes in diesem Außenbereich hat immer auch auf das familiale Binnengefüge zurückgewirkt und hier zumindest in den existenziell entscheidenden Dimensionen eine – meist auch rechtlich abgestützte – strukturelle Asymmetrie zugunsten des Mannes erzeugt, seine Macht über die Frau, woran weder die Liebe, die es ebenfalls immer gegeben hat, noch die oft erhebliche innerhäusliche Gestaltungsmacht der Frau grundsätzlich etwas zu ändern vermochten. Der Soziologe Günter Dux, der diesen Sachverhalt in seinem Werk *Die Spur der Macht im Verhältnis der Geschlechter* (1992) bisher am überzeugendsten und detailreichsten gerade für die frühen Gesellschaftstypen herausgearbeitet hat, zeigt auch, daß diese Machtkomponente ursprünglich auf nicht wegdiskutierbaren biologischen Vorgaben beruhte, die sie zwar nicht schicksalhaft determinierten, aber soziale Alternativen wenig plausibel erscheinen lassen konnten. Es waren dies vor allem drei: der Dimorphismus, also die größere Muskelkraft des Mannes, und sein durch das Sexualhormon Testosteron bedingtes aggressiveres Antriebspotential einerseits und die weibliche Gebärfähigkeit andererseits.

Dimorphismus und größere Aggressivität waren die naturalen Vorgaben für die Männerdominanz im außerhäuslichen Bereich – man denke nur an die Fähigkeiten, die die Jagd, Streitregelung und besonders der Krieg, der übrigens auch zukünftig nie zu einem fraulichen Handlungsbereich werden wird, abverlangten –, während die Gebärfähigkeit der Frau ihre Positionalisierung auf den Binnenbereich nahelegte, an den sie als »Kind-Hüterin« bereits in den Jäger- und Sammlergesellschaften viel stärker als der Mann angebunden war. Je mehr sich dann in der Gesellschaftsgeschichte – in der Entwicklung zur Agrargesellschaft und dann in den Hochkulturen – mit steigendem Organisationspotential die männerdominierten außerhäuslichen Machtverhältnisse differenzierten und institutionell verfestigten, desto stärker entfaltete sich in der Rückwirkung auch die Machtkomponente in den Strukturen des Geschlechterverhältnisses.

Bei uns aber ist die Machtkomponente, und damit offenbart sich eine *erste* Problemebene, innerhalb kürzester Zeit daraus herausgeschmolzen worden, und es entwickelten sich auch im Privatbereich jene historisch ganz neuartigen Geschlechterbeziehungen, die nicht mehr durch mächtige Institutionen und äußere Zwänge zusammengehalten werden, sondern nur noch durch zweiseitig miteinander verwobene Gefühlsbande, und die deshalb chronisch gefährdet sind. Nun wissen wir, daß das Zerreißen dieser Bande, so dramatisch es für die Beteiligten sein mag, bei uns zu einer massenhaft erfahrenen profanen Alltäglichkeit geworden ist. Wenn es sich dabei um Familien handelt, also Kinder mitbetroffen sind, dann führt der Bruch zu einer völligen Neuformierung des Beziehungsnetzes, in dem nun normalerweise die Frau zur entscheidenden Instanz wird, so daß die Kinder in der Regel fast ausschließlich unter mütterlicher Obhut aufwachsen.

So spiegeln sich in diesen bei uns immer stärker sich ausbreitenden ›vaterlosen‹ Schrumpfformen der Familie komprimiert Grundmerkmale der realen Feminisierung unserer Gesellschaft, die wir nun, und damit kommen wir zur *zweiten* Problemebene, genauer im Hinblick auf die Prägungen der Kinder unter die Lupe nehmen wollen. Dazu bedarf es zwei kleiner Vorbemerkungen. Zum einen lassen sich im Gegensatz zu allen anderen sozialen Rollen, in die man mehr oder weniger einfach hinein- und wieder herausschlüpfen kann, unsere Geschlechterrollen, die Rollen als Mann und Frau, nicht einfach an- und ausziehen wie ein Kostüm. Der Geschlechtsunterschied markiert die Stelle, an der sich Natur und Kultur verbinden, und weil in den Rollen als Mann und Frau naturale Unterschiede in kulturelle Formen überführt sind, gibt es auch Grenzen der sozialen Modellierbarkeit des Männlichen und Weiblichen. Die Geschlechterrollen bezeichnen ein Grundmerkmal der Identität eines jeden Menschen, das quasi ›immer da‹ ist, in allen anderen sozialen Rollen, und wiederum in den beiden Familienrollen – von Mutter und Vater – eine besondere Kristallisation gewinnt. Diese beiden Rollen sind nicht vertauschbar, und gerade weil sich in den letzten Jahrzehnten die Erziehungsstile beider Elternteile in vielfacher Hinsicht auch angeglichen haben, gewinnt der pure Geschlechterrollenunterschied in der Interaktion zwischen Eltern und Kindern für beide Seiten die Qualität einer besonderen Differenzerfahrung. Zum anderen entwickeln sich, wie jeder weiß, der entsprechende Elternerfahrungen hat und wie auch wissenschaftlich immer wieder erhärtet, bei Jungen und Mädchen sehr unterschiedliche psychophysische Bedürfnisse und Verhaltensweisen, auch gegen alle sogenannten »genderneutralen« Erziehungsstile. Beispielsweise sind Jungen in der Regel motorischer orientiert, bevorzugen größere Gruppen, in denen immer wieder auch um die Rangordnung gerauft wird und Grenzverletzungen den Erwachsenen gegenüber ausgetestet werden, während Mädchen eher symbolisch und beziehungsorientiert sind und sich in kleinen, harmonischen Gruppen am wohlsten fühlen.

Auch die Entwicklung der Geschlechterrollenidentität im Verhältnis zu den elterlichen Bezugspersonen und der Ablösung von ihnen verläuft bei Mädchen und Jungen verschieden und bei letzteren konfliktreicher. Während Mädchen nämlich in der Pubertät bei allen Ablösungstendenzen von der Mutter dieser doch zugleich in der Geschlechtsidentität und dem Körpergefühl immer ähnlicher werden, müssen Jungen in dieser Phase eines mit der sexuellen Reifung stark zunehmenden Aggressivitätspotentials ihre Geschlechtsidentität wesentlich gegen die Mutter ausbilden und auf alles verzichten, was bisher in dieser Beziehung Wärme und Intimität spendete: Der Junge muß sich von ihr auf eine Weise lösen, die den Verzicht auf ihre Nähe dramatisiert und fühlbar macht.

Dafür haben viele primitive Gesellschaften in ihren kollektiven Übergangsriten, die die Jungen in aufeinanderfolgenden Stadien aktiv zum Mann formen sollen, überzeugende Lösungen gefunden. Diese Riten, die zum ersten Mal umfassend 1909 von dem Ethnologen Arnold van Gennep untersucht worden sind, sind immer mit Mutproben, Entbehrungen und Schmerzertragen verbunden, die die neuartigen sexuellen und aggressiven Regungen der Jungen kanalisieren. Oft werden diese auch von ihren Familien und das meint primär: den Müttern getrennt. Das Ganze kreist symbolisch um die Themen von Tod und Wiedergeburt: Der Junge ›stirbt‹, ist dann nicht mehr Junge und noch nicht Mann, und wird am Ende der Übergangsriten als Mann ›wiedergeboren‹.

Unsere Gesellschaft kennt keine institutionalisierten Substitute für die Ablösungen der Jungen von ihren Müttern zur Erlangung einer männlichen Geschlechtsidentität, die derartigen Übergangsriten vergleichbar wären. Bei uns experimentieren Jungen in den Phasen der Pubertät und Adoleszenz gewöhnlich in Gruppen Gleichaltriger mit selbsterschaffenen Übergangsriten, in denen Grenz- und Normverletzungen mehr oder weniger spielerisch erprobt werden, aber unter den Bedingungen zunehmender Vaterlosigkeit wird nicht erst in dieser dramatischen Phase die Abgrenzung von der Mutter zu einem prekären Vorgang. Denn der Aufbau der männlichen Geschlechtsidentität ist ein bereits in der frühen Kindheit beginnender Prozeß, in dem der Vater oder männliche Bezugspersonen eine entscheidende Rolle spielen. Schon in der sogenannten vorödipalen Phase vermittelt sich den Kindern durch den unterschiedlichen Interaktionsstil des Vaters ihnen gegenüber die Erfahrung einer zur Mutter komplementären Andersheit, wodurch eine Selbstwahrnehmung durch die Verinnerlichung zweier differenter Perspektiven ermöglicht wird, von denen jede – auf der Basis ihrer fundamentalen ›elterlichen‹ Gemeinsamkeit – eine Abgrenzung zur jeweils anderen ermöglicht. So erfährt sich das Kind als Teil einer Dreieckskonstellation, einer triangulären Struktur, in der die erwiesenermaßen stärker körperorientierte Interaktions- und Spielpraxis von

Vätern als Spiegel und Regulator des motorischen Bedürfnispotentials des Jungen zu wirken vermag, diesem eine ›männliche‹ Erfahrungsdimension ermöglichend, die die Separation von der Mutter fördert. Das verstärkt sich dann in der sogenannten ödipalen Phase, in der in derartigen Interaktions- und Spielerfahrungen zur Identifikation mit dem Vater ein starkes Konkurrenzmoment hinzutritt, ein Übertreffenwollen, das durch Erfolgserlebnisse zur Festigung der Geschlechtsidentität beiträgt.

Genau derartige Erfahrungen werden aber durch die zunehmende Vaterlosigkeit erschwert, und verstärkt werden deren negative Auswirkungen noch durch die personelle und inhaltliche Feminisierung unserer Kinderbetreuungseinrichtungen und Schulen. Das Betreuungspersonal dieser Einrichtungen ist zum größten Teil weiblich, und auch ihre Inhalte und Lernstrukturen sind vorwiegend an den Kompetenzen und Bedürfnissen von Mädchen orientiert, so daß das motorisch-aggressive Potential der Jungen viel zu wenig berücksichtigt wird und nicht selten unterschwelligen Entwertungen ausgesetzt ist. So fehlen den Jungen nicht nur inner-, sondern auch außerfamilial zunehmend männliche Identifikationsfiguren, die ihnen durch Anerkennung, Spiegelung und Formung spezifisch männlicher Interaktionsmuster zum Aufbau einer positiv besetzten Geschlechtsidentität verhelfen; und die Jungen, von ihrerseits bedürftigen alleinerziehenden Müttern an sich gebunden, sind mit ihrem entwerteten Bedürfnispotential gewissermaßen auf sich selbst zurückgeworfen. So ist es nicht verwunderlich, daß sie in ihren schulischen Leistungen hinter den Mädchen zurückbleiben und in überproportional hohem Ausmaß soziale Verhaltensauffälligkeiten entwickeln, denen die Mütter und das weibliche Betreuungspersonal hilflos gegenüberstehen, weil ihnen der geschlechtsspezifische Verursachungszusammenhang gemeinhin verborgen bleibt. In der Pubertät kommt es dann oft zu einer Zuspitzung fehllaufender Separationsbemühungen der Jungen von ihren Müttern. Die Jungen, nunmehr vom Testosteron mit sexuellen und aggressiven Impulsen überflutet, phantasieren sich entweder vor dem Computer bei entsprechenden Spielen in omnipotente Männlichkeitsgefühle hinein, die in groteskem Gegensatz zu ihren feminisierten Persönlichkeitsprägungen stehen – von denen ihr äußeres Erscheinungsbild unzweideutig kündet –, oder sie erstreben eine wechselseitige Anerkennung von Männlichkeit bei normverletzenden Aktivitäten in ihren Jungenhorden, die von realen männlichen Identifikationspersonen nicht positiv kanalisiert werden. Ihren alleinerziehenden Müttern, die sie schwer loslassen können und denen die neuartigen Verhaltensmuster ihrer Jungen fremd bleiben, begegnen sie jetzt immer öfter mit unkontrollierten Aggressivitätsanfällen, obwohl die Mütter aufgrund ihrer Weiblichkeit und der bei uns vorherrschenden Ideologie maßstabloser »Toleranz« und »Liberalität« zur Grenzsetzung, zu einem klaren Nein in der Regel kaum fähig sind. So erschwert gerade auch in der Pubertät die Vaterlosigkeit die Entfaltung der männlichen Geschlechtsidentität, und die virilen Impulse und Bedürfnisse der Jungen rumoren als ungeformte, schlecht integrierte Bestandteile in ihrem feminisierten Gesamthabitus.

Wir kommen jetzt zur *dritten* Problemebene, den Ideologien des Feminismus, die die realen Tendenzen der Feminisierung und Vaterlosigkeit zusätzlich forcieren. Im Feminismus bündelt sich die Feminisierung in lautstark verkündeten Parolen und Ideologien. Sie haben in den letzten Jahrzehnten eine zeitweise große Anhängerschaft hinter sich scharen können, deren Meinungsmacht sich auch institutionell – man denke an Gleichstellungsbehörden, Frauenbeauftragte und »Gender Studies« an den Universitäten und ähnliches – auswirkte und verfestigte. Der Feminismus heutzutage umschließt verschiedene Strömungen, die in unterschiedlichen Phasen der Machtveränderungen zwischen den Geschlechtern dominant geworden sind. Er begann als Kampf für die politische und berufliche Gleichbehandlung der Frau, rückte dann immer bestimmender die Parole der Selbstverwirklichung in den Vordergrund und trieb nach der sexuellen Revolution der 1960er Jahre radikale Varianten hervor, die auf Geschlechterseparierung und Geschlechterkampf zielten, auf die »Emanzipation der Frau« als vollständige »Emanzipation vom Mann«. In inniger Verwandtschaft mit den Ideologien vom Geschlechterkampf entfaltete sich die Gegnerschaft gegen die traditionelle Kernfamilie, die als eine Variante einer jahrtausendelangen »patriarchalischen« Herrschaft und Brutstätte »autoritärer Charaktere« begriffen wurde. Zum Komplement derartiger

Gegnerschaft avancierte dann ein Kult um die alleinerziehende Mutter als Opfer und Heldin zugleich, womit Vaterlosigkeit mehr und mehr nicht nur als ein hinzunehmender defizitärer Zustand, sondern als ein zu erstrebendes Positivum ausgemalt wurde.

Die heutige Genderideologie, die man mit massiver administrativer und finanzieller Hilfe supranationaler Organisationen als Leitideologie des Geschlechterverhältnisses in den Staaten der EU durchzusetzen versucht, geht über ihre feministischen Vorgängerideologien freilich noch weit hinaus. Sie ist das Produkt eines bis ins Extrem ideologisierten Gleichheitsdenkens, das nicht nur biologische Vorgaben der Geschlechterdifferenz weitgehend ableugnet oder zur Marginalie erklärt, sondern sich auch mit dem Prinzip beruflicher Chancengleichheit der Geschlechter nicht begnügt. Die Frauen sollen im Berufsleben nicht nur gleichbehandelt, sondern realiter gleichgestellt und damit ihre durchgehende berufliche Vollbeschäftigung zur Norm erhoben werden. Das geht natürlich nur im Zusammenhang mit einer weitgehenden Verstaatlichung der Kindererziehung durch Ausbau der Kindertagesstätten und Ganztagsschulen, so daß in der Konsequenz der Genderideologie nicht nur eine nahezu vollständige Angleichung des Gesamthabitus der Geschlechter – Tendenzen der ›Entmännlichung‹ und ›Entfraulichung‹ – liegt, sondern darüber hinaus die ›Entväterlichung‹ des Mannes und die ›Entmütterlichung‹ der Frau. Ihr Leitbild ist das weitgehend geschlechtsneutralisierte, totalmobile, kinderlose Einzelindividuum.

Skizzieren wir diese Spielarten des Feminismus etwas genauer. Die feministische Bewegung begann in der Phase der Hochindustrialisierung im letzten Drittel des 19. Jahrhunderts als Kampf für gleiche politische Rechte, dem sich dann im 20. Jahrhundert der Kampf für gleiche Berufs- und Ausbildungschancen anschloß, der ab den 1960er Jahren zu jener ›stillen Revolution‹ im Beschäftigungssystem führte, die wir bereits angesprochen haben. Zwar erfuhren die Frauen dabei vielfach auch Widerstand, aber die Gewährleistung gleicher politischer Rechte und beruflicher Chancen liegt doch so sehr in der Konsequenz der Fundamentaldemokratisierung selbst, daß hier das Niveau der Ideologisierung noch niedrig bleiben konnte. Gesellschaftlich machtvolle ideologische Radikalisierungsschübe entwickelten sich im Feminismus erst als Auswirkungen der sexuellen Revolution mit ihrem Höhepunkt in der Kulturrevolution von 1968, die eine Schubwirkung auf die Umgestaltung der Geschlechterverhältnisse im Privatbereich hatte. Das Postulat weiblicher Selbstverwirklichung, das sich bis dahin im wesentlichen auf eine Selbstverwirklichung im Beruf beschränkt hatte, wurde nun – vor dem Hintergrund einer durch die objektiven Strukturwandlungen außerordentlich erleichterten Kündbarkeit der Geschlechterbeziehungen – auf die Privatsphäre ausgedehnt. Es begann nun ein vielfältiges Experimentieren mit Geschlechterrollenbeziehungen, das natürlich auch die Vater- und Mutterrollen einschloß.

Dies war der wesentliche Kontext für die Entstehung feministischer Selbstverwirklichungsideologien als Ideologien gegen den Mann und Vater, Geschlechterkampfideologien also, deren Grundmerkmal die Entwertung all dessen war, was das traditionelle Männerbild positiv konnotiert hatte. Diese Variante des Feminismus hatte ihre Hoch-Zeit bis etwa Mitte der 1990er Jahre, ab der sie dann mehr und mehr von der Genderideologie abgelöst wurde. In diesen Jahrzehnten entstanden jene Mythen über das Patriarchat und das Matriarchat, die heute nur noch peinliche Betroffenheitsreaktionen auslösen; die Bilder vom Mann als Täter und der Frau als Opfer, Opfer »phallokratischen« männlichen Herrschaftsstrebens in seinen vielfältigen Erscheinungsformen. Es war diese ideologisierte Zeitatmosphäre, in der in dubiosen Frauenrechtsorganisationen die Thematik des Kindesmißbrauchs als schärfste Waffe im Kampf gegen den Vater sorgsam gehütet wurde. Hier wuchs aus vielen disparaten Ideologiebrocken im Feminismus das Bild der vaterlosen Gesellschaft nicht als eines Mangel-, sondern als eines positiven, eines zu erstrebenden Zustandes zusammen. Das neue Scheidungsrecht von 1977, das die Frauen in puncto Unterhalt und Sorgerecht über die Kinder massiv privilegierte, sorgte im Verein mit einem expandierenden Netzwerk von staatlichen Behörden und privaten Helfergruppen dafür, daß die Wirklichkeit mehr und mehr diesem Ideologiebild angeglichen wurde und die alleinerziehende Mutter einen besonderen Opfer- und Heldinnenstatus gewann, dessen Gegenbild der entmachtete und als überflüssig erklärte Vater war.

Betrachten wir dazu auch die Besonderheiten der Genderideologie, die ab Mitte der 1990er Jahre mit massivem institutionellem Druck zur neuen Leitideologie des Feminismus wurde. Vielleicht wird hier die Behauptung überraschen, daß ihre Besonderheiten sich nur im Rekurs auf den neuartigen ökonomischen Kontext erschließen, der nach dem Ende des Kalten Krieges im Westen, forciert durch kleine ökonomische und politische Eliten, Wirklichkeit wurde: den neoliberalen globalistischen Konkurrenzkapitalismus. Dieser folgt einer Ideologie der aggressiven Durchökonomisierung aller Lebensbereiche – gegen jedwede traditionellen und lokalen Werte und Sittlichkeitsnormen –, einer Ideologie, deren Fundament ein vierfaches Credo bildet: die ungehinderte, das heißt alle nationalen Grenzen überschreitende Mobilität der Produktionsfaktoren, also von Waren, Dienstleistungen, Kapital und vor allem der Arbeitskraft. Die vollständige Ausnutzung des Arbeits- und Konsumentenpotentials impliziert die Vollintegration der Frauen in den Arbeitsprozeß; eine Vollintegration, die ihrerseits nur möglich wird durch die Verinnerlichung von Ideologien der Entwertung traditioneller weiblicher, und das heißt auch und vor allem: mütterlicher Rollenmuster. Die Frauen sollen aus eigenem Antrieb anstreben, sollen selbst wollen sollen, was die Imperative dieses entfesselten Kapitalismus postulieren, der das vollbeschäftigte, totalmobile und von den Mühen der Kinderaufzucht durch entsprechende staatliche Institutionen weitgehend ›befreite‹, also gleichermaßen ›entväterlichte‹ und ›entmütterlichte‹ Individuum – den *homo oeconomicus* als vereinzelte Arbeits- und Konsumbiene – zum Leitbild eines »neuen Menschen« erhoben hat.

Die Genderideologie leistet durch ihr ›frauenemanzipatorisches‹ Selbstverständnis diese Funktion vorzüglich, und nur ihr doppelter Nutzen macht evident, warum sie trotz ihrer vielen offenkundigen Absurditäten eine derart massive Unterstützung erfährt und ihre Glaubensartikel bereits in den Köpfen kleiner Kinder verankert werden sollen. Drei Grundmerkmale dieser Ideologie, die übrigens noch nicht einmal in einem Verhältnis logischer Konsistenz zueinander stehen, belegen das deutlich: erstens die Behauptung einer weitgehenden Irrelevanz biologischer Vorgaben für die Geschlechterrollen, die als ein ausschließlich gesellschaftlich gemachtes ›Konstrukt‹ erscheinen;

eine Behauptung, die bis zur absurden Idee der Möglichkeit einer selbstbestimmten ›Wahl‹ des Geschlechts hochgetrieben wird und die, zweitens, einschließt, daß die Rolle der Frau als heterosexuelle Partnerin des Mannes und Mutter in einer Familie nicht Produkt weiblicher Bedürfnisse, sondern gesellschaftlicher Zwänge und Rollensuggestionen, einer sogenannten »Zwangsheteronormativität« sei; zustande gekommen durch männliche Macht, die bis in die Details grammatikalischer Strukturen der Sprache hineinreiche, weswegen man sie zum Zwecke fraulicher Emanzipation auch »gendersensibel« umgestalten müsse. In diesem Zusammenhang lohnt übrigens die Anmerkung, daß manchen Genderideologinnen bereits das Wort »Mutter« als ein »sexistisches Stereotyp« gilt. Und drittens schließlich der Kult um die Homosexualität, die in ihren vielfältigen Spielarten bereits kleinen Kindern als Optionen sexueller ›Selbstbestimmung‹ nahegelegt werden soll. So schreibt diese Ideologie die Entwertung der Väterlichkeit bei ihren feministischen Vorgängern zu einer Entwertung von Mütterlichkeit und Natalität fort, wodurch sie im Zusammenhang mit ihrem Postulat auf Gleichstellung im Beruf das perfekte Beispiel einer emanzipatorischen Rhetorik abgibt, die voll dem Verwertungsinteresse des Kapitals entgegenkommt. Die Essenz der Genderideologie ist ein absurd-hypertropher antibiologischer Machbarkeitswunsch und ein Antinatalismus, der Unwille zum Kind, zum generationellen Weiterleben. Sie ist ein Dekadenzprodukt, das vortrefflich die dem neoliberalen globalistischen Kapitalismus unserer Gegenwart inhärente quasisuizidale demographische Tendenz zu veranschaulichen vermag.

Wir kommen nun zur *vierten* Problemebene der Feminisierung, die jene Semantiken betrifft, mit denen die westlichen Gegenwartsgesellschaften sich selbst deuten und die ihrem politisch-weltanschaulichen Habitus im Vergleich zu anderen ihr Gepräge geben. Auch dieser Habitus, so die These, hat sich in einer spezifischen Weise feminisiert, und wir deuten diese Feminisierung, wie im Anschluß an Gehlen oben bereits beschrieben, als Übertragung familialer Werte und Sittlichkeitsnormen wie auch privater Haltungen in öffentliche Diskurse und Institutionen. Das hat zur Zersetzung eines genuin staatlichen Ethosprinzips geführt, deren Auswirkungen sich an der gegenwärtig sich täglich zuspitzenden großen Krise beispielhaft aufzeigen lassen, die man verschleiernd »Flüchtlingskrise« nennt.

Präzisieren wir zunächst, vor ihrer Erläuterung, die These selbst. Das »Projekt« der Europäischen Union ist auf einer ersten Ebene als der Versuch kleiner globalistischer politischer und ökonomischer Eliten zu begreifen, »Europa« durch die Überwindung nationalstaatlicher Strukturen zugunsten schwer kontrollierbarer supranationaler Institutionen und durch eine Verwirklichung des vierfachen Credos des neoliberalen globalistischen Kapitalismus – der vollständigen, grenzüberschreitenden Mobilität aller Produktionsfaktoren einschließlich der Arbeitskraft – zu einem Vorbild für eine anvisierte globale Utopie zu machen, in der die Völker durch Vermischung ihre traditionelle kultur- und identitätstradierende Funktion weitgehend eingebüßt haben und sich die Einzelnen zuvörderst nicht mehr über ihre Volkszugehörigkeit, sondern die Zugehörigkeit zu der einen, unteilbaren »Menschheit« definieren.

Stehen auf dieser ersten Ebene des »Projektes Europa« harte politische und ökonomische Interessen im Vordergrund, so sind es auf der zweiten Ebene, auf der man »Europa« zu denken versucht, sogenannte Werte; und zwar an ihrer Spitze eine spezifische Ausprägung der »Menschenrechte«, die zwar europäischen Ursprungs sind, für unsere Gegenwart aber unmöglich als hinreichendes Kriterium für eine Bestimmung dessen, was Europa im Vergleich zu anderen Kulturkreisen auszeichnen soll, dienen können. Für diese dominante Form, in der man diesen Werten in Westeuropa und speziell in Deutschland begegnet, hat schon Arnold Gehlen den Begriff »Humanitarismus« geprägt – mit pejorativem Beiklang könnte man auch von »Menschismus« sprechen –, eine Ideologie, die ein perfektes Instrument für die Kaschierung partikularer Interessen darstellt und genau in dieser Funktion auch fortwährend genutzt wird. Die Tiefenwirkung dieses Humanitarismus in den europäischen bzw. westlichen Gesellschaften aber, so können wir jetzt unsere These präzisieren, ist zwar kein alleiniges Produkt der Feminisierung, aber ohne Bezug auf sie nicht verstehbar.

Skizzieren wir zunächst den Humanitarismus etwas genauer. Gehlen hat 1969 in seiner zeitdiagnostischen Schrift *Moral und Hypermoral* zwei Grundtypen der politischen Moral voneinander unterschieden. In dem einen Typus dominieren Gleichheitsprinzipien und universalistische Werte: Betonung universell gültiger Menschenrechte und Postulate einer unterschiedslosen Menschenliebe, Anstreben »postnationaler Identitäten«, Träume von einem »Weltethos« und »Weltstaat«, Pazifismus, »grenzenlose« Toleranzprinzipien … Der andere Typus dagegen ist eher partikularistisch und kulturalistisch orientiert: Bejahung nationaler und kultureller Differenzen, der eigenen Geschichte und Kultur, des Nationalstaates und staatlicher Wehrhaftigkeit … Beide Typen politischer Moral haben soziologisch und geistesgeschichtlich unterschiedliche Wurzeln. Den Moraluniversalismus deutet Gehlen als ein »elargiertes, schwellengesenktes Familienethos«, basierend auf der Übertragung ursprünglich familialer Gleichheits- und Solidaritätsimperative auf andere Sphären, besonders auf diejenige der Politik, bis hin zu ihrer Fortschreibung zu Prinzipien für das zwischenstaatliche Handeln im Weltmaßstab. Gehlen weist öfter auf den »unübersehbar femininen Einschlag« in diesem Moraltypus hin, seiner Herkunft aus dem »Schoße der Familie« entsprechend, in der »der Feminismus seine starke Farbe dazutut«. Hingegen haben partikularistische Moralprinzipien ihre Wurzel an der Grenze traditioneller Gesellschaften, in ursprünglich überall verbreiteten scharfen Unterscheidungen zwischen Eigengruppenmoral und Moral zur Fremdgruppe, die auch heute noch in der überwiegenden Mehrzahl der nichtwestlichen Kulturen – am ausgeprägtesten in der islamischen – bestehen. In der Neuzeit war der Partikularismus engstens mit den Sphären politischer Macht und des Staates verkoppelt und hat sich in einem emphatischen Begriff der Staatssouveränität ausgeformt. Gerade diese Verkoppelung aber verleiht ihm sein ›männliches‹ Gepräge, denn die Sphäre staatlichen Machthandelns – besonders die externe – blieb bis zur Mitte des letzten Jahrhunderts fast ausschließlich Männern vorbehalten.

Gehlen erläutert vielfältige Ausprägungen des Moraluniversalismus in der europäischen Geschichte und zeigt, daß beide Moraltypen auf unterschiedlichen Menschenbildern – der Universalismus in der Regel auf optimistischen, der Partikularismus auf pessimistischen – beruhten. Er beschäftigt sich aber vor allem mit den Gefahren, die gesinnungsethische Zuspitzungen und Verabsolutierungen dieser Moraltypen mit sich bringen. Dann findet im einen Fall ein Umschlag vom Patriotismus in den Nationalismus statt, mit seiner zur Feindlichkeit hochgetriebenen Differenz von Fremd- und Eigengruppe, und im anderen Fall entsteht eben der Humanitarismus als ein an einem grenzüberwindenden Irgendwie des Allgemein-Menschlichen orientierter universalistischer Brüderlichkeitskult, als ins Maßstablose überdehnte Toleranzpostulate, als Tendenz zum bedingungslosen Pazifismus und als Verwandlung kultureller Selbstkritik zu einer Haltung der Indifferenz und Abwertung der eigenen Geschichte und Kultur und – als deren Kehrseite – als Idealisierung des Fremden. Es liegt nun ganz in der Konsequenz von Gehlens Argumentation, die Expansion dieses Moraltyps, dieses »elargierten Familienethos«, auch als eine der Folgen der tiefgreifenden Änderungen der Stellung der Frau in diesen Gesellschaften zu deuten.

So drängt sich die Vermutung auf, daß der Eintritt der Frauen in die öffentlichen Funktionssysteme, vor allem in die für die öffentliche Meinungsbildung zentralen Sphären der Politik, Bildung und der Massenmedien, einen untergründigen Parallelprozeß der Familialisierung und Feminisierung der politischen Semantik bis hin zum Humanitarismus nach sich zog, der genuin staatsbezogene, ›männliche‹ Ethosprinzipien aufweichte. Es gibt zwar für diese These keinen strikten Beweis, aber doch immerhin manche empirischen Hinweise, die ihr Evidenz verleihen. Denn die Werte des Humanitarismus ziehen sich gegenseitig an, aber wenn man sie voneinander trennt, lassen sie sich demoskopisch testen, und dabei hat man bei einigen von ihnen (Vernachlässigung von Wehrhaftigeit zugunsten eines bedingungslosen Pazifismus, sentimentalisierte Fernstenliebe etc.) deutliche geschlechtsspezifische Unterschiede, typisch »weibliche« Präferenzen feststellen können.

Wir kommen nun zur letzten, *fünften* Problemebene. Die große europäische Krise unserer Gegenwart, als »Flüchtlingskrise« bezeichnet, ist ein Produkt der Allianz zweier nur scheinbar vollkommen heterogener Ideologiemuster: einer globalistischen Interessenpolitik, die, zur Verbilligung der Arbeitskraft und, kohärent, Vermischung der Völker, dem neoliberalen Credo geöffneter Grenzen bedingungslos folgt; und dem gerade angesprochenen schwärmerischen Humanitarismus, der seinerseits als eine der Folgen der Feminisierung gedeutet werden kann. Übrigens veranschaulicht nichts besser die Evidenz dieser Zusammenhänge als der Hinweis, daß an der Spitze unseres politischen Systems jeweils eine Frau steht, in deren Denken genau diese beiden Ideologiemuster gleichsam idealtypisch miteinander verzahnt sind. Nun dämmert gegenwärtig auch Wohlmeinenden immer mehr, daß der Versuch, Europa zum Vorbild für eine auf den Prinzipien des neoliberalen Kapitalismus und des Humanitarismus errichteten globalen Ordnung zu machen, nicht nur tendenziell zur Auflösung der europäischen und binnenstaatlichen Rechtsordnung geführt hat, sondern darüber hinaus zur Erosion der Grundfundamente von Staatlichkeit selbst, die ohne die Fähigkeit zur Kontrolle territorialer Grenzen gar nicht definierbar sind. Kurz: Wir werden Zeugen des Zerschellens einer utopistischen Ideologie, die durch ihre Aushöhlung staatsbezogener Ethosprinzipien den Staat selbst als Ordnungsmacht zu verabschieden im Begriff ist.

Welche Konsequenzen diese Fundamentalkrise des Staates aber im Hinblick auf unser Thema – die Feminisierung und Vaterlosigkeit – hat, wird erst dann genauer sichtbar, wenn wir uns die Zusammensetzung und die kulturellen Prägungen der massenhaft nach Europa und speziell nach Deutschland kommenden Migranten vor Augen halten: Es sind zu über achtzig Prozent junge Männer islamischen Glaubens, die den Problemen zu entfliehen trachten, die durch harte demographische Fakten in ihren Herkunftsländern geschaffen wurden; durch das beispiellose Bevölkerungswachstum in der islamischen Welt des Nahen und Mittleren Ostens und in Afrika, die in vielen dieser Länder zu einer überproportionalen Ausstülpung der Alterspyramide in den jungen Alterskohorten geführt hat, zu einem »youth bulge« mit einem entsprechend hohen Anteil überschüssiger junger Männer. Der Soziologe Gunnar Heinsohn hat bereits 2003 in einer grundlegenden Studie die daraus in diesen Gesellschaften entstehenden Problemlagen, insbesondere ihre hohen Gewaltorientierungen, untersucht, und er hat mit einer fast erschreckenden Präzision die Wanderungsbewegungen vorausgesagt, denen Europa zurzeit ausgesetzt ist.

Man kann die Gewaltorientierungen, die in solchen jungen Gesellschaften im Gegensatz zu den pazifistischen Grundorientierungen in den alternden, kinderarmen Gesellschaften Europas wachsen, als Ergebnis dreier, sich wechselseitig verstärkender Faktoren betrachten: *erstens* des mit der sexuellen Reifung immer hochschießenden, frei flottierenden Aggressivitätspotentials, das – als anthropologische Konstante – junge Männer in allen Gesellschaften zu einer potentiell gefährdeten und gefährlichen Gruppe werden läßt, *zweitens* ihres Überschusses in Relation zu den zu vergebenden Positionen und *drittens* religiös-ideologischer Orientierungen, die den Aggressionspotentialen eine antiwestliche – übrigens auch antisemitische – Zielrichtung und sakrale Weihe verleihen: die jungen Männer sind durch patriarchalische Clan- und Familienstrukturen geprägt und durch eine Religion, die die Herrschaft des Mannes über die Frau und die Familie als ein gottgewolltes Geschlechterverhältnis postuliert. Derartig mental geformt, werden sie das feminisierte, vaterlose Selbstverständnis in Europa mit einer hier ganz fremden ›Maskulinität‹ konfrontieren, und das dadurch entstehende Konfliktpotential werden wir erst dann richtig gewichten, wenn wir die Zahlen dieser jungen Männer nicht auf die Gesamtheit der europäischen Bevölkerung beziehen, sondern nur auf die entsprechende Alterskohorte junger Menschen, denn nur diese ist für die demographische Zukunft Europas entscheidend.

In dieser Alterskohorte aber wird in naher Zukunft kein großes Übergewicht der europäisch geprägten über die islamisch geprägten Bevölkerungsteile mehr bestehen, die größtenteils in einer Situation ökonomisch-sozialer Unterprivilegierung verbleiben werden. Zu dem allein dadurch entstehenden Konfliktpotential hinzugedacht werden muß jenes, das aus der nackten Tatsache des Männerüberschusses in dieser Alterskohorte resultiert, der eine verschärfte Konkurrenz um die Frauen nach sich zieht. Welche Folgen der auf diesen Konfliktebenen stattfindende Aufeinanderprall von den feminisierten und humanitaristischen Orientierungen der Einheimischen und dem virilen patriarchalischen Selbstverständnis der Eingewanderten für Europa haben wird, ist jetzt noch gar nicht abzusehen, aber für pessimistische Zukunftsbilder gibt es gute Gründe.

DIE RÜCKKEHR DER BESIEGTEN

Mit der Frage, woher wir kommen, sehen wir uns im Laufe unseres Lebens immer wieder neu und ganz unabhängig von unserem individuellen Belieben und Wollen konfrontiert – sie stellt sich uns –, und es scheint, daß die existenzielle Dringlichkeit dieser nie abschließend beantwortbaren Frage mit zunehmendem Lebensalter und der damit gewachsenen Fähigkeit zu einem distanzierteren Einblick in das eigene Gewordensein eher noch zunimmt. Die eigene Herkunft umschließt zwei Grunddimensionen: die Abstammung von einer bestimmten Familie, in der man aufgewachsen ist, und die Zugehörigkeit zu einem bestimmten Volk – zwei Wirklichkeiten des Daseins, die vorgegeben sind, unverfügbar, und jeglichem individuellen Selbstbestimmungsstreben unübersteigbare Grenzen setzen. Ohne die Prägungen durch die Herkunftsfamilie sind die Persönlichkeitsstruktur eines Menschen und sein beruflich-sozialer Status undenkbar, während die Zugehörigkeit zu einem Volk uns zu Teilhabern und Erben eines durch dessen Sprache, Kultur und Geschichte gestifteten überindividuellen Zusammenhangs macht, der bis in die kleinsten Details sozialer Beziehungen in einer Fülle fraglos geltender Verhaltensprämissen und eines Vorverständnisses über den anderen wirksam wird, dessen Bedeutung als Gesellschaftsfundament uns erst dann richtig bewußt wird, wenn es, wie beim Aufeinanderprall von Angehörigen substanziell verschiedener Kulturen, plötzlich nicht mehr gilt. Dasjenige, was Menschen als ihr Eigenes empfinden, haben sie an erster Stelle als Abkömmlinge einer Familie und eines Volkes erlangt und erst an zweiter durch die Anstrengungen individueller Selbstschöpfung. Dabei soll freilich nicht unerwähnt bleiben, daß man die Annahme dieses Eigenen gewissermaßen auch verweigern kann. Wer aber die eigene Herkunft verleugnet, befreit sich keineswegs von ihrer Macht über ihn, sondern stolpert nur in das pathologische Verhältnis eines individuellen oder kollektiven Selbsthasses, also jener gebrochenen Identität, die nach den Erfahrungen des 20. Jahrhunderts zu einem Erkennungszeichen vieler Deutscher geworden ist.

Möglicherweise verlieren Familie und Volk allerdings zukünftig viel von ihrer persönlichkeitsprägenden Kraft – der entfesselte westliche Globalkapitalismus der Gegenwart hat den ortlosen Einzelnen, das atomisierte und totalmobile Individuum zum Leitbild erhoben und mächtige Prozesse der Auflösung der Familien und Völker und ihrer identitätsprägenden Kraft in Gang gesetzt –, aber für die Gegenwart, und insbesondere für die ältere Generation, bezeichnen beide doch die entscheidenden Bezugseinheiten für Zugehörigkeitserfahrungen, aus denen man die eigene Herkunft ableitet. Es ist durchaus üblich und geradezu der Normalfall, daß man in derartigen Selbstverortungen die prägenden Wirkungen seiner Herkunftsfamilie und seines Herkunftslandes als voneinander unabhängige Einflußgrößen betrachtet und ihnen auf getrennten Denkwegen nachspürt. Für bestimmte Phasen der Geschichte wird das aber unmöglich. Es gibt historische Perioden, in denen beide vollkommen miteinander zu einer Schicksalsgemeinschaft verschmelzen, Phasen, in denen die Geschicke der übergeordneten Einheit namens Nation oder Volk ungemildert in das mikrosoziale Gewebe der Familien durchschlagen, es zerreißen und zum Aufbau provisorischer Ersatzbildungen nötigen, die sich wegen ihrer außeralltäglichen Beschaffenheit tief ins Gedächtnis eingraben und als konstitutive Bestandteile des eigenen Selbstverständnisses auch in jenen Zeiten fortleben, in denen die gesellschaftliche Normalität zurückgekehrt ist. Natürlich wird damit auf die Tragödien und Katastrophen aus der ersten Hälfte des 20. Jahrhunderts angespielt, von denen im folgenden einige noch wenig bekannte Kapitel angesprochen werden sollen, die im Hinblick auf das Thema der Herkunft wichtig erscheinen.

Ich bekam vor kurzem erstmals Dokumente meiner Eltern zur Ansicht, in denen familiale Erfahrungen aus der Zeit zwischen der Endphase des Zweiten Weltkrieges und der Gründung der beiden deutschen Teilstaaten authentisch festgehalten sind; irritierende und verstörende Dokumente aus einer Zeit, die den meisten Angehörigen der jüngeren Generation wie eine graue Vorzeit erscheinen muß, in die man sich kaum noch anteilnehmend hineinzudenken vermag. Für viele Ältere aber, selbst wenn sie erst danach geboren wurden, kann die Zuwendung zu ihr trotz der zu überbrückenden zeitlichen Distanz ganz ähnliche Reaktionen einer emotionalen Überwältigung auslösen, die ihre Ursache in der Ähnlichkeit familialer Schicksale haben. Auch die angesprochenen Dokumente sind Zeugnisse typischer deutscher Familienschicksale in dieser Zeit, die vom Alltag eines Außeralltäglichen künden, das dem Nachgeborenen, wenn er es an sich herantreten läßt, ganz selbstverständlich eine über den kleinen Kreis der eigenen Familie hinausgehende Verortung seiner Herkunft und Zugehörigkeit nahelegt. Bei den Dokumenten handelt es sich zum einen um einen Ende 1945 von meinem Großvater niedergeschriebenen Bericht über die Flucht meiner Mutter und meiner drei älteren Geschwister aus Pommern zu ihren Schwiegereltern nach Ostwestfalen, zum anderen um einen Stapel vergilbter Postkarten, die mein Vater zwischen 1945 und Anfang 1949 als Kriegsgefangener aus dem Lager Ostaschkow in der Nähe Leningrads an seine ferne Familie gesandt hatte. Beide Dokumente geben tiefe Einblicke in damals weitverbreitete Entwurzelungs- und Überlebenserfahrungen unter Bedingungen extremer Ohnmacht, von denen hier vor allem diejenigen reflektiert werden sollen, die das Schicksal der durch die Kriegsgefangenschaft des Mannes auseinandergerissenen Familien betreffen: Überlebenserfahrungen der vaterlosen Restfamilie, Überlebenserfahrungen der Männer unter den Bedingungen russischer Kriegsgefangenschaft, die existenzielle Bedeutung des Briefes für die Aufrechterhaltung des Familienbandes, den Überlebenswillen und die Hoffnung auf Heimkehr und schließlich die Heimkehr selbst, der freilich nicht selten aufgrund der ganz unterschiedlichen existenziellen Extremerfahrungen eine schmerzliche wechselseitige Erkenntnis der Entfremdung folgte, die nicht immer überwindbar war.

Die familiengeschichtlichen Dokumente, von denen aus diese Themen entfaltet werden sollen, werden verständlich nur durch einen vorgängigen Umriß ihres Zeitkontextes, den ich zunächst in Form eines Tableaus von dafür besonders signifikant erscheinenden Erfahrungen der Besiegten in der Zeit zwischen 1945 – der Endphase des Krieges – und etwa 1948 andeuten will. Da es mir dabei vor allem um die Nahperspektive der Betroffenen geht, werde ich mich geschichtspolitischer Wertungen weitgehend enthalten. Ob die Leidenserfahrungen der Besiegten auch als so etwas wie eine »gerechte Strafe« für die nationalsozialistischen Verbrechen verstanden werden können, wie es der deutsche Sühnediskurs behauptet, kann im Rahmen einer auf die Erlebnisperspektive der Betroffenen konzentrierten Betrachtungsweise nicht angemessen reflektiert werden. Denn in dieser Perspektive überlagerte zunächst das dürre Gegensatzfaktum zwischen Sieger und Besiegtem gewöhnlich alles andere.

Die angesprochene Zeitperiode ist eine in mancher Hinsicht noch wenig ausgeleuchtete Zwischenzeit, in der die weltpolitischen Weichenstellungen für eine Zukunft Deutschlands mit einer bis in die Gegenwart beschnittenen Souveränität gestellt wurden. Mindestens genauso folgenreich aber ist diese Zeit in mentalitätsgeschichtlicher Hinsicht, für die Konstitution eines spezifisch deutschen psychopolitischen Habitusprofils, einer ›gebrochenen‹ Identität als Folge kollektiver Erlebnisse, in deren Strudel die Besiegten durch die totale Niederlage hineingezogen wurden. Wollte man ein Wort finden, das am eindringlichsten eines der in allen diesen Erlebnissen wiederkehrenden Grundmerkmale zu charakterisieren vermag, so bietet sich das Wort »Trümmer« an. Es bezieht sich nicht nur auf die gespenstischen physischen Trümmerfelder, in die sich die Physiognomie der deutschen Stadtlandschaften verwandelt hatte, sondern ebenso auf die sozialen und politischen Strukturen im Großen wie im Kleinen, die nur noch in Gestalt notdürftiger Provisorien – als soziale Trümmer – wirksam wurden; und es bezieht sich nicht zuletzt auf das individuelle und kollektive Selbstwertbewußtsein der Deutschen, auf vormals geltende Gewißheiten, die durch die Niederlage und die ihr folgenden Demütigungen und Beschämungen in der Konfrontation mit den nationalsozialistischen Verbrechen auseinandergeborsten waren, zu einem psychischen Trümmerhaufen.

Die Grunderfahrung der Besiegten in der letzten Kriegsphase und der unmittelbaren Nachkriegszeit war die der Ohnmacht. Ohnmächtig mußten große Teile der Zivilbevölkerung den Bombenkrieg erleiden, der ja erst in den letzten Kriegsmonaten, unter Bedingungen fast vollständiger Wehrlosigkeit, zu einem Inferno der Vernichtung gegen die Städte geworden war; ohnmächtig und schutzlos waren die Flüchtlinge – vornehmlich Frauen und Kinder – aus den von der Roten

Armee bedrohten oder besetzten Ostprovinzen. Aber die Kulmination der Ohnmachtserfahrung stellte doch jenes Geschehen dar, das man als solches und in seinen individuellen und kollektiven traumatischen Folgewirkungen aus den verschiedensten Gründen bis in die Gegenwart, auch in der etablierten Wissenschaft, weitgehend gemieden und verdrängt hat: die in diesem Ausmaß geschichtlich singulären Massenvergewaltigungen, die zwar in ihren entsetzlichsten Dimensionen auf das Konto der Roten Armee gehen, aber in einem bisher für nicht möglich gehaltenen Umfang, wie erst in jüngeren Forschungen erwiesen, auch von Soldaten der westlichen Siegermächte ausgeübt worden sind (vgl. Miriam Gebhardt, 2009). Wie immer in Kriegszeiten, so dienten auch hier die Vergewaltigungen keineswegs nur der sexuellen Triebbefriedigung, sondern immer auch der Demütigung, und zwar der Frauen und ihrer Männer, denen damit in nicht überbietbarer Weise ihre vollständige Ohnmacht demonstriert wird. In den Kontext der Erfahrung von Gewalt, Demütigung und Ohnmacht gehört übrigens auch die in der deutschen Geschichte beispiellose Suizidwelle bei Kriegsende, die erst in jüngster Zeit zum Gegenstand genauerer Erforschung geworden ist. Denn unter Bedingungen vollständiger Ohnmacht kann der Selbstmord auch als allerletzter Ausweg zur Aufrechterhaltung wenigstens eines Minimums an Selbstachtung und Eigenmacht erscheinen.

Zu den Extremerfahrungen von Gewalt und Ohnmacht trat in der anomischen Gesellschaft der Überlebenden am Rande des Nichts die permanente Bedrohung der physischen Existenz durch Hunger und Kälte und die Unbehaustheit, das Unterwegssein. Nicht nur die Vertriebenen waren 1945 in der Trümmerlandschaft des untergegangenen Reichs auf der Suche nach Familienangehörigen und Unterschlupfmöglichkeiten unterwegs; unterwegs waren tatsächlich zwei Drittel aller Deutschen – Evakuierte, Kriegsheimkehrer, Ausgebombte, Überreste der geschlagenen Armee, flankiert von triumphierenden Siegern, auf ihrem Weg in die Gefangenschaft, ehemalige Konzentrationslagerhäftlinge, während sich gleichzeitig bis 1947 etwa zehn Millionen sogenannte »displaced persons« – in erster Linie Zwangs- und Fremdarbeiter – auf den Weg zurück in ihre Heimat machten. Die gewaltigen Bevölkerungsverschiebungen verschärften die Wohnraumprobleme so sehr, daß man überall versuchte, weitere Zuzüge zu verhindern, und es ist nicht verwunderlich, daß unter den damaligen Überlebensbedingungen die in zwangsbelegten Wohnungen oft inmitten einer Familie untergebrachten Flüchtlinge manchmal auch auf offene kollektive Abneigung stießen. Zur katastrophalen Wohnsituation gesellte sich schnell der Hunger. Die alliierten Sieger hatten sich in Potsdam auf Lebensmittelzuteilungen für die Bevölkerung weit unter dem Existenzminimum geeinigt – zwischen 900 und 1200 Kalorien täglich je nach Zone –, so daß das Leben der meisten vom alltäglichen Kampf ums nackte Überleben bestimmt wurde. Primitive tauschwirtschaftliche Verhältnisse mit den Bauern als großer Gewinnerklasse breiteten sich aus, und in den Städten war der einzige Markt, der zählte, der Schwarzmarkt, auf dem der Warentausch aber nicht durch die wertlose Reichsmark vermittelt wurde, sondern durch Zigaretten, das Hartgeld des Schwarzmarkts. Aber all das »Organisieren« und »Hamstern« konnten nicht verhindern, daß im ungewöhnlich kalten Winter 1946/47 Hunderttausende – manche Schätzungen sprechen von zwei Millionen – verhungerten oder erfroren.

Im Tableau kollektiver Erfahrungen der unmittelbaren Nachkriegszeit darf natürlich die Konfrontation der Bevölkerung mit den nationalsozialistischen Massenverbrechen durch die Straf- und Umerziehungspraxis der Sieger nicht fehlen, deren moralisch-rechtliche Ambivalenz hier nicht erörtert werden kann – die Kollektivschuldthese, die Entnazifizierung und die Nürnberger Prozesse. Sie sollte nicht nur die vollständige Zertrümmerung nationalsozialistischer Ideologiemuster bewirken, sondern darüber hinaus die gesamte Geschichts- und Kulturentwicklung Deutschlands als einen gescheiterten »Sonderweg« erscheinen lassen, so daß auch im Hinblick auf die nationale Identität der Deutschen in der unmittelbaren Nachkriegszeit ein umfassender Entwertungsprozeß vormals geltender kollektiver Gewißheiten begann, den man lange Zeit fast ausschließlich als Erfolgsgeschichte verstanden wissen wollte. Erst in der jüngeren Vergangenheit hat sich das Gefühl dafür verstärkt, daß die radikale Umwandlung des mentalen Habitus eines ganzen Volkes als Kehrseite auch ganz fragwürdige Umdeutungen und Verleugnungen des Eigenen – einschließlich der erlittenen Gewalt-

und Ohnmachtserfahrungen im Gefolge der Niederlage – einschloß, in denen sich ein chronisch gestörtes Selbstverhältnis der Deutschen zum Ausdruck bringt.

Und schließlich das letzte zeittypische Grundmerkmal einer Erfahrung, die die psychosoziale Wirklichkeit vieler Familien prägte: der abwesende oder schwer beschädigte – sei es gefallene, gefangene, kriegsversehrte oder durch Berufsverbot, Statusverlust und Niederlage deklassierte – Vater, so daß, unter den demographischen Bedingungen eines hohen Frauenüberschusses, die Mütter zu den ›Oberhäuptern‹ der in Notunterkünften hausenden Überlebensgemeinschaften aufrücken mußten. Freilich ließ der Alltag unter den harten Bedingungen des Überlebenskampfes der vaterlosen Rumpffamilie für emotionale Wärme kaum Raum, und auch deswegen konzentrierte sich in ihnen, wenn man von der Kriegsgefangenschaft des Vaters wußte, alle Hoffnung auf dessen Heimkehr, wie auch für diesen in der Gefangenschaft die Heimkehr – in die Familie – den Brennpunkt aller seiner, freilich immer auch mit untergründigen Ängsten durchsetzten Wünsche bildete. Dabei wurde der briefliche Austausch zum wichtigsten Medium, das dem abwesenden Mann innerfamiliale Präsenz verschaffte und die Hoffnungen aller und seinen Überlebenswillen aufrechterhielt.

Die erste Karte meines Vaters aus russischer Kriegsgefangenschaft ist im November 1945 verfaßt, sie erreichte meine Mutter, die mit meinen drei älteren Geschwistern im September nach der Flucht aus Pommern bei den Schwiegereltern in Westfalen Unterschlupf gefunden hatte, aber erst im Februar 1946; und wie aus einer in Ostaschkow abgesendeten Antwortkarte hervorgeht, war dort die erste Nachricht von ihr erst Ende Juni 1946 – dreizehn Monate nach Kriegsende also – eingetroffen. Auf beiden Seiten auseinandergerissener Familien oder einzelner Angehöriger herrschte also lange Ungewißheit über das Schicksal der jeweils anderen, die der erste Briefkontakt aber nur im Hinblick auf existenzielle Basisinformationen – daß man überlebt hatte, den Gesundheitszustand und den Aufenthaltsort – zu überwinden vermochte. Was der Kriegsgefangene seitdem im einzelnen erlebt hatte, mußte für die Rumpffamilie genauso im Dunkeln bleiben wie deren Erlebnisse für ihn, genauere Schilderungen ließen die beidseitigen

Lebensumstände, aber auch ganz pragmatische Gründe gar nicht zu. Denn den Gefangenen wurde anfangs nur alle zwei Monate eine Postkarte zugestanden, die lediglich auf der Rückseite beschriftet werden konnte und deren Inhalt kontrolliert wurde – auf der Vorderseite befanden sich das Rote-Kreuz-Zeichen und Vordrucke in russischer und französischer Sprache –, und auch für Nachrichten an den Gefangenen mußte man sich entsprechender Antwortkarten bedienen.

Die ersten drei Karten meines Vaters enthalten nur wenige, fast gleichlautende schlichte Zeilen, und in der ersten heißt es nach der Anrede und der im ersten Satz ausgedrückten Hoffnung, daß es der Familie wohl ergehe: »Ich befinde mich seit der Kapitulation Kurlands in russischer Gefangenschaft. Ich bin noch gesund und habe nur den einen Wunsch und die eine Hoffnung, Euch alle in absehbarer Zeit wiederzusehen. Gebt mir bald ein Lebenszeichen, unter Benutzung der anhängenden Antwortkarte.« Daß dieses Lebenszeichen, das im Juni 1946 eintraf, keine Schilderung der dramatischen Umstände der Flucht seiner Familie, die er zum letzten Mal 1943 gesehen hatte, enthalten konnte, ist evident.

Die von meinem Großvater nach Berichten der Mutter über diese Flucht 1945 verfaßte Schilderung ist zeitgeschichtlich sehr aufschlußreich. Aus der Erlebnisperspektive einer für das eigene Überleben und das ihrer drei kleinen Kinder weitgehend auf sich selbst gestellten Frau finden hier nicht nur wie in einem Konzentrat fast alle der zuvor beschriebenen Extremerfahrungen vieler Deutscher Erwähnung, sondern es wird ebenfalls deutlich, daß auch in den Wirren der letzten Kriegstage und der ersten Nachkriegswochen noch Rudimente einer gesellschaftlichen Normalität erhalten geblieben waren. Selbst hier gab es noch halbwegs funktionierende Zugverbindungen, und es war den Frauen auch manchmal möglich, ›unterwegs‹ kurzfristige Arbeitsverhältnisse einzugehen, durch die die kargen Lebensmittelrationen aufgebessert werden konnten, deren Verteilung zwar nach improvisierten Organisationsmustern, aber keineswegs völlig chaotisch ablief.

Das Dokument kündet auch von Beispielen großer Hilfsbereitschaft und Solidarität mit den notleidenden Frauen und ihren Kindern, die dem großen Wort vom Volk als einer Schicksalsgemeinschaft sehr wohl einen positiven Erlebnissinn zu geben vermochten, während von den negativen Extremerfahrungen am betroffensten die kargen Schilderungen über das erste Zusammentreffen mit der sowjetischen Armee machen: »Am 1. Mai drangen die Russen ein. Es wurde geplündert. Auf dem Hof nahm der Stab Quartier. [...] Es begann für uns, namentlich für die Frauen, eine Schreckenszeit, die kaum zu schildern ist [...].« Im Text folgt dann eine kurze Darstellung, wie die Flüchtlingsgruppe und die Frauen sich zu schützen versuchten, aber am Ende des Abschnittes – nach der kurzen Erwähnung des Selbstmordes des Hofeigentümers – heißt es: »Die Not der Frauen ist nicht zu beschreiben«. Das Geschehen wird, damals verbreiteten Sagbarkeitsregeln folgend, nur schamhaft und nicht einmal anklagend angedeutet, das böse Wort, das es bezeichnet, bleibt unerwähnt, und gerade das schamhafte Verschweigen dieser millionenfach erlittenen Gewalterfahrung, über deren Auswirkungen auf Tiefenschichten der kollektiven Psyche der Deutschen noch niemand bisher ernsthaft nachgedacht hat, läßt verstehen, warum erst im Jahre 2009 die erste systematische Untersuchung dieser Kriegsverbrechen vorgelegt worden ist, deren Verfasser der Staatsrechtler und frühere Hamburger Wissenschafts- und Kultursenator Ingo von Münch war.

Im Fluchtdokument tauchen die Russen aber keineswegs nur als gewalttätige und vergewaltigende barbarische Horden auf, es gibt auch eine andere Wahrnehmung – diejenige ihres ›zweiten Gesichtes‹ sozusagen –, und auch diese Ambivalenz im Bild von »den« Russen entspricht einem weitverbreiteten, zeittypischen Perzeptionsmuster. Der ›andere‹ Russe, der im Text im Zusammenhang mit einer Bestechung auftritt, die den Übergang über die Aller in die britische Besatzungszone ermöglichte, ist ein etwas kindlicher, kinderliebender und hilfsbereiter Freund des Schnapses. Natürlich endet das Fluchtdokument mit der Ankunft bei den Schwiegereltern im September 1945. In deren Haus entstand nun aus der vaterlosen Rumpffamilie, den Schwiegereltern und einem Bruder des Vaters auf engstem Raum eine neue familiale Not- und Solidargemeinschaft mit ab und zu in ihrer Mitte untergebrachten fremden Flüchtlingen, eine Gemeinschaft, die dank selbstproduzierter Naturalien die Hungerrationen der Lebensmittelkarten so auffüllen konnte, daß man zwar kärglich, aber nie hungernd zu überleben vermochte.

Der Vater selbst kehrte erst im April 1949 zurück, es waren ausschließlich seine Postkarten aus Rußland, die ihm eine vorgestellte Präsenz in dieser Notgemeinschaft sichern konnten, und die Antworten, die er erhielt, waren die wichtigsten Medien zur Aufrechterhaltung seines Überlebenswillens. Das wird in fast jeder Karte unmittelbar deutlich: »Hoffentlich höre ich bald wieder von Euch. Der Postempfang ist die einzige Freude, die ich hier haben kann«, heißt es in der ersten Antwortkarte im Juni 1946 und ähnlich bis zur letzten im Dezember 1948 immer wieder. Daran schließt sich ebenfalls in allen Karten die Hoffnung auf ein baldiges Wiedersehen »in der Heimat« an, an das in den ersten beiden Jahren ganz offensichtlich auch fest geglaubt wurde. Im Zusammenhang mit dieser Hoffnung wird dabei fast immer auch das Verpflichtungsgefühl gegenüber der Familie erwähnt. Daß er als Ernährer der Familie nun ausfällt, ist mit dem Selbstbild schwer zu vereinbaren – »es ist schwer genug, ohnmächtig zu sein und nicht helfen zu können« schreibt er Ende 1946 –, und so ist mit der Bekundung der Hoffnung auf baldige Heimkehr regelmäßig auch die beruhigende Versicherung verbunden, »daß ich bald selbst wieder für Euch sorgen werde«. Nach den ersten beiden Jahren aber dokumentiert sich in den Karten zusehends die enttäuschte Hoffnung, und da die Entlassung in eine immer vagere Ferne zu rücken scheint, verwandelt die Ungewißheit auch das Warten immer stärker in ein fatalistisch zu ertragendes Schicksal. Die Gefangenen würden jetzt, schreibt er im November 1948, wegen der Ost-West-Spannungen auch als »politische Geiseln« angesehen, und im Dezember desselben Jahres, in der Karte zum Weihnachtsfest, das bei den Gefangenen immer im Zentrum alles Sehnens und Hoffens auf Heimkehr stand, klingt die deprimierte Stimmung offen durch: »Wie lange es noch dauern wird, bis endlich die Stunde der Freiheit für mich und alle anderen hier schlägt, weiß ich nicht.«

Neben den Hoffnungen und ihren Enttäuschungen bilden die durch die Ungewißheit hinsichtlich der genaueren Lebensumstände der Familie und der Zustände in Deutschland genährten Sorgen ein zweites großes Thema. Auch dieses ist durchaus typisch, denn die Antwortschreiben der Angehörigen boten keinen hinreichenden Stoff für die Bildung realistischer Vorstellungen bei den Gefangenen, und so entstanden negative Gerüchte, die die Sorgen noch beförderten. Das zeigt besonders deutlich eine Karte vom März 1948: »Man hört nämlich von sehr vielen Kameraden, daß ihre Angehörigen in der Heimat bittere Not leiden. Ich habe mir auch schon oft die größten Sorgen in dieser Beziehung gemacht. Es müssen ja schlimme Zustände in Deutschland herrschen.« Bezüglich der Beschreibung des eigenen Gesundheitszustandes und der Lebenswirklichkeit im Lager finden sich in den Karten nur spärliche Hinweise, und daß man darin nirgends offenen Klagen begegnet, kann neben der Angst vor möglichen Repressalien auch als eine durchaus zeittypische Resultante aus einem entsprechenden Männlichkeitsbild und dem Versuch, die ferne Familie nicht zu beunruhigen, gewertet werden. »Mir geht es noch gut«, »noch einigermaßen« ist der nur geringfügig eingeschränkte stereotyp benutzte Euphemismus für eine Lebenswirklichkeit, in der in den ersten beiden Jahren die meisten andauernd vom Hungertod bedroht waren.

Zwar ist die erhoffte Heimkehr das große Thema aller Karten, aber diese wird keineswegs in sentimentalischer Verklärung vorgestellt. Im Mai 1948 heißt es: »Und wie es mit unserer Zukunft bestellt sein wird, darüber gibt es keine Illusionen: Ein ganz neues Leben werden wir uns wieder aufbauen müssen.« Dieser Realismus umschließt freilich auch die Erkenntnis, daß der Neuaufbau nicht nur im Hinblick auf die Überwindung objektiver Hürden nicht leicht sein wird, sondern auch im persönlichen Beziehungsgeflecht zwischen Mann und Frau und Vater und Kindern. Der entscheidende Satz wird bereits in einer Karte vom August 1946 ausgesprochen: »Daß man nach dieser Zeit nicht mehr der alte Mensch sein wird, kannst Du Dir wohl denken.« In der Tat: In der Gefangenschaft waren die Männer zu anderen geworden, genauso wie die Frauen durch ihre Extremerfahrungen nicht mehr diejenigen geblieben waren, als die sie ihre kriegsgefangenen Männer in Erinnerung hatten. Daß deshalb die ersehnte Heimkehr prekär werden könnte, war auch eine untergründige und keineswegs unrealistische Befürchtung. Bevor wir diese selbst genauer in den Blick nehmen können, müssen aber zunächst aus einer distanzierteren Perspektive typische prägende Erfahrungen der russischen Kriegsgefangenschaft angesprochen werden.

Kaum etwas wurde von den deutschen Soldaten so sehr gefürchtet wie die Gefangennahme durch sowjetische Truppen. Das war primär Produkt des nationalsozialistischen Feindbildes vom Bolschewismus und der Gewaltherrschaft in der Sowjetunion, wurde aber auch grundiert durch weit ältere Stereotype über den Nationalcharakter »der« Russen. Daß übrigens das weitaus positivere Bild, das über die Westalliierten zirkulierte, sich zumindest in den ersten Nachkriegsmonaten oft als bittere Illusion erwies, sei angesichts der riesigen amerikanischen Rheinwiesenlager, in denen die Gefangenen aufgrund systematisch betriebener Unterversorgung massenhaft zugrunde gingen, nur am Rande bemerkt. Jedenfalls wurde die Gefangennahme, der viele den Suizid vorzogen, als Schockereignis erfahren, das – wie typische Schilderungen ehemaliger Gefangener zeigen – als traumatische lebensgeschichtliche Zäsur mitunter Jahrzehnte weiterwirkte, als Ohnmachtserlebnis par excellence. Der Gefangennahme folgte dann gewöhnlich ein oft tagelanger Fußmarsch in ein Sammellager, von dem aus der Weitertransport ins eigentliche Kriegsgefangenenlager vorgenommen wurde. Daß der Tod dabei reichliche Ernte hielt – mitunter ein Drittel der Gefangenen –, versteht sich von selbst. Die Lager selbst waren geschlossene, von Stacheldraht umzäunte Systeme – »totale Institutionen« (Erving Goffman) –, für deren Bewachung auf Lagertürmen postierte Soldaten zuständig waren; und sie hatten eine überall gleiche interne Herrschafts- und Organisationsstruktur, die durch ein Subregime privilegierter Gefangener – typischerweise dem sogenannten antifaschistischen Nationalkomitee Freies Deutschland entstammend – ergänzt wurde. Daß die angeblich klassenlose Sowjetunion Offiziere und Mannschaften in unterschiedlichen Lagern zusammenzufassen suchte und unterschiedlich behandelte, registrierten die deutschen Soldaten, die in der Wehrmacht an gleiche Verpflegung gewöhnt waren, mit besonderer Verwunderung. Die typische Unterkunft in den ersten beiden Nachkriegsjahren war ein ausschließlich aus zwei- oder dreistöckigen Holzpritschen bestehender Raum für bis zu zwanzig Gefangene, die gewöhnlich außer ihrer Armeeuniform, die sie wochenlang ungewaschen auf dem Leib trugen, keine Kleidung besaßen. Katastrophal waren in dieser Zeit auch die hygienischen Verhältnisse und die Nahrungssituation. Die meisten der etwa 1,2 Millionen in sowjetischer Kriegsgefangenschaft Umgekommenen – die Gesamtzahl der Gefangenen betrug 3,3 Millionen – sind in der Zeit bis Kriegsende und in den beiden Nachkriegsjahren gestorben, wobei besonders anzumerken ist, daß damals auch in der sowjetischen Zivilbevölkerung der Hunger grassierte.

Erst ab 1947 verbesserten sich die Lebensbedingungen in den Lagern deutlich. Die Gefangenen nannten und betrachteten sich als »Kameraden«, später dann zunehmend auch als »Kumpel«, hielten sehr lange an militärisch eintrainierten Verhaltensmustern fest, deren Prestige aber mit zunehmender Wichtigkeit des Arbeitssystems des Lagers, das eine neue, an technischen Qualifikationen orientierte Prestigeskala entstehen ließ, sank. Freilich darf der Begriff des »Kameraden«, Assoziationen an eine solidarische Notgemeinschaft evozierend, nicht überdecken, daß zu den bestimmenden Lagererfahrungen auch das völlige Gegenteil solidarischen Handelns gehörte. Die Mitglieder des Nationalkomitees Freies Deutschland galten den meisten als Verräter, und die Sowjets hatten ein dichtes Spitzelwesen im Lager geschaffen, das vor allem der Informationsbeschaffung für ihre Kriegsverbrecherprozesse dienen sollte, die oft mit einem Urteil über 25 Jahre Zwangsarbeit endeten und von den Gefangenen als reine Willkürveranstaltungen gewertet wurden. Auch der sogenannte »Kameradendiebstahl« war in den extremen Hungerzeiten keineswegs selten, und beide – der entdeckte Spitzel und der Kameradendieb – mußten mit harten Strafen, bis hin zur Tötung, rechnen. Bis auf die höheren Offiziere waren die Gefangenen zur Arbeit, normalerweise Akkordarbeit, verpflichtet. Dazu wurden sie nach sowjetischen Organisationsprinzipien in Brigaden – Gruppen zwischen gewöhnlich zwanzig und vierzig Männern – zusammengefaßt, die oftmals auch harte Arbeiten jenseits des Stacheldrahtzauns verrichteten. Dort entstanden dann auch persönliche Kontakte zur russischen Zivilbevölkerung, aus denen sich zumeist positive Bilder vom sogenannten »einfachen Russen«, dem »russischen Volk« formten. Höhere Akkordleistungen wurden anfangs mit Lebensmittelzuschlägen belohnt, später – generell ab 1948 – wurde für die

Arbeit Lohn ausgezahlt, mit dem man sich zusätzliche Nahrungsmittel besorgen konnte.

Die alles überdeckende Grunderfahrung der Gefangenen in den ersten beiden Nachkriegsjahren war der Hunger, der in seinen extremeren Auswirkungen eine weitverbreitete Form der Auszehrung zur Folge hatte, die sogenannte Dystrophie. Wie weit sie fortgeschritten war, wurde im Lager von russischen Ärzten, die zumeist Ärztinnen waren, durch eine einfache Methode diagnostiziert, deren Ergebnis über die Arbeitsfähigkeit des Gefangenen entschied: den Kniff in den Oberschenkel, im Lagerjargon auch »Arschkniff« genannt. Das physische Erscheinungsbild dieser Hungerkrankheit ist der aufgequollene Leib und eine schlaff um die dürren Glieder hängende Haut. Psychisch drückt sie sich zunächst als wachsende Lethargie und chronische Müdigkeit und eine Totalokkupation aller Gedanken durch das Thema Essen aus. Mit fortschreitendem Verfallsprozeß wachsen die Gedächtnisstörungen, das Sexualempfinden schwindet, und die Fähigkeit zur Reaktion auf Umweltreize nimmt immer mehr ab. Schließlich beginnt das Stadium des Dahindösens im Liegezustand, in dem die gewohnte Abfolge alltäglicher Verrichtungen verschwimmt und einfachste notwendige Aktivitäten wie der Gang auf die Latrine langwieriger psychophysischer Vorbereitungen bedürfen. Im Endstadium dieser Depersonalisierung vermochte der Dystrophiker oft nicht einmal mehr den eigenen Namen zu erinnern und das eigene Spiegelbild als das seinige zu identifizieren.

Da fast alle Gefangenen in den ersten beiden Jahren Formen der Dystrophie am eigenen Leib erfuhren, vermag der Begriff »Hungerkultur« das Grundcharakteristikum des Lagerdaseins in dieser Zeit am treffendsten zu bezeichnen. Zur Hungerkultur gehörte etwa das Aufsparen und Verstecken von Brotstücken als »eisernen Rationen«, das Übertreten kultureller Speisetabus, beispielsweise beim Verzehr von Hunden, Katzen, Eidechsen oder Schlangen, eine bis ins kleinste gehende Überwachung der ›gerechten‹ Verteilung der Suppe, die zumeist stubenweise zugeteilt wurde und sich zu einer ganz komplizierten Verteilungsarithmetik ausdifferenzieren konnte, die Entwicklung individueller Eßrituale, die oft das Zerschneiden der Nahrung in Kleinstportionen beinhaltete, deren Genuß man dann anhand selbstauferlegter Regeln zur Steigerung der Vorfreude mitunter stundenlang verzögerte, aber auch das gierige In-sich-Hineinschlingen unerwartet erhaltener Zusatznahrung, das fatale gesundheitliche Folgen haben konnte. Der Hunger erforderte auch die kollektive Entwicklung kraftsparender Verhaltensweisen bei der Arbeit und der Fortbewegung der Gefangenen. Folge war der sogenannte Lager- oder Plenny-Schritt, die langsame Fortbewegung in gekrümmter Körperhaltung, mit über den Boden schlürfenden Fußsohlen.

Der Hunger war in den ersten beiden Nachkriegsjahren der wichtigste Faktor von Persönlichkeitsveränderungen der Gefangenen, die weit über das Entlassungsdatum hinaus wirkten. Nach dieser Anfangszeit konnte man sich mit realistischer gewordenen Überlebenshoffnungen im Lageralltag einrichten, und es begann ein Warten auf die Entlassung, das wegen der Ungewißheit des Termins Züge eines fatalistischen Sichabfindens mit einer widerwillig ertragenen Existenz auf Abruf einschloß. Auch dieses unbestimmte Warten scheint langfristige Persönlichkeitsveränderungen bewirkt zu haben. Im Lager selbst aber gelang den Gefangenen eine immer bessere kollektive Gestaltung ihrer Freizeitaktivitäten. Mit primitivsten Mitteln wurden Fortbildungskurse, Theateraufführungen, Konzerte und Sportveranstaltungen organisiert, die zu veranschaulichen vermögen, zu welch kreativen kulturellen Leistungen Menschen auch unter Extrembedingungen fähig sind. Daß beispielsweise in einem Lager Erzählungen aus der *Odyssee* über dreihundertmal vorgetragen wurden, ist besonders erwähnenswert, zeigt es doch die identifikatorische Nähe, die die Gefangenen zu der Figur des Odysseus, diesen in der Fremde umherirrenden, aber nach langer Zeit doch noch heimkehrenden Soldaten empfinden mußten.

Die wichtigste Alltagsform der Freizeitgestaltung war aber das Erzählen in der Kleingruppe der Zimmergemeinschaft, das von drei Themen beherrscht wurde: dem Essen, Erinnerungen an Familie, Beruf und Heimatort sowie Spekulationen über das Schicksal der eigenen Familie und die Zustände in Deutschland. Der Krieg und die Politik spielten dabei offenbar nur eine geringe Rolle, auch wegen der Angst vor Spitzeln. Das Reden über die Angehörigen und die Zustände in der fernen Heimat war von der Ungewißheit bestimmt und bewegte sich zwischen den Gegenpolen von Hoffnung und Befürchtung, Freude und Enttäuschung. Natürlich war im ersten Nachkriegsjahr, als es noch keinen Postempfang gab, die Ungewißheit am größten. Später machte der Postaustausch zwar den Erhalt existenzieller Basisinformationen möglich, aber die Gewißheiten, die man dadurch erhielt, schlossen immer auch deprimierende Nachrichten ein, über den Tod naher Angehöriger etwa oder daß die eigene Frau nunmehr mit einem anderen Mann zusammenlebte. Mit zunehmender Dauer der Gefangenschaft mehrten sich in den Briefen der Angehörigen dann auch Mitteilungen und Andeutungen über Veränderungen der deutschen Nachkriegsgesellschaft, die nur schwer zu entschlüsseln waren und die Gerüchteproduktion im Lager beständig schürten. Immerhin erahnten die Gefangenen dadurch, wie sehr sich die Wirklichkeit in Deutschland ohne sie gewandelt hatte, und das verstärkte das untergründige Wissen, daß die ersehnte Heimkehr zugleich auch mit einer Vielfalt beängstigender Überraschungen verbunden sein könne.

Der »Spätheimkehrer aus Rußland« war in der Gesellschaft der Überlebenden bis Ende der 1940er Jahre eine charakteristische soziale Figur, die sich von den anderen Sozialtypen mit Extremerfahrungen – den Flüchtlingen, Ausgebombten und Konzentrationslagerinsassen etwa – in zweifacher Hinsicht signifikant unterschied: daß seine existenziellen Grenzerfahrungen in einer fremden Ferne stattgefunden hatten und daß sie zwei vollkommen konträre Pole umschlossen: die Gewalterlebnisse des Krieges mit ihrer Täterkomponente und die extreme Ohnmachtserfahrung in der sich endlos dehnenden Wartezeit im Hungeralltag des Lagers. Dadurch in seiner Persönlichkeit verändert und als Folge der Dystrophie gewöhnlich auch in einem erbärmlichen Gesundheitszustand, traf der Heimkehrer nun auf ein vollkommen verändertes Land und auf Angehörige, die ihrerseits zu anderen geworden waren. Schon die ersten Impressionen von dem Land vom Zug aus konnten, wie etwa der Theologe Helmut Gollwitzer berichtete, irritierende Dissonanzen zu den von der Erinnerung gespeisten Erwartungen auslösen. Als er dann auf seine Angehörigen traf, wurde beiden häufig sehr bald bewußt, daß die Inkompatibilität ihrer Erfahrungen sie voneinander entfremdet hatte und die Wiederannäherung in einem Gefüge völlig neuartiger sozialer Konstellationen, die sich in seiner Abwesenheit verfestigt hatten, ein langer Prozeß sein werde, der auch mißlingen könne.

So kollidierte der positive Mythos von der Familie als einem Hort der Geborgenheit, den gerade die Abwesenheit der Männer und Väter intensiv genährt hatte, nach der Heimkehr fast immer mit ihrer neuen Wirklichkeit: Die Heimkehrer waren zunächst nicht selten Fremdkörper in ›ihrer‹ Familie, und die hohen Scheidungsziffern gerade in diesen Familien lassen die großen objektiven und subjektiven Barrieren erahnen, die ihrem Versuch, das traditionelle Rollengefüge zu restituieren, entgegenstanden. Umstandslos wieder die Ernährerrolle zu übernehmen, scheiterte oft an der weitverbreiteten Arbeitslosigkeit, während die psychischen Deformationen, die die Kriegs- und Gefangenschaftserlebnisse hinterlassen hatten und sich in spezifischen »Heimkehrerneurosen« und -traumata widerspiegelten, die Wiederaufnahme empathischer Beziehungen zu Frau und Kindern erschwerten. Freilich waren auch deren Empathieressourcen als Folge der harten Überlebensbedingungen der unmittelbaren Nachkriegszeit weitgehend erschöpft, und dies umso mehr, wenn ihnen Extremerfahrungen wie Flucht oder Vergewaltigung nicht erspart geblieben waren. So konnten auch die Heimkehrer nur mit einem höchst begrenzten Verständnis für ihre Verhaltensauffälligkeiten rechnen, die in völligem Widerspruch zu den idealisierenden Bildern standen, die man sich in ihrer Abwesenheit von ihnen gemacht hatte und die Fremdheitswahrnehmung noch verschärften. Christoph Meckel hat diesen Desillusionierungsprozeß in seinem autobiographischen Buch *Suchbild. Über meinen Vater* (1980) anschaulich beschrieben. Die gefühlskarge Familie mit massiv geschwächten Vätern war unter den harten Überlebensbedingungen der frühen Nachkriegszeit die Regel, die in den Familien der Heimkehrer besonders klar hervortrat.

Diese Gefühlskargheit schloß übrigens auch die später in der Literatur manchmal behauptete sogenannte »Selbstviktimisierung« der Deutschen weitgehend aus. Opferrhetoriken waren im Überlebenskampf der Nachkriegszeit dysfunktional und verpönt, auch gerade in Familien mit Extremerfahrungen wie der russischen Kriegsgefangenschaft des Vaters und den Bombenkriegs- oder Fluchterlebnissen der Frauen und Kinder, und nicht selten sicherten in stillem Einverständnis geschlossene »Schweigepakte«, daß derartige Erfahrungen unausgesprochen blieben. Das Grundmerkmal im kollektiven Gefühlshaushalt der Deutschen in der frühen Nachkriegszeit war weder die »Selbstviktimisierung« noch die Selbstbeschuldigung als Täter, sondern eine Emotionspanzerung und -lähmung, die zwar machtlos gegen die überwältigenden Erinnerungsbilder an erlittene und anderen zugefügte Gewalt blieb, ihnen aber den Weg in die Sphäre des verbalisierten Gefühls weitgehend versperrte. Die daraus resultierende »Unfähigkeit zu trauern« (Alexander und Margarete Mitscherlich) hat wenig mit der psychoanalytischen »Verdrängung« zu tun, und sie war übrigens auch kein deutsches Spezifikum. Ganz ähnliche Emotionspanzerungen fanden sich auch bei Terroropfern, bei Konzentrationslager- und Holocaustüberlebenden. Bezeichnenderweise war gerade in Israel eine »Selbstviktimisierung« von Holocaustüberlebenden verpönt und im öffentlichen Diskurs bis weit in die 1950er Jahre praktisch nicht vorhanden.

Nun konnten aber auch alle Emotionspanzerungen nicht verhindern, daß bei vielen Heimkehrern aus russischer Kriegsgefangenschaft sich nicht selten massive Verhaltensauffälligkeiten einstellten, gegen die sie selbst machtlos waren und die ihre Integration in die Familie und die sich neu entwickelnde Gesellschaft behinderten. Von Angstträumen mit immer wiederkehrenden Bildern über spezifische Kriegs- und Gefangenschaftserlebnisse heimgesucht, gefangen in Obsessionen, die auf die Hungerkultur des Lagers zurückgehen, durch mangelnde Initiative, Eigenbrötelei und hochgradige Reizbarkeit in ihrer Gemeinschaftsfähigkeit erschöpft, durch sexuelle Probleme ihren Frauen gegenüber und durch die Unfähigkeit, umstandslos wieder die Ernährerrolle in der Familie zu übernehmen, in ihrem männlichen Selbstwertgefühl gekränkt, das ja bereits durch das Grundfaktum der Niederlage schwer gelitten hatte, zeigten viele der heimkehrenden Besiegten eine psychosoziale Symptomatik. Ein Krankheitsbild, das man anhand heutiger psychologischer und psychiatrischer Kriterien als posttraumatische Belastungsstörung diagnostizieren würde, deren Konzept in den Vereinigten Staaten in den 1980er Jahren im

Ausgang von psychischen Problemen von Vietnam-Veteranen entwickelt worden ist.

Man sollte aber nicht übersehen, daß derartige retrospektive Übertragungen neuerer Krankheitskonzepte auf eine Zeit mit völlig anderen gesellschaftlichen Regeln des Sagbaren und einem ganz anderen Verständnis von psychischer Krankheit nicht unproblematisch sind. Die Historikerin Svenja Goltermann hat in einer aufschlußreichen Studie über die Kriegsheimkehrer in der »Gesellschaft der Überlebenden« die Inkompatibilität des modernen psychiatrischen Trauma- und Krankheitskonzeptes mit der damaligen psychiatrischen Diagnostik und den in der Nachkriegszeit dominierenden gesellschaftlichen Deutungsmustern aufgezeigt und uns damit zu einem vertieften Verständnis der Historizität der Wahrnehmung von Leidenserfahrungen verholfen. Die damals völlig unangefochtene psychiatrische Lehrmeinung bezüglich des Verständnisses und Umgangs mit kriegsbedingten Extremerfahrungen hatte sich aus den Erkenntnissen herausgefiltert, die man im Umgang mit den sogenannten »Kriegsneurotikern« des Ersten Weltkrieges gewonnen hatte, den »Zitterern« und »Schüttlern«, deren Symptome sich bei Behandlungsmethoden verstärkten, die eine »Selbstviktimisierung« der Betroffenen förderten und im allgemeinen verschwanden, wenn dies nicht der Fall war. Daraus resultierten Behandlungstechniken, die uns heute rüde und inhuman erscheinen, aber effektiv waren; und mit großem Befremden reagieren wir besonders auf das anthropologische Grundaxiom der damaligen Psychiatrie, das eine unendliche Belastungsfähigkeit der menschlichen Psyche behauptete.

Wir sollten aber nicht vergessen, daß sich dieses Axiom im Zusammenhang mit einem breiten und differenzierten empirischen Wissen herausgebildet hatte, das sich übrigens auch durch Beobachtungen der Reaktionen von Überlebenden des Bombenkriegs zu bestätigen schien. Jedenfalls hatte das Axiom von der unendlichen Belastungsfähigkeit zur Folge, daß bleibende schwere psychosoziale Beeinträchtigungen von Spätheimkehrern nicht etwa als Folge ihrer Extremerfahrungen im Krieg und der Gefangenschaft gedeutet wurden, sondern als Folge eines anlagebedingten Persönlichkeitsdefizits oder pathologischer physischer Veränderungen, wie sie im Zusammenhang mit der Dystrophie entstanden waren. Sie – und nicht die Extremerfahrungen selbst – seien die Ursache dafür, daß bei ihnen Persönlichkeitsstörungen fortdauerten, die bei den meisten von selbst verschwänden. So verhinderte nicht nur die weitgehend erschöpfte Empathiefähigkeit der Nachkriegsgesellschaft die Einfühlung in die Leidenserfahrungen der heimgekehrten Besiegten, sondern eine Anerkennung blieb ihnen auch seitens einer Medizin weitgehend versagt, die außer Appellen an ihre Willenskraft wenig zu bieten hatte und Anträge auf Kriegsopferrenten gewöhnlich abschlägig beschied.

Die Grundannahme von der unendlichen Belastungsfähigkeit der menschlichen Psyche, die den modernen Traumabegriff als Krankheitsbegriff ausschließt, war – das sollte unterstrichen werden – beileibe keine spezifisch deutsche Lehrmeinung. Die deutsche Psychiatrie genoß in der ersten Hälfte des 20. Jahrhunderts das weltweit höchste Prestige, und ihre Lehren wurden überall übernommen. Das hatte aber auch zur Folge, daß den traumatischen Erfahrungen vieler Opfer nationalsozialistischer Verfolgung zunächst auch im Ausland kein Krankheitswert zugesprochen wurde und damit auch eine »Selbstviktimisierung« in diesem Sinn unterblieb. Tatsächlich begann sich dann aber gerade im Zusammenhang mit diesen Opfergruppen ab Anfang der 1960er Jahre ein verändertes Wahrnehmungsmuster von der Beschaffenheit des Menschen in der Psychiatrie durchzusetzen, das die alte Lehrmeinung von der nahezu unendlichen Belastungsfähigkeit der menschlichen Psyche langsam aushöhlte und sich dann disziplinenübergreifend wie auch im Alltagsverständnis mehr und mehr durchsetzte. Goltermann hat diesen Austauschprozeß psychiatrischer Dogmen, ohne den der moderne Traumabegriff unverständlich bleibt, genauer untersucht.

Zunehmend verfestigte sich, zunächst im Ausland und auch im Zusammenhang mit dem von manchen Opfergruppen ausgeübten moralischen Druck, die Auffassung, daß die Extremerfahrung der Opfer nationalsozialistischer Verfolgung besondere Merkmale enthalten habe, die ursächlich für bleibende Persönlichkeitsstörungen gerade bei diesen Opfern seien und Wiedergutmachungszahlungen rechtfertigten. So entwickelte sich in diesem Kontext sukzessive ein anderes Kriterienraster für das Konzept des Traumas und der psychischen Krankheit, während für die Spätheimkehrer, trotz der Ähnlichkeit ihrer Symptome mit dem sogenannten »KZ-Syndrom«, zunächst noch das alte in Anwendung blieb. Die rechtliche Regelung ihrer Ansprüche geschah im Rahmen der weit restriktiver angelegten Kriegsopferversorgung, in der die Maßstäbe der alten Psychiatrie weiterhin galten. Daß den Spätheimkehrern aber nicht nur eine materielle, sondern auch eine moralische Anerkennung in der öffentlichen Meinung, der Wissenschaft und oft auch der eigenen Familie weitgehend versagt blieb, hat einen anderen Grund. Die Extremerfahrungen der Spätheimkehrer aus Rußland umfaßten ja zwei ganz unterschiedliche Typen: die Ohnmacht und den Hunger als Besiegte im Lageralltag, zu dem das Massensterben in den ersten beiden Jahren gehörte, sowie die Erlebnisse zugefügter und erlittener Gewalt im Krieg.

Als sich nun ab den 1960er Jahren in der nachfolgenden Generation der deutsche Schuld-und-Sühne-Diskurs verfestigte, konnte nicht ausbleiben, daß die einfachen Täterbilder dieses Diskurses den Vater fast ausschließlich als Kriegsteilnehmer in den Blickpunkt einer moralisierend-anklagenden Wahrnehmung geraten ließen, die nicht nur als solche vollkommen unangemessen war, sondern auch das Bemühen um ein Verständnis der Prägung seiner Person durch die Erfahrungen der Gefangenschaft blockierte. So entwickelte sich in Deutschland aus dem Unverständnis für die Generation der Väter bei den Nachkommen vielfach eine nur gebrochene Verortung der eigenen Herkunft und Zugehörigkeit, die in ihren pathologischen Formen zur Totalabwertung des Eigenen geworden ist.

MEIN ACHTUNDSECHZIG

Beginnen wir mit einer leicht einfältig klingenden Frage: »68« – und damit ist das in Anführungszeichen gesetzte, salopp gekürzte Datum gemeint, das man als Etikett für einen sozialen Umbruch, eine »Revolte« zu benutzen pflegt –, wann war das eigentlich? Fand »68« im Jahr 1968, also vor mehr als einem halben Jahrhundert, statt? Was war denn das Besondere dieses Jahres? Das Attentat auf Rudi Dutschke? Der dem Attentat vorausgegangene Vietnamkongreß in Westberlin oder die ihm folgenden schweren Osterunruhen? Die vielen Störungen von Lehrveranstaltungen an deutschen Universitäten? Die kulturrevolutionären Kleingruppenexperimente der Kommune 1 und Kommune 2 samt den auf öffentliche Aufmerksamkeit zielenden Clownerien ihrer Protagonisten Fritz Teufel oder Dieter Kunzelmann? Tatsächlich verschafft keines dieser Ereignisse dem Jahr 1968 im Hinblick auf langfristige soziale Folgewirkungen oder symbolische Schlüsselbedeutung das Privileg einer Sonderstellung. Das Jahr 1967 mit der bis heute in ihren genaueren Umständen unaufgeklärten Erschießung des Studenten Benno Ohnesorg während der Demonstrationen gegen den Schah von Persien durch einen Westberliner Polizisten, der auch im Sold der Stasi stand, ist in dieser Hinsicht mindestens genauso wichtig.

Zur Relativierung des Gewichtes von 1968 für »68« paßt auch, daß in jenem Jahr der Kern der bis dahin noch weitgehend studentischen Protestbewegung – der Sozialistische Deutsche Studentenbund (SDS) – schon in Auflösung begriffen war, und daß es erst nach 1968 unter anderen organisatorischen Bedingungen zu jener enormen Ausweitung der Jugendrevolte mit ihren Ausstrahlungen in die verschiedensten gesellschaftlichen Teilbereiche kam, durch die sich der mentale Habitus einer ganzen Gesellschaft tiefgehend – mit Folgen bis in die Gegenwart – wandelte. Bestimmt durch jüngere Jahrgänge – die zweite Generation des Protestes – bildeten sich neuartige Gruppen im studentischen Milieu heraus. Diese definierten sich zwar alle irgendwie als marxistisch, aber stilprägend für den gesellschaftskritischen Jargon der meisten war doch eine Mixtur marxistischer Formeln mit einer psychoanalytisch ausgeschmückten Rhetorik der Selbstverwirklichung, für die die Kritische Theorie der Frankfurter Schule das Vorbild gab. Unzählige Störungen von Lehrveranstaltungen nach 1968 bezogen aus solchen Mixturen ihre Sinnmunition, auch das karnevaleske Happening in einer Vorlesung Theodor W. Adornos im April 1969, des Großmeisters der Frankfurter Schule. Als Adorno mit seiner »Einleitung in dialektisches Denken« beginnen wollte, näherten sich ihm drei Studentinnen, Blumen streuend und ihren Busen entblößend in Kußabsicht, worauf der Philosoph fluchtartig den Saal verließ. Wie sehr sein Tod im Sommer darauf eine Folge der universitären Besetzungen, persönlichen Attakken oder gar Gerichtsverhandlungen war, muß freilich im Bereich der Spekulation verbleiben.

Halten wir fest: Unter »68« wird hier nicht nur das Jahr 1968 verstanden, sondern die Phase ungefähr von 1967 bis 1971, die knappe erste Hälfte jenes Jahrzehnts zwischen 1967 und 1977, das Gerd Koenen in einer bis heute unübertroffenen Untersuchung das »Rote Jahrzehnt« genannt hat. Dabei darf freilich nicht vergessen werden, daß das deutsche »68« auch ein Teil von Jugendrevolten in der ganzen westlichen Welt (einschließlich Japan) war – erwähnt seien nur der Pariser Mai von 1968 und die Massenproteste gegen den Vietnamkrieg in den USA samt der dortigen Hippiebewegung, Stichwort Woodstock, und die Rassenunruhen, die zur Ermordung Martin Luther Kings führten. Daß manche deutschen 68er sich auch in einem Konnex mit dem Prager Frühling von 1968 wähnten, war allerdings ein groteskes Selbstmißverständnis. Hingegen enthielt die Behauptung von Verwandtschaften mit den Roten Garden der maoistischen Kulturrevolution zumindest ein Fünkchen Wahrheit.

Der Autor dieses Essays hatte im Frühjahr 1968 gerade das zarte Alter von 18 Jahren erreicht und bereitete sich mental als frisch gebakkener Abiturient auf den Weggang aus heimatlichen Gefilden vor, um ein Universitätsstudium aufzunehmen. Das ist eigentlich ein ziemlich uninteressantes autobiographisches Faktum, muß aber erwähnt werden, weil ich dann sehr bald als Angehöriger der zweiten Generation in den Strom der Revolte hineingeriet und dabei durchaus typische

Zeiterfahrungen sammeln konnte. Bevor von ihnen die Rede sein wird, sei aber das Spiel mit Jahreszahlen im Hinblick auf eine Verortung von »68« in einem größeren zeitgeschichtlichen Rahmen noch etwas fortgeführt.

Wer heute ins Jahr 1968 zurückschaut, kommt unweigerlich irgendwann zur Frage, wie einem damals 68jährigen die 68er erschienen sein mögen. Machen wir uns die Erfahrungskluft zwischen beiden anhand der politisch-gesellschaftlichen Umbrüche deutlich, die sich im Gedächtnis des 68jährigen abgelagert hatten. Wenn dieser seine Erinnerungen über ein halbes Jahrhundert hinweg in sein 18. Lebensjahr zurücklenkte, dann trat ihm das Jahr 1918 vor Augen, das letzte Jahr des Ersten Weltkrieges und des militärischen Zusammenbruchs. Als schon weitgehend urteilsfähiger junger Mann hatte er dann die stürmische Weimarer Republik erlebt und spätestens im Jahr 1933 die altersmäßige wie berufliche Befähigung zur Familiengründung erlangt. Dann folgte die Tragödie des Zweiten Weltkrieges samt der bedingungslosen Kapitulation von 1945, darauf die Wirren der unmittelbaren Nachkriegszeit unter Bedingungen von Hunger und Besatzungsherrschaft bis zur Währungsreform im Jahr 1948 und der Gründung des westdeutschen Teilstaates 1949; und schließlich, ab Mitte der 1950er Jahre, der Beginn jener Prosperitätsperiode, die als »Wirtschaftswunder« bezeichnet wurde. Kurz: Im 68jährigen von 1968 bündelten sich – in wie verarbeiteter Form auch immer – Erfahrungsdimensionen der radikalsten Zäsuren des 20. Jahrhunderts; mentale Prägungen, die ihn gewöhnlich mit zornigem Unverständnis auf die jugendlichen 68er blicken ließen, welche freilich seine Prägungen genauso wenig angemessen verstehen konnten – »68« ist eben auch die Chiffre für einen außergewöhnlich scharfen Generationenkonflikt.

Aus heutiger Perspektive reiht sich die Zahl als eine Schlüsselzäsur der Sequenz der Umbrüche ein, die das 20. Jahrhundert bestimmten, freilich als eine Zäsur weit minder einschneidenden Ranges als diejenigen von 1918, 1933 und 1945. Sie fällt in die Mitte der Nachkriegsepoche, in eine Phase wirtschaftlicher Prosperität, in der im Ost-West-Verhältnis die Eiszeit des Kalten Krieges einer milderen Temperatur gewichen war, die man als »Entspannung« zu bezeichnen pflegt. Mit der

Entspannungsära begann die zweite Phase der Nachkriegszeit, und es entbehrt nicht einer gewissen Ironie, daß die Zahl, die deren exaktes Ende markiert, wie das Produkt einer spielerischen Umdrehung von »68« wirkt. Es ist dies die Zahl 89, verstanden als Abkürzung von 1989. »1989« bezeichnet nicht nur das Ende der Nachkriegszeit, sondern auch das definitive Ende des »kurzen 20. Jahrhunderts« (Eric Hobsbawm) und in weltpolitischer Perspektive den Beginn eines grundlegenden Epochenwechsels. Sein deutsches Schlüsselsymbol ist der Fall der »Mauer«, der die Wiedervereinigung ermöglichte, die freilich eine Vereinigung recht different geprägter Mentalitäten einschloß. Den Ostdeutschen fehlt der spezifisch westdeutsche 68er-Erfahrungshintergrund, und deswegen unterscheiden sich ihre typischen Reaktionen auf zentrale politisch-gesellschaftliche Gegenwartsprobleme und natürlich genauso ihre Bewertungen der Zäsur von »68« gewöhnlich auch stark von denen der Westdeutschen.

Wer »68« miterlebt hat, verfügt über eine zeitgeschichtliche Interpretation, aus der die eigene Erlebnisperspektive nicht wegzudenken ist. Daß das umso mehr gilt, je einschneidender die autobiographischen Brüche waren, die sich mit dem Datum verbinden, ist evident. Nun kann man natürlich diese Erlebnisperspektive auch ganz in den Vordergrund rücken, indem man die lebensgeschichtlichen Rückwirkungen der Zeitzäsur bewußt und ausdrücklich zum zentralen Thema der Reflexion erhebt. Bei solchen Versuchen, das »jemeinige«, das persönlich erlebte »68« genauer in Worte zu fassen, können ganz unterschiedliche Intentionen mitspielen, beispielsweise das Ziel, zu einem tieferen Verständnis der eigenen Biographie im Kontext gesellschaftlichen Wandels zu gelangen oder vielleicht auch nur der Wunsch, zeitgeschichtliche Zusammenhänge authentischer, ›persönlicher‹ zu vermitteln.

Solche löblichen Absichten sollten allerdings nicht vergessen machen, daß die Schilderungen des sogenannten »Zeitzeugen«, und hier zeigt sich das *erste* große Problem, auch eine stark getrübte Quelle historischer Erkenntnis sein kann. Schon die einfache Frage nach der Stimmigkeit seiner Erinnerungen kann durch berechtigte Zweifel genährt sein. Schließlich weiß jeder aus eigener Erfahrung, wie unzuverlässig das autobiographische Gedächtnis manchmal schon bei kurz zurückliegenden Ereignissen arbeitet, und über die schier unglaubliche Irritier- und Manipulierbarkeit unserer Erinnerungsbilder durch die Suggestivkraft eigener und fremder Wünsche hat uns die psychologische Forschung eindrücklich belehrt. Jedenfalls fördern Vergegenwärtigungsversuche lang zurückliegender Erlebnisse oft nur eigentümlich zerfließende Bilder zutage, in denen Erinnerungen aus ganz verschiedenen Zeitschichten miteinander verschmolzen sind. Allerdings bewahrt unser Gedächtnis eine längst vergangene Erlebnisvielfalt auch – und sogar vornehmlich – in der Form gewissermaßen komprimierter Gesamteindrücke auf, die mit einem atmosphärischen Gehalt verknüpft sind und uns wie das Resümee einer spezifischen Lebensphase erscheinen. Diese Resümees gleichen nie nur sachlich konstatierenden Lebensbilanzen, sondern enthalten immer auch mehr oder weniger starke emotionsgefüllte Bewertungen. Sie entstammen den das gegenwärtige Selbstbild bestimmenden Kriterien, aber da diese Kriterien mit denen unseres früheren Selbst selten noch paßgenau übereinstimmen, sind Erinnerungen an die Person, die wir einmal waren, gewöhnlich von Ambivalenzgefühlen durchmischt, die sich zu ganz kritischen Selbstbeurteilungen steigern, aber auch weginterpretiert werden können.

Damit ist auch schon das *zweite* große Problem des Zeitzeugennarrativs angesprochen: die Urteilsgerechtigkeit. Da der Zeitzeuge bei der Beurteilung seiner früheren Erlebnisse unmöglich von seinen gegenwärtigen Bewertungsmaßstäben abstrahieren kann, entgleitet ihm leicht die Fähigkeit zu einem Verständnis des Vergangenen aus dessen eigenen Voraussetzungen, die ein unerläßlicher Teil jedes ausgewogenen Urteils ist. Und dann wird er entweder zu einem moralisierenden Ankläger oder zu einem Apologeten seiner selbst. Ein *drittes* großes Problem des Zeitzeugen schließlich ist die Repräsentativität. Woher weiß er, daß die eigenen Erlebnisse repräsentativ für die zeitgeschichtliche Zäsur sind? Daß sich in ihnen wirklich Zeittypisches und nicht Marginales bündelt, das außer ihn selbst und einige Vertraute niemanden interessiert?

Die drei großen Gefahren für den Wert des Zeitzeugennarrativs – mangelnde Präzision der Erinnerung, fragwürdige Urteilsgerechtigkeit und problematische Repräsentativität – lassen sich nur dann einschränken, wenn der Zeitzeuge im nachhinein ein genaueres Verständnis des gesellschaftlichen Umbruchs erlangt hat, in dem seine Erlebnisschilderung spielt; wenn er sich einen Begriff dieser Zäsur erarbeitet hat, der als Leitfaden den Erinnerungen im Labyrinth der eigenen Vergangenheit Richtung und Gestalt zu geben vermag. Ohne solche Leitbegriffe zerfließen die Erinnerungen in einem mehr oder weniger beliebigen Gemisch von Wichtigem und Unwichtigem. Stellen wir also zunächst die große Frage: Was war das denn nun eigentlich, dieses ominöse »68«?

Um zu zentralen Charakteristika des Datums vorstoßen zu können, sollten wir zunächst einmal viel Gedankenwust beiseite räumen. Beliebte Phrasen wie jene, das »antiautoritäre« »68« habe den »restaurativen« »Mief der Adenauerära« vertrieben oder bezeichne die eigentliche »intellektuell-moralische Gründung der Bundesrepublik« sind gleichermaßen schief wie naiv. Man sollte sich überhaupt aller vorschnellen geschichtspolitischen Instrumentalisierungen enthalten, denn tatsächlich ist »68« weder für die Legitimation linksliberaler Gegenwartsmeinungen umstandslos geeignet, noch bezeichnet es den Beginn einer bundesrepublikanischen Verfallsgeschichte, wie manche Konservative behaupten. Und renegatenhafte Abrechnungen einstiger 68er mit ihrer eigenen Vergangenheit wie jene Götz Alys, der nunmehr in »68« eine gespenstische Wiederkehr des totalitären Nazi-Ungeistes der eigenen Vätergeneration zu erkennen vermeint, sind zwar psychologisch interessanter als die peinlichen affirmativ-selbstlobenden Erlebniserzählungen einstiger Mitläufer, aber auch nicht viel erkenntnisfördernder.

Die folgende Deutung geht von drei Grundcharakteristika aus, die realiter untrennbar zusammenhingen. »68« war *erstens* ein von Ideologien personaler Emanzipation befeuertes *kulturrevolutionäres Ereignis*, freilich eines von essentieller Doppeldeutigkeit. Denn der kulturrevolutionäre Befreiungsrausch hatte auch eine höchst profane Katalysatorfunktion für die massenhafte Anpassung psychologischer Bedürfnisstrukturen an neuartige kapitalistische Erfordernisse. *Zweitens* war »68« als politische Protestbewegung allenfalls oberflächlich von Reformimpulsen gelenkt. Es waren vielmehr *revolutionäre Motive utopisch-eschatologischer Struktur*, die das Denken ihrer führenden Repräsentanten – Rudi Dutschkes oder Hans-Jürgen Krahls etwa – bestimmten. Und *drittens* schließlich bezeichnet »68« einen *Generationenkonflikt*, dessen ungewöhnliche Schärfe in Deutschland zweifach begründet ist: Daß er ein Jugendprotest in einer statistisch ›jungen‹ Gesellschaft war; und daß er sich gegen eine Vätergeneration richtete, die als Täter, aber eben auch als Verlierer gesehen wurde.

Schauen wir uns die drei Aspekte etwas näher an. Was den *ersten* Punkt betrifft, so war die Suche nach einem neuen Lebensgefühl in diversen Bewegungen der westlichen Nachkriegsjugend – den amerikanischen Beatniks der 1950er oder den Hippies der 1960er Jahre beispielsweise – ein wesentlicher Hintergrund von »68« als einem kulturrevolutionären Ereignis. Diese weitgehend unpolitischen Bewegungen fanden ihr zentrales Medium in der Musik; einer Populärmusik neuen Stils, die ihrem jugendlichen Erlebnishunger in Emotionen eines Radikalprotestes gegen das Althergebrachte zum Ausdruck verhalf. Nach den eher harmlosen Vorspielen der Beatles und den etwas wilderen der Rolling Stones erlangten diese Suchbewegungen dann in der Musik eines Jimi Hendrix', der unvergeßlichen Stimme Janis Joplins und im legendären Festival von Woodstock 1969 ihren ekstatisch-entfesselten Höhepunkt. Was hier gefeiert und beschworen wurde, war ein Gefühl persönlicher Befreiung im rauschhaften Gegenwartserlebnis, war Selbstverwirklichung als spontaneistisch-hedonistische Grenzerfahrung im Hier und Jetzt in Opposition gegen alle überlieferten Konventionen.

Ein solches Lebensgefühl wirkte diffus und in unterschiedlichen Intensitätsgraden in alle Erscheinungsformen von »68« hinein und bestimmte die unverwechselbare Atmosphäre. Es bildet natürlich auch den Kontext für das Faktum, daß im Ideologieangebot von »68« Lehren von der emanzipatorischen Kraft der Sexualität wie Heilsgewißheiten dargeboten werden konnten und die Sexualität zu einem privilegierten Erlebnisfeld kulturrevolutionären Experimentierens wurde. Befeuert durch intellektuelle Schützenhilfen Sigmund Freuds und mehr noch Wilhelm Reichs und erleichtert durch die neuen chemischen Verhütungsmittel, wurden neue Lebensformen ausprobiert, die als Gegenentwürfe zu den angeblich repressiven bürgerlichen Familienstrukturen verstanden wurden. Nur in solchen alternativen Lebensformen könne, so das Postulat, das Individuum über die erlösenden Wirkungen einer »befreiten Sexualität« endgültig gegen alle Gefährdungen »autoritärer« Provenienz immunisiert werden. Die hedonistischen Emanzipationsideen von »68« mit ihrer Propagierung des intensiven Augenblickserlebnisses und ihren diversen Grenzerfahrungen legten natürlich auch den Griff zu Rauschmitteln nahe, und es gibt kaum 68er, die nicht mit Haschisch oder auch LSD ihre Erfahrungen gemacht haben. Es paßt ins Bild, daß eben charismatische Musiker wie Hendrix und Joplin als Protagonisten eines radikal-exzessiven Lebensgefühls die große Grenze überschritten und durch übermäßigen Drogenkonsum früh ums Leben kamen.

Neben der Sexualität und der Droge wurden die bis dato gültigen sozialen Alltagsnormen zum dritten großen Feld, das der kulturrevolutionäre Emanzipationsimpuls von »68« umwühlte. In eher harmlosen Formen äußerte sich das in neuen Kleidungsstilen und Haartrachten, aber auch als offen gezeigte Verachtung sogenannter »bürgerlicher Sekundärtugenden«. Er schuf witzige Formen des Happenings, die teilweise in einer Traditionslinie mit dadaistischen und surrealistischen Kunstaktionen standen und dabei, wie das geplante Puddingattentat auf den US-amerikanischen Vizepräsidenten Humphrey 1967 in Westberlin, auch ein sich selbst ironisierendes Spielen mit Gewaltphantasien einschließen konnten; mit Phantasien, die für manche freilich auch den nächsten Schritt verführerisch machten, die Suche nach Selbsterfahrungen im Thrill realer Gewalt. »Militanz« – das wurde eines der großen Zauberwörter der Revolte und ein quasierotisches Stimulans für ein in kleinen Zirkeln kultiviertes Lebensgefühl. Zu diesen gehörte auch eine Gruppe, die um 1970 in Westberlin ihr Unwesen trieb und sich »umherschweifende Haschrebellen« nannte. Sie folgte einem legendär gewordenen Schlachtruf, der die Komponenten des gerade skizzierten »Feelings« prägnant zusammenfaßt: »Frei sein, high sein, Terror muß dabei sein!«

Die lebensweltlichen Langzeitwirkungen des kulturrevolutionären Rausches von »68« sind eher prosaisch. Einerseits war die Revolte ein Katalysator für eine gesellschaftlich breite Durchsetzung neuer alltagsästhetischer Erlebnisschemata. Dem bis dahin bestimmenden einfachen distinktiven Gegeneinander lediglich zweier kultureller Grundorientierungen – der Hochkultur und der populären Trivialkultur, wie sie beispielhaft die Schlagermusik verkörperte – wurden Erlebnisschemata mit einem neuartigen Appeal hedonistischer Selbstverwirklichung eingefügt, die den alltagsästhetischen Raum auffächerten. Und indem andererseits das hedonistische Emanzipationsideal von »68« in vielfältig verdünnten Formen stilprägend in die meisten sozialen Milieus einsickerte, bekam eine konsumistische Orientierung gesellschaftlichen Leitbildcharakter. Sie löste das klassische bürgerliche Selbstbild, das immer auch den Wert von Askese und Selbstüberwindung betont hatte, weitgehend auf und machte die Hochkultur, in der ästhetischer Genuß eng mit selbsterarbeitetem Sachverstand verknüpft war, zum Ideal einer kleinen Minderheit. So gesehen wirkte »68« lediglich als ein revolutionärer Beschleuniger im Anpassungsprozeß psychologischer Bedürfnisstrukturen an die Erfordernisse eines auf Massenproduktion basierenden Kapitalismus.

1966 kam ein bemerkenswerter Film von Jean-Luc Godard mit dem Titel *Masculin – Feminin* in die Kinos, der eine tragische Liebesgeschichte zwischen zwei Personen erzählt, die Godard »Kinder von Marx und Coca Cola« taufte. Die Bezeichnung wirkt wie eine erstaunlich treffsichere Vorausahnung eines »68«, das neben anderem auch ein kulturrevolutionärer Türöffner auf dem Weg in den großen kapitalistischen Supermarkt war.

Als *zweiten* Punkt wollen wir etwas genauer das Feld der genuin politischen Ideologeme von »68« betrachten. Dabei wird man schnell feststellen, wie relativierungsbedürftig das bisher skizzierte Bild ist: Wer unter »68« nur oder primär ein großes hedonistisches Spektakel versteht, unterliegt einem Irrtum. Bestimmend war das hedonistische Element nur für manche Mitläufertypen, an denen sich aber nicht die Essenz der Bewegung verdeutlichen läßt. Hingegen wurde es im Habitus führender Protagonisten gewöhnlich durch die Dominanz anderer Motive überdeckt. Bei Rudi Dutschke übrigens fehlte es völlig. Dutschke war gläubiger Marxist, völlig ironielos und jede freie Minute der Lektüre revolutionärer Schriften widmend, also eigentlich ein – protestantischer – Asket und gerade deshalb als Person und charismatischer

Redner so glaubwürdig. Nun darf man bei der Abwägung des Gewichtes hedonistischer Motive im politischen »68« allerdings auch nicht vergessen, daß die öffentlichkeitswirksamste Manifestationsform der Revolte – die Massendemonstration – immer auch ein außeralltägliches Lusterlebnis war. Untergehakt und im Laufschritt die großen Parolen rhythmisch zu skandieren – das »Ho-Ho-Ho-Chi-Minh« oder »USA – SA – SS« – hatte massenerotischen Spektakelcharakter. Freilich: Der Spaßfaktor im gemeinten Sinn dieser Parolen war gleich null, sie waren nur die knappste Äußerungsform eines gänzlich unhedonistischen Ideologieungetüms, das nicht mehr und nicht weniger enthielt als abstrakte Lehren zur Totalerklärung und revolutionären Umgestaltung der Welt.

Darin lassen sich vier ideologische Schichten ausmachen, deren Explikation die Tiefenstruktur des politischen »Geistes von 68« freizulegen vermag. *Erste Ideologieschicht*: Der Straßenprotest gegen den Vietnamkrieg verstand sich keineswegs als harmloser pazifistischer Friedenswunsch, sondern als der in den »Metropolen« auszufechtende Teil eines weltweiten »antiimperialistischen Befreiungskampfes« mit den USA als dem Hauptfeind und Ho Chi Minh und Che Guevara als den Haupthelden, deren Konterfei übrigens damals sehr bald schon popkulturell vermarktet wurde. Die Ideologie dieses Befreiungskampfes geht bis zu Lenins Imperialismustheorie zurück, und sie befeuerte bei den 68ern auch eine mehr oder weniger enthusiastische Parteinahme für solche Führer wie Castro, Mao und später auch die kambodschanischen Roten Khmer: »Sieg im Volkskrieg!« – so hieß eine der beliebtesten Parolen, in der sich diese antiimperialistische Dimension auf den Begriff brachte. Dabei sei nur am Rande angemerkt, daß das nationalrevolutionäre Element, das im Antiimperialismus steckte, einer der Gründe für die Attraktionskraft war, die »68« auch für Leute aus einem ursprünglich ›rechten‹ Spektrum haben konnte – Hans-Jürgen Krahl, Johannes Agnoli und Bernward Vesper gehörten dazu –, wie auch Interesse verdient, daß viele führende 68er sich später nach ›rechts‹ entwickelt haben, etwa Horst Mahler, Bernd Rabehl, Günter Maschke oder Frank Böckelmann.

Zweite Ideologieschicht von »68« waren Versatzstücke der Marxschen Kapitalismustheorie, aus denen man sich ein Bild von der westlichen

Gegenwartswirklichkeit zusammensetzte. Die Revolte züchtete ganz unterschiedliche Typen von Marxisten heran – der sich hingebungsvoll dem kleinsten Lektüredetail widmende philologisch-philosophische Marx-Exeget war das eine, der vulgärmarxistische Phrasendrescher das andere Extrem –, aber es entstand doch bald auch ein weitgehender Konsens darüber, daß der Marxismus zumindest in einem Punkt einer bedeutsamen Erweiterung bedürfe: hinsichtlich des sogenannten »revolutionären Subjekts«. Dem Marxschen »Proletariat« wurde keine große »systemüberwindende« Kraft mehr zugetraut, und bei der Suche nach Substituten stieß man dann – angeleitet ganz wesentlich durch Schriften Herbert Marcuses – auf diverse Randgruppen und Minderheiten, zu denen man auch sich selbst als Studenten zählte.

Großes Gewicht im 68er-Weltbild hatten, als *dritte Ideologieschicht*, Ideologeme vom »Faschismus«. Sie trugen maßgeblichen Anteil an den verqueren Gegenwartsdeutungen, die bereits beim Protest gegen die Notstandsgesetze hervorgetreten waren und sich in Parolen wie »Kapitalismus führt zum Faschismus« oder »Polizei – SA – SS« auf den Punkt brachten. Immerhin aber verschafften die alarmistischen Beschwörungen angeblicher faschistischer Gefahren der Legitimierung des Protestes zusätzliche Rechtfertigungsmunition.

Und zuletzt noch die *vierte Ideologieschicht* von »68«. Das waren Gedankenfiguren der sogenannten Kritischen Theorie mit Adorno, Horkheimer oder Marcuse als wichtigsten Stichwortgebern. Die Grundkennzeichen der Kritischen Theorie sind die Verbindung von Marxismus und Psychoanalyse und eine wesentlich auf kulturelle Phänomene abzielende Kapitalismuskritik, und genau wegen dieser Charakteristika paßte sie exakt zu weitverbreiteten Sinn- und Selbstfindungsbedürfnissen im damaligen studentischen Milieu.

Diese vier großen Ideologiequellen speisten alles, was sich an gesellschaftskritischen Formeln und politischen Postulaten mit »68« verbindet, aber sie geben nicht Auskunft über die psychologische Atmosphäre, in der sie bei den Aktivisten der Revolte zusammenflossen. Was an ihr besonders hervorsticht, ist das eigenartige Miteinander von utopisch-eschatologischen Glaubensmotiven mit postmoderner Ironie- und Spottlust; eine quasireligiöse Überzeugung von der Notwendigkeit und

Unausbleiblichkeit einer Totalumwälzung der Lebenswirklichkeit im Hier und Jetzt, wie sie Rudi Dutschke erfüllte, und zugleich das Wissen, daß das eigentlich doch alles gar nicht ganz ernst gemeint ist, sondern nur als ein Als-ob, ein großes Spiel. »68« – das war ein Festival der großen Posen, revolutionären Gesten und Phrasen, die man, befeuert durch Prozesse gruppenpsychologischer Selbstsuggestion, mit leidenschaftlicher Inbrunst verfechten, aber kurz danach auch mit augenzwinkernder Leichtigkeit wieder verabschieden konnte.

Unabdingbar für das Verständnis der psychologischen Prägung von »68« in Deutschland ist der *dritte* Punkt, der in den bisherigen Überlegungen nur knapp erwähnt wurde, aber einer besonderen Hervorhebung bedarf: Daß die Zahl auch als Chiffre für einen Generationenkonflikt von besonderer Schärfe begriffen werden muß. »68« hat auch einen selten mitreflektierten demographischen Hintergrund, denn es spielte in einer ›jungen‹ Gesellschaft, in der das Übergewicht junger Altersgruppen wie ein Gegenbild zu unserer alternden heutigen Gesellschaft wirkt. Nun ist vielfältig erforscht, daß das Rebellionspotential in jungen Gesellschaften immer ungleich höher ist als in alten, aber seine besondere Unerbittlichkeit wuchs dem Gegeneinander zwischen Jung und Alt im deutschen »68« doch erst durch den konkreten zeitgeschichtlichen Kontext zu. Denn hier traf eine junge, schon weitgehend unter Wohlstandsbedingungen aufgewachsene und vom Albdruck der Bedrohungsatmosphäre des Kalten Krieges befreite Jugend auf eine Elterngeneration von Kriegsverlierern, die immer stärker in den Ruch der Täterschaft hineingeraten war.

Zu deren großem Symbolwort hatte sich in den 1960er Jahren das Wort »Auschwitz« herausgebildet, das nunmehr wie eine große schwarze Wolke verfinsternd über dem Verhältnis der Generationen hing und alle Identifikationswünsche der Jugend im intergenerationellen Psychoverhältnis ersticken mußte. Als Vorbild schienen die Eltern vollkommen ungeeignet, ihnen konnte, zur endgültigen Abnabelung, nur der Platz auf der Anklagebank zugewiesen werden. »68« – das war auch ein großer Gerichtsprozeß der Nachkriegsjugend gegen ihre Kriegseltern, geführt aus der Haltung eines zeitgeschichtlich zwar verständlichen, aber gesprächserstickenden moralischen Überlegenheitsdünkels, der nur den bedingungslosen Schuldspruch zuließ. Das eindringlichste literarische Dokument dieser Generationenverstrickung ist Bernward Vespers unvollendet gebliebener autobiographischer Roman *Die Reise* (1977, postum). Vesper, der Lebensgefährte der späteren RAF-Terroristin Gudrun Ensslin und Sohn des bekannten Nazidichters Will Vesper, sucht sich hier in einer Haßorgie von seiner unterdrückten Liebe zum Vater zu befreien – ein literarischer Selbstreinigungsversuch, von dessen Mißlingen Vespers Selbstmord in einer psychiatrischen Anstalt im Jahr 1971 kündet. Der Terrorismus der RAF, der aus dem Gesamtkomplex von »68« nicht wegzudenken ist, kulminierte 1977 in der Ermordung Hanns Martin Schleyers, einer Untat, die das Ende des gesamten »Roten Jahrzehnts« markiert. Aber man kann dieses Verbrechen, das alle Zeichen eines Vatermordes trägt, auch als radikalste Zuspitzung einer Psychodynamik des Generationenkonflikts deuten, ohne den die Revolte von »68« unverstanden bliebe.

Welche gesellschaftspolitischen Langzeitwirkungen hatte die Revolte? Hierzu nur wenige Bemerkungen, die zum Kontext der dann folgenden autobiographischen Reflexionen unabdingbar dazugehören. Mit dem berühmten »Marsch durch die Institutionen« der 68er hat sich das politische Klima in der zweiten Phase der »alten« Bundesrepublik stark nach »links« verschoben. In den Massenmedien, im Bildungssystem und in den politischen Parteien wurden neue Deutungseliten einflußreich und bewirkten Veränderungen, deren Resultate vielfach merkwürdig ambivalente Bewertungen provozieren. So flossen beispielweise Impulse der sozialistischen Gleichheitspostulate von »68« schon Anfang der 1970er Jahre in die großen Bildungsreformen ein und öffneten auch die Universitäten weit für bisher unterprivilegierte Schichten – ein positiver Prozeß, der aber auch als Gründungsphase der modernen Massenuniversität verstanden werden kann und zunächst häufig den ideologisierten 68er-»Discountprofessor« ohne Habilitation zur bestimmenden Lehrperson werden ließ.

Ein anderes Beispiel: Die Ideologeme aus dem Arsenal marxistischer Gesellschaftstheorie, die in den 1970er Jahren immer mehr zum Ausweis ›progressiver‹ Gesinnung geworden waren, förderten einerseits die sehr löbliche Unterstützung für die Entspannungspolitik der damaligen sozialliberalen Koalition. Aber die dadurch entstandene zumindest ›kühle‹ Sympathie vieler linker Intellektueller für den »real existierenden Sozialismus« erwies sich andererseits dann 1989 auch als eine hohe mentale Barriere, die die Zustimmung zur Wiedervereinigung erschwerte. Die ambivalente Bewertungsmöglichkeit von Folgen des »Geistes von 68« ließe sich an vielen Themenfeldern fortführen – dem Feminismus, dem ideologischen Kult um Minderheiten und Randgruppen oder der »Vergangenheitsbewältigung« –, aber man könnte doch alle diese Einzelaspekte in einer großen These verdichten: Die zentrale Hinterlassenschaft des »Geistes von 68« ist die bis in die Gegenwart reichende große Attraktivität eines gesellschaftspolitischen Denkens im Ausgang von der Utopie. Diese These sei zunächst nur behauptet. Sie soll gleich im Kontext der nun folgenden Schilderung meines persönlichen »68« wieder aufgriffen werden; bei den Reflexionen über mein Hineingezogenwerden in die Revolte einerseits und den langen Weg der Entfernung von ihren Grundideen andererseits.

Ich beginne mit zwei Kurzimpressionen zum äußeren Erscheinungsbild der Person, die ich damals war. Links und rechts vor mir liegen zwei Fotos. Das linke ist aus dem Frühjahr 1968 und zeigt den damals gerade 18 Jahre alt Gewordenen im Kreis der Abiturienten und des Klassenlehrers vor dem Portal des Jungen-Gymnasiums in einer mittelgroßen norddeutschen Stadt: Im Anzug mit Fliege – wie alle Schulkollegen auch – tritt mir ein kurzhaariger Jüngling entgegen, dessen leicht freches, aber dabei doch naiv wirkendes Grinsen unschwer die Freude über den endgültigen Abschied von der humanistischen Lehranstalt erkennen läßt, die er neun Jahre lang nur ungern besucht hatte. Aber ist die Person auf dem rechten Foto aus dem Sommer 1971 dieselbe? Dieser Jemand mit den langen Haaren, dem Schnurrbart und den buschigen Koteletten und dem um weltwissende Skepsis und Entschlossenheit bemühten Gesichtsausdruck, der sich dort auf dem Rasen vor der Mensa der Universität Freiburg zigarettenrauchend hingelümmelt hat?

Erkenntlich wird also eine tiefgreifende, aber durchaus zeittypische Umwandlung meines äußeren Erscheinungsbildes. Was sich in ihm ausdrückt, ist schnell gesagt: Der Langhaarige hatte einen dreijährigen Bildungsgang hinter sich, der ihn zu einem – dem eigenen Selbstverständnis nach – marxistischen »Revolutionär« hatte reifen lassen; einem militanten Gegner des bestehenden Systems, der seine Wanderung durch die Gefilde des Linksradikalismus danach noch mindestens zwei Jahre fortsetzen würde und zur Zeit des Fotos in einem kleinen Zimmer wohnte, dessen Hauptschmuck eine große rote Fahne bildete. Daß er in einem solchen Domizil landen könnte, hätte das Vorstellungsvermögen des Abiturienten des Frühjahrs 1968 weit überschritten, auch deswegen, weil der »Geist von 68« sich in seiner Heimatstadt bis dahin noch kaum hatte blicken lassen. Der Abiturient hatte etwas vollkommen anderes gewollt, etwas, was die Schärfe des dann folgenden autobiographischen Bruchs überdeutlich sichtbar macht.

Ich wollte nämlich Musik studieren, die sogenannte »klassische«, also jene Kunst, die als Inbegriff dessen gilt, was hier früher als »Hochkultur« bezeichnet worden ist. Ich nahm dieses Studium dann auch auf, in einer Stadt, in der mich die Revolte nur atmosphärisch erreicht, aber immerhin doch so viele diffuse Gefühle der Neugierde geweckt hatte, daß ich mich im Jahre 1969 zu einem Ortswechsel und einer Erweiterung des Studiums entschloß. Damit aber begann eine Existenz in einem gedanklich-emotionalen Doppeluniversum. Das Musikstudium wurde weitergeführt, aber da ich mich in Freiburg auch an der Universität – revoltetypisch mit Soziologie als Hauptfach – eingeschrieben hatte, wirkten nun mächtige psychosoziale Gegenkräfte in die ästhetische Erlebniswelt des bürgerlichen Hochkulturschemas hinein – so sehr, daß ich, wie andere auch, irgendwann diesem Druck erlag und mich für länger von dieser Erlebniswelt verabschiedete. Wie sollte man ihr auch die Treue halten in einer Zeit, in der Janis Joplin die Hintergrundmusik zu oftmals mit Haschischduft gewürzten erotischen Erfahrungen bot? In der kein geringerer als Pierre Boulez forderte, »die Opernhäuser in die Luft zu sprengen«. In der die Universitäten mit großen Spruchbändern behängten Tollhäusern glichen, in deren Fluren revolutionär kostümierte Studenten auf imposanten Büchertischen das Schriftgut der Revolte – am liebsten als Raubdruck – feilboten und in deren zigarettenrauchgeschwängerten Seminarräumen die Professoren mit einer sogenannten »Kritik bürgerlicher Wissenschaft«, vorgetragen im Stile persönlicher Anklagen, konfrontiert wurden?

Ab etwa 1969 war die Revolte in eine zweite Phase eingetreten, ihre »marxistisch-leninistische«. Selbsternannte »kommunistische« Gruppen hatten mehr und mehr Dominanz erlangt, und eine jüngere Generation war bestimmender geworden. Für uns aber war Rudi Dutschke, der in Freiburg – war das 1972? – bei der Verteidigung seiner Lenin-Kritik im Audimax gegen einen dogmatischen Leninisten nicht gut abschnitt, schon zu einer anachronistischen Figur geworden. An der Universität hatten sich jetzt überall »Basisgruppen« oder »Rote Zellen« gebildet, die sich »Rotzeg« oder »Rotzpaed« – sprich: »Rote Zelle Germanistik« oder »Paedagogik« – nannten und marxistische »Schulungskurse« und »Kritik bürgerlicher Wissenschaft« anboten, oft von Aktivisten geleitet, die sich quasi hauptberuflich im Aufbau kommunistischer Parteien versuchten.

In eine derselben geriet ich für kurze Zeit als »Anwärter« hinein und konnte dabei als Mitglied in einer Wohngemeinschaft dieser Gruppe erfahren, wie rasant gruppenpsychologische Entwicklungen in eine paranoid-totalitäre Lebensatmosphäre hineinführen können. Daß diese Gruppe dann später im KBW – dem Kommunistischen Bund Westdeutschland – aufging, einer die gesamten 1970er Jahre höchst effizient funktionierenden marxistisch-leninistischen Großsekte, war nur konsequent. Jedenfalls waren an der Universität um 1970 die – übrigens immer männlich dominierten – linksradikalen Gruppen so stark geworden, daß sie sich als Mehrheit wähnen konnten. Das begünstigte die Ausbildung eines starken Mitläufertums und die Kultivierung eines Lebensgefühls, in dem sich Revolte und Konformismus wechselseitig stützten – den Mut, in den Universitäten dem »Geist von 68« zu widersprechen, hatte damals nur eine winzige Minderheit. Das Amalgam von Konformismus und revolutionärer Attitüde habe ich auch an mir selbst immer wieder erlebt: Man schloß sich eben an, wenn ein K. D. Wolff, der sich später als Chef des Verlags Stroemfeld/Roter Stern große Verdienste erworben hat, 1970 nach einer flammenden Rede gegen den US-Imperialismus noch zu einem kleinen Spaziergang zum Amerika-Haus einlud, der dann scheibenklirrend endete; und man lief genauso mit, als nach einem philosophischen Vortrag Herbert Marcuses über das revolutionäre Potential von Randgruppen im überfüllten

Audimax – war das 1973? – jemand auf die Idee kam, dem hiesigen Gefängnis einen Besuch abzustatten, um den Insassen einen solidarischen Gruß auszurichten und ihnen ihre Aufnahme in den illustren Kreis »revolutionärer Subjekte« zuzurufen.

Für mich aber war der mehrjährige Aufenthalt in der experimentellen Atmosphäre des Laboratoriums von »68« in vielerlei Hinsicht außerordentlich produktiv. Denn die Aktivisten damals besaßen einen unersättlichen revolutionären Wissenshunger und wollten sich der sogenannten »bürgerlichen Wissenschaft« auch gewachsen zeigen. So habe ich in dieser wilden Zeit und ihren langen Nachklangphasen eine intime Kenntnis des Gesamtuniversums »linker« Ideen gewonnen, aus der ich bis heute schöpfen kann. Man studierte intensiv Marx, aber las sich genauso in den totalitären Ungeist der Schriften Lenins, Trotzkis und Luxemburgs bis hin zu Stalin, Mao Tse-tung und Frantz Fanon ein; begann, nachdem der dogmatische Marxismus an Attraktivität verloren hatte, mit der Lektüre der Kritischen Theorie, die der eigenen bürgerlichen Prägung näher lag; gelangte über diese natürlich auch zur Psychoanalyse, mit der man dem Verständnis seines verschütteten »wahren« Selbst auf die Spur zu kommen hoffte, und entdeckte mit Erlöschen der Anziehungskraft des Kulturpessimismus der Kritischen Theorie ab Mitte der 1970er Jahre dann den französischen Poststrukturalismus und wurde ein Fan Foucaults. Ich jedenfalls habe erst durch Marx, mit dem ich mich viel später noch einmal genau beschäftigt habe und den ich bis heute als Denker und Kritiker des Kapitalismus hochhalte, lesen gelernt. Freilich: Das Verschlingen dieser Theorien führte bei den meisten nur zu einer ganz affirmativen Aneignung, denn ihnen fehlte als Korrektiv weitgehend das intellektuelle Rüstzeug der abwertend »bürgerlich« titulierten Wissenschaft, und wenn mich nicht ein prominenter Vertreter eben dieser Wissenschaft als verständnisvoller Lehrer mit Impulsen für ein angemesseneres Wirklichkeitsverständnis versorgt hätte, hätte ich mich vielleicht bis in die Gegenwart nicht gänzlich aus Aporien des 68er-Weltbildes herausstrampeln können.

Der endgültige Abschied von der Ideenwelt von »68« fand dann während meiner langjährigen Erforschung der totalitären Diktaturen des 20. Jahrhunderts statt. Begonnen hatte diese Forschungsarbeit in den

1980er Jahren mit genaueren soziologischen Einblicken in das nationalsozialistische Terrorsystem, über das es seinerzeit in den Sozialwissenschaften noch kaum etwas von Belang gab. Dabei wurde mehr und mehr auch deutlich, daß keine der großen gedanklichen Formeln, die die 68er wie unhinterfragbare Glaubenslehren in sich eingesogen hatten, einer kritischen Überprüfung standhielt. Das gilt für ihre Theorien über die »spätkapitalistische Gesellschaftsentwicklung« und insbesondere ihre marxistischen Faschismusbegriffe, mit denen sie die Parolen von einem angeblich immer faschismusträchtigen Kapitalismus ideologisch zu unterfüttern gesucht hatten; und das gilt genauso für solche sozialpsychologischen Konstrukte wie den sogenannten »autoritären Charakter«, der ein prominenter Ideengeber bei den kulturrevolutionären Experimenten mit neuen Lebensformen gewesen war, aber weder ein tiefergehendes Verständnis traditioneller Familienstrukturen noch genauere Einblicke in die Verstrickungen der eigenen Elterngeneration erlaubt.

Als ich dann die Forschungsinteressen ausweitete und, geleitet vom Totalitarismusbegriff, auch die Entwicklung der kommunistischen Diktaturen genauer unter die Lupe nahm, wurde vollends das große Potential deutlich, das dem »Geist von 68« für die Legitimierung dieses Diktaturtypus innewohnte, und damit beantwortete sich auch leicht die Frage, warum der typische deutsche 68er mit heftiger Abwehr auf Solschenizyns *Archipel Gulag* reagiert hatte. Die intensive Auseinandersetzung mit den Diktatursystemen des 20. Jahrhunderts hat bei mir übrigens auch zur Linderung des großen Generationenkonflikts beigetragen, ohne den das deutsche »68« nicht denkbar ist. Zwar war mir immer der wütende Vaterhaß eines Klaus Theweleit fremd, aus dem ein Großteil seiner Schriften mit den vielbeachteten *Männerphantasien* an erster Stelle hervorgewachsen ist, aber Fragen nach möglicher elterlicher Schuld waren doch ein jahrelang stark belastender Begleiter gewesen. Was ich aber irgendwann als wichtigste Frucht meiner Erforschungen der totalitären Diktaturen zu begreifen gelernt habe, ist die Erkenntnis, wie gefährdet man dort in gewissen Grenzsituationen selbst gewesen wäre, gefährdet, zum Täter zu werden – eine Erkenntnis, die unvereinbar ist mit den wohlfeilen moralischen Überlegenheitsposen, die ein Attribut des »Geistes von 68« waren.

Ernst Bloch und Herbert Marcuse haben als ehrwürdige alte Herren seinerzeit die Jugendrevolte mit vielen Sympathiebekundigungen unterstützt. Ihre Sympathien waren keineswegs oberflächlicher Art, sondern entstammten der Beobachtung, daß im »Geiste von 68« zweierlei mitschwang, was in ihrem eigenen Denken von essentieller Bedeutung war: ein eschatologisches Moment und eine utopische Dimension – zwei Komponenten, ohne die sich die quasireligiöse Einfärbung ihres eigenen Marxismusbildes nicht erfassen läßt. Das eschatologische Moment – als Überzeugung von der Notwendigkeit und Unausbleiblichkeit eines revolutionären Umschlags im Hier und Jetzt einer zur Erfüllung gereiften Wendezeit – wurde eigentlich nur in der charismatischen Rednerwirkung Rudi Dutschkes annähernd rein vermittelt, war aber von dem Soziologen Erwin K. Scheuch schon 1968 in seinem Buch *Die Wiedertäufer der Wohlstandsgesellschaft* sensibel registriert worden.

Ich selbst habe das eschatologische Moment nur noch als Nachklang – in Posenform zur künstlichen Hervorlockung eines *Feelings* – erlebt. Weit folgenreicher aber war die utopische Dimension der Revolte. Durch »68« ist der »Geist der Utopie« zu einem mehr oder weniger fraglosen Attribut gesellschaftspolitischen Denkens geworden, mit Folgen bis in die Gegenwart. Das hört sich zunächst harmlos und vielleicht sogar positiv an, denn das Wort »Utopie« hat für viele einen einschmeichelnden Klang. Wer aber imaginierte utopische Zukunftsbilder zum wesentlichen Maßstab gesellschaftspolitischen Kritisierens und Experimentierens macht, ohne auch nur im entferntesten zu ahnen, wie unendlich voraussetzungsreich jene zivilisatorischen gesellschaftlichen Standards sind, die er dabei als fraglos gegeben vorauszusetzen pflegt, bewirkt unbeabsichtigt eine Aushöhlung eben dieser Standards: Die Existenz der zivilisierten Bestände kann innerhalb kürzester Zeit verspielt werden. Es gibt ein faszinierendes Dokument, in dem sich der Einspruch gegen den »Geist von 68« als Einspruch gegen dessen utopische Dimension äußert. Ich meine ein Fernsehgespräch zwischen Theodor W. Adorno und Arnold Gehlen aus dem Jahre 1965. Es ist ein Musterbeispiel eines kultivierten Gesprächs zwischen zwei großen Gelehrten mit ganz kontroversen Gesellschaftsbildern. An einer Stelle kommen beide auf die Aufgaben der Sozialwissenschaft zu sprechen, und es ist kein

Zufall, daß Adorno dabei ganz selbstverständlich an erster Stelle das Stichwort »Kritik« einfällt, worauf Gehlen ihn zu korrigieren versucht und »Erkenntnis« nennt. In der Tat: Produktiv vermag eine von utopischen Idealen geleitete Gesellschaftstheorie wie die Kritische Theorie, die ein Stichwortgeber der Studentenbewegung war, nur solange zu wirken, solange sie sich selber einer genuin wissenschaftlichen Kritik stellt. Wo dem utopischen Denken aber das Korrektiv eines derartigen Einspruchs abhanden kommt und es sich verabsolutiert, hat der Verwirklichungsversuch seiner wohlklingenden Postulate immer nur Unheil gestiftet.

DAS ELEND DER UTOPIEN

Das Wort »Utopie« hat für viele einen einschmeichelnden Klang. Selten genauer begrifflich profiliert, zirkuliert es wie von einem parfümierten Wattebäuschchen umhüllt durch die Diskurse, eine Aura des fraglos Freundlichen und Bejahenswerten verbreitend, die zwar leicht irritierbar ist, aber doch als erste Reaktion auf kritische Bemerkungen Überraschung und dann scheele Blicke erzeugt, wie auf einen Außenseiter, der das harmonische Beisammensein in trauter Runde durch insistierendes Beharren auf einem unpassenden Thema stört. Man erinnert sich, wie nach 1989 in gewissen Milieus mit klagendem Beiklang von einem »Ende der Utopie« geredet wurde, so als sei der Kommunismus eine verwirklichte Utopie gewesen, der man irgendwelche Tränen nachweinen müsse. Das war zwar nur Smalltalk, einzig durch die positive Besetzung von Worten wie »Utopie« und »Sozialismus« ermöglichtes gedankenloses Aneinanderreihen von Gedankenhülsen, aber derartige positive Besetzungen waren und sind – und das ist ernster zu nehmen – auch unter den Experten zum Thema verbreitet. Als zum Beispiel vor einigen Jahren in einer Fachzeitschrift eine Diskussion über einen Artikel eines bedeutenden deutschen Utopieforschers stattfand, stellte sich schnell heraus, daß der Erforscher der Utopie zugleich einer ihrer glühendsten Parteigänger war – die wichtigsten von ihnen kennzeichnete er als »emanzipatorisch«, »rational« oder »antiegoistisch« –, und daß die meisten Mitdiskutanten willens waren, ihm, wenn auch mit deutlich geringerer Emphase, zu folgen.

Im folgenden soll eine ganz andere Sichtweise des Phänomens entfaltet werden. Anhand der gemeinsamen Merkmale der wichtigsten neuzeitlichen Utopietypen soll zunächst die Auffassung begründet werden, daß sich hier keineswegs »emanzipatorische« oder »rationale« Strebungen zum Ausdruck bringen, sondern durch spezifische gesellschaftliche Konfliktkonstellationen hochgespülte kollektive regressive Bedürfnisse, ausgeformt zu Phantasien der Flucht aus den Zumutungen der Moderne in ein Nirgendwo der stillgestellten Zeit, in die immerwährende große Harmonie ewiger Infantilität. In einem zweiten Schritt werden dann die engen Beziehungen eines bestimmten Utopietypus zu den totalitären Ideologien des 20. Jahrhunderts offengelegt. Was ihr Verwirklichungsversuch an Angst und Schrecken erzeugte, hat ganz wesentlich die negativen Utopien wie *1984* oder *Brave New World* inspiriert, die zuletzt behandelt werden. In ihnen aber bündeln sich keineswegs nur düstere Erfahrungen aus der Welt der totalitären Diktaturen, sondern man kann auch zeigen, daß gerade in *Brave New World* in zugespitzter Form Tendenzen antizipiert und gespiegelt werden, die zum Signum unserer gegenwärtigen Gesellschaft geworden sind. Als Folge des gesellschaftlichen Wohlstandes, der Unterhaltungsindustrie und der atemberaubenden Fortschritte der Biotechnologie haben wir uns der »schönen neuen Welt« in vielem bereits angenähert. Sie verfügt übrigens, wie wir sehen werden, auch über Nischen, die für jedermann den alten Traum vom Schlaraffenland – natürlich durchmischt mit Beigaben aus *Brave New World* – für eine gewisse Zeit erlebbar machen können.

Bevor das Ideenrepertoire utopischen Denkens auf seine Grundmuster hin untersucht wird, soll noch ein kurzer Hinweis auf die anthropologische Grundvoraussetzung desselben gegeben werden. Was sich im utopischen Denken in einer spezifischen Variante äußert, ist die menschliche Fähigkeit zur Selbsttranszendierung. Im utopischen Konstrukt wird das erfahrbare Gegebene, das ›Ist‹, wie sehr auch immer daran angeknüpft und mit ihm gespielt werden mag, qua Vorstellungskraft zugunsten eines ›Nicht-Ist‹ beziehungsweise ›Noch-Nicht‹ geistig überwunden, der Mensch löst sich aus den Fesseln seines Hier und Jetzt und erfindet sich neu als Bewohner eines imaginierten Anderswo. Das ist ein kreativer Akt, dessen anthropologische Basis die menschliche Potenz zur vorstellenden Repräsentation des Unbekannten ist, also dasjenige, was wir Phantasie nennen.

Die Welt der Utopie ist freilich eine Phantasiewelt besonderer Art. Sie ist kein Produkt spielerischer Höhenflüge des Geistes in unverbindliche Bilder sozialer Wolkenkuckucksheime und entsteht auch nicht durch fabulierendes Eindringen in Märchenregionen, in denen Milch und Honig fließt oder einem gebratene Täubchen in den Mund fliegen, aber ihr eignet auch nicht die gleichermaßen bedrückende wie erhebende Verbindlichkeit religiöser Transzendenzvorstellungen mit ihren Imperativen für das Seelenheil und Handeln der Gläubigen. Sie liegt irgendwo zwischen diesen Extremen, denn die von ihr ersonnenen idealen Welten weisen alle Zeichen des Unverwirklichbaren auf, sollen aber trotzdem Wirkungen in der Wirklichkeit entfalten, sollen ihr – durch Präsentation eines vollkommen gelungenen Sozialsystems – gewissermaßen die Augen über sich selbst öffnen, so daß sie sich selbst ihrer Schattenseiten – ihrer ›Fehler‹ und Ungerechtigkeiten – gewahr werden kann und die Sehenden zu entsprechendem Handeln veranlaßt. Utopien sind so etwas wie mit erhobenem Zeigefinger verkündete pädagogische Sinnbilder, die, das sei schon zu Anfang hinzugefügt, keinen Spaß – am allerwenigsten den derben der Tölpel von Schlaraffenland – verstehen und denen Selbstironie völlig fremd ist. Vielleicht hat das auch damit – also einem spezifisch reduzierten geistigen Habitus der Utopisten – zu tun, daß die Wege der utopischen Phantasie sich über die Jahrhunderte hinweg recht ähnlich geblieben sind: Sie muten an wie ausgetrampelte Pfade mit magischer Anziehungskraft für jeden Neuankömmling. Die utopische Phantasie ist gewöhnlich nicht sehr phantasiereich.

Viele Utopien der Neuzeit, besonders stark bereits ihre erste und paradigmatisch gewordene Ausformung – Thomas Morus' *Utopia* – sind durch Platons Konzeption eines Idealstaats in seiner *Politeia* beeinflußt worden. Er ist der Vorläufer der neuzeitlichen Utopien, in dem schon einige ihrer typischen Muster gebündelt sind. Bereits die Ausgangslage für die Konstruktion dieses Staatswesens bezeichnet Typisches: Es ist dies das Gefühl einer umfassenden Gesellschaftskrise, in Platons Fall hervorgerufen durch die Niederlagen Athens im Peloponnesischen Krieg und die Wirren im Inneren – Staatsstreiche, Bürgerkrieg, Gerichtswillkür und zuletzt die Verurteilung des Sokrates. Dadurch verfestigte sich Platons Überzeugung, daß die Regierung der Polis nicht vom Volk ausgeübt werden dürfe – Demokratie führt zur Tyrannis –, sondern nur den Wissenden, einer Elite von Philosophen, anzuvertrauen sei. Sie allein seien imstande, auf der Wahrheit beruhende Gesetze mit Gültigkeitsanspruch für alle zu erlassen und vor allem die moralische Integrität der Polis zu sichern. Ziel ist die Schaffung eines vollkommen gerechten Gebildes mit ewiger Lebensdauer, der Zeit, jedem Wechsel enthoben, ein sich selbst immer Gleiches, gegen jegliche innere Fäulnis gefeit; jene egoistischen Leidenschaften, die einen Staat zerreißen und die auch dem mächtig wirkenden Atlantis – dem von Platon im *Kritias* entworfenen Gegenmodell zu seinem Idealstaat – schließlich zum Verhängnis wurden. Der Staat muß auf vier Tugenden errichtet sein – der Weisheit, Tapferkeit, Mäßigkeit und Gerechtigkeit –, und diese müssen in seiner Konstruktion so ausgeformt sein, daß sie die drei Grundkräfte, die in der Seele des Menschen miteinander ringen – Vernunft, Eifer und Begierde – in ein Gleichgewicht bringen. Dem dient eine strikte Klassenhierarchie, an deren Spitze die Philosophen, die Herren des Staates, stehen, gefolgt von den Kriegern und schließlich am unteren Ende den Handwerkern und Bauern – ein Klassensystem, das faktisch Kastenordnung ist, weil die Klassenzugehörigkeit in der Generationenfolge weitgehend vererbt wird.

Geformt werden die Staatsbürger durch eine ausgefeilte Erziehung, die ihre Körper stark und ebenmäßig machen und ihre Leidenschaften zur Gleichheit hin mildern und glätten soll, im übrigen aber darauf zielt, in jeder Klasse ganz spezifische, nur auf sie zugeschnittene Fähigkeiten und Tugenden auszubilden. In völliger Askese und ohne nennenswerten Geldbesitz müssen besonders die Krieger leben, weil sie sonst die Fähigkeit zur höchsten Tugend – dem Einsatz ihres Lebens für die Verteidigung der Polis – verlieren. Von zentraler Bedeutung ist vor allen Dingen die Regulierung der Geschlechterbeziehungen – der Sphäre, in der in der ›wirklichen Welt‹ jene Leidenschaften und Begierden lodern, die der Tugend im Dienste des Staates immer entgegenstehen. Platon sieht eine strikte Normierung vor, die das Herz aller modernen Radikalfeministinnen höher schlagen lassen müßte, weil sie, zumindest für die herrschenden Klassen, auf genau dasjenige zielt, was auch ihnen vorschwebt: Geschlechtergleichheit und die Abschaffung der Liebe und der Familie. Die Frauen erhalten die gleiche Erziehung wie die Männer, und es gibt – freilich begrenzt durch ganz strenge Rahmenbedingungen – eine freie Wahl und Sexualität zwischen den Geschlechtern, aber die Kinder der oberen Klassen sollen allen, das heißt: dem Staat gehören, und der Vater seinen Sohn so wenig kennen wie der Sohn seinen Vater.

Den Inzest sucht Platon durch ein ausgeklügeltes System zu verhindern, und auch eugenische Maßnahmen sind ihm schon bekannt, die bewirken sollen, daß genau der Nachwuchs entsteht, den der Staat braucht. Daß es im Idealstaat keine Neuerungen geben darf, ist evident, weil das mit seinem Ziel »ewiger Dauer« als eines »sich selbst Gleichen« nicht vereinbar wäre. Soweit einige Merkmale von Platons Idealstaat.

Wir werden sehen, daß Elemente desselben, vor allem aber sein grundlegendes Telos – sein Ideal der Statik und der Konflikt- und Zeitlosigkeit – auch in den neuzeitlichen Utopien immer wieder bestimmend hervortreten. Über ihre Deutung werden wir schrittweise in das Wesen des Utopischen eindringen. Die frühneuzeitlichen Utopien sind sämtlich Raumutopien, denen sich dann ab dem letzten Drittel des 18. Jahrhunderts ein ganz neuer Typus der Utopie hinzugesellt, die Zeitutopie, in der das utopische Konstrukt in die Zukunft projiziert wird. Wir betrachten zunächst nur einige Grundmuster des Utopischen bis zu dieser folgenreichen Fortentwicklung.

Das Wort »Utopia« stammt von Thomas Morus, dem Begründer frühneuzeitlichen utopischen Denkens, dessen Schrift *Utopia* 1516 veröffentlicht wurde. Es ist ein Kunstwort, das aus zwei griechischen Silben besteht: »ou« = nicht und »topos« = Ort. »Utopia« heißt also soviel wie Nicht-Ort oder Nirgendwo. Gleichwohl existiert dieses Nirgendwo, ist aber nicht exakt lokalisierbar, es ist irgendwo in weiter Ferne, wie hinter einem Schleier verborgen, gewöhnlich im Meer, eine Insel. Dort gibt es – jedenfalls nach den Schilderungen einiger Reisender – eine Gesellschaftsform, in der die Ungerechtigkeiten der ›real existierenden‹ Gebilde überwunden sind – Utopia fungiert immer als phantastischer Maßstab der Kritik an der Gegenwartsgesellschaft. Von Utopia, berichtet Thomas Morus augenzwinkernd, sei ihm von einem gewissen »Hythlodeus« – das ist ebenfalls ein griechisches Wort und meint »Possenreißer« – erzählt worden, einem älteren Mann portugiesischer Abstammung, sonnengebräunt und wie ein Seemann wirkend, der es als Begleiter Amerigo Vespuccis auf einer langen Seereise einmal besucht habe. Und wie um den irrealen Charakter noch zu unterstreichen, nennt Morus die Hauptstadt dieses Nirgendwo im Irgendwo Amaurotum, Nebelstadt. Auch der Sonnenstaat Tomasso Campanellas, eines als Häretiker verfolgten calabresischen Mönches, ersonnen in der Kerkerhaft und veröffentlicht 1623, liegt – wie auch Francis Bacons Nova Atlantis – auf einer Insel. Der Sonnenstaat befindet sich auf Taprobane – dem heutigen Ceylon – und wurde von einem Genueser Schiffskapitän entdeckt, nachdem er dort nach der Landung einen Wald und eine südlich des Äquators gelegene Ebene durchquert hatte.

Es liegt auf der Hand, daß im Inselmotiv Erfahrungen aus den frühneuzeitlichen, europäischen Entdeckungsreisen und den Begegnungen mit den Kulturen der Neuen Welt aufscheinen – manche Autoren glauben sogar, daß Ideen bei Morus, Campanella und Bacon auch auf das Herrschaftssystem der Inkas zurückzuführen seien, aber es gibt noch weitere Grundmerkmale in diesen Utopien, zu denen sich in Platons Idealstaat kein Analogon findet: Das betrifft erstens die völlig andere Bewertung der Arbeit – es herrscht gewöhnlich Arbeitspflicht für alle –, zweitens die Indienstnahme der Technik für das utopische Projekt, besonders stark in Bacons *Nova Atlantis*, und drittens das Egalitätsprinzip als zentrales Regulativ.

Betrachtet man einzelne Aspekte bei Morus und Campanella, so ist die Hauptstadt des Sonnenstaates, wie Amaurotum, nach einem strikt abgezirkelten geometrischen Plan entworfen, es gibt keinen architektonischen Wildwuchs, und in Utopia sind die Wohnhäuser völlig gleich. Die Geometrie der Stadt findet gewissermaßen ihre Verlängerung in einer numerischen Aufgliederung der Gesellschaft in Dekurien, Zenturien und Stadtviertel. Es gibt kein Stadt-Land-Gefälle, keine regionalen Unterschiede zwischen den Städten oder den Bewohnern des flachen Landes: sie stimmen in Sprache, Sitten, Einrichtungen und Gesetzen völlig überein. Die Gleichförmigkeit macht auch vor dem Tagesablauf der Utopier nicht halt, er ist nach einem bestimmten Muster bis in die Details festgelegt und läßt für Spontaneität keinen Raum. Auch ihre Kleidung ist einheitlich, und im Sonnenstaat noch nicht einmal geschlechtsspezifisch differenziert. Als Farbe dominiert Weiß oder Aschgrau. Das Privateigentum ist in beiden Gesellschaften abgeschafft, die Verteilung wird im Sonnenstaat aber von einer Staatsbehörde vorgenommen. Die Arbeit wird als eine öffentliche Angelegenheit verstanden und organisiert, es herrscht Arbeitspflicht für alle, und weil sie für alle gilt, ist in Utopia eine Begrenzung der täglichen Arbeitszeit auf sechs Stunden möglich.

Schichten von Müßiggängern – seien es Adlige oder Kleriker – sind mit dem in beiden Gesellschaften herrschenden egalitaristischen Grundprinzip nicht vereinbar, und in Utopia sind auch alle sonstigen Möglichkeiten für Müßiggang und Laster abgeschafft, Bier- und Weinstuben beispielsweise oder Freudenhäuser. Nach dem Abendessen, das – wie alle Mahlzeiten im Sonnenstaat und in Utopia – in öffentlichen Speisesälen eingenommen wird, kann man sich bei Brettspielen entspannen, aber um acht Uhr geht in Utopia die gesamte Bevölkerung schlafen. Nach acht Stunden Bettruhe kann sie sich dann durch gelehrte Vorträge fortbilden. Die Geschlechterbeziehungen sind in beiden utopischen Gesellschaften unterschiedlich reguliert. Während in Utopia noch die monogame Ehe, freilich in einer unmittelbar staatsbezogenen Form, existiert, sind im Sonnenstaat Liebe und monogame Ehe gleichermaßen abgeschafft. Frauen und Kinder sind gleichsam staatlicher Besitz, der Staat überwacht aus eugenischen Gründen die Sexualität, und zwischen den Geschlechtern sind »freundschaftliche Gefühle«, nicht aber »brennende Begierden«, wie Campanella unterstreicht, die Regel.

Deutlich unterschiedlich sind auch die politischen Systeme: Das autoritäre Gesamtsystem Utopias kennt bereits einige Elemente der repräsentativen Demokratie, aber der Sonnenstaat ist eine wissenschaftsgläubige Diktatur: an der Spitze steht der Metaphysikus mit allen Entscheidungsbefugnissen, aber assistiert von drei hohen Würdenträgern, den Verkörperungen von Macht, Weisheit und Liebe, denen Bürokratien unterstehen, deren Mitglieder ausschließlich Gelehrte sind. Die Unterscheidung von privat und öffentlich hat in beiden Systemen keinen Sinn, bei Morus ist selbst das Familienhaus, das nach zehn Jahren gewechselt wird, jedem leicht zugänglich, es gibt keinen Privatbereich. Von zentraler Bedeutung ist natürlich die Erziehung, die ab frühester Kindheit verstaatlicht ist. Hier werden die Heranwachsenden im Sinne der Normen und Tugenden des Systems so konditioniert, daß sie sich schließlich aus eigenem Antrieb so verhalten, wie sie sollen. Verglichen mit den Bewohnern der normalen Welt sind sie »neue Menschen«.

Man könnte die Beschreibung zwar noch lange fortführen, aber dadurch würde sich der ermüdende Eindruck, den wir bisher von Utopia bekommen haben, nicht ändern, nur verfestigen. Fragen wir stattdessen, wie derartige Konstrukte deutbar sind. Sind sie »rational«, »emanzipatorisch«, wie viele Autoren behaupten? Welche Wünsche und Ängste dominieren? In welche Richtung müßte eine Psychologie der utopischen Phantasie, wie wir sie bisher kennengelernt haben, gedacht werden?

Zunächst sei noch einmal das Ausgangsmotiv dieser utopischen Konstruktionen hervorgehoben: ein umfassendes Krisenbewußtsein und die Überzeugung, daß die bestehende Welt ungerecht eingerichtet sei. Der ungerechten Wirklichkeit wird dann ein phantastisches Gegenbild entgegengehalten, das Bild einer vollständig durchgeplanten, auf dem Egalitätsprinzip errichteten Gesellschaft, die kein Privateigentum kennt. Das ist die Grundkonstruktion, und wer – wie das sehr oft geschieht – nur aus ihr das »Wesen des Utopischen« abzuleiten versucht, kann diesen Denkgebilden sogar mit einem Quentchen Berechtigung »rationale« und »emanzipatorische« Züge zusprechen. Das ändert sich freilich, wenn man auf die Einzelheiten der utopischen Konstruktion eingeht und auch ihren psychologischen Subtext durch ihren Symbolgehalt zu entschlüsseln versucht. Rekapitulieren wir noch einmal: Statik und Zeitlosigkeit dominieren – in Bacons Nova-Atlantis steht die Zeit bereits seit neunzehnhundert Jahren still, die Menschen leben in präzis geometrisch konstruierten Stadträumen und kennen keine ›dunkle Natur‹, wie beispielsweise den Wald, sie kleiden sich in Weiß, nie in Rot, sie sind durch die exakte Durchgeplantheit der Gesellschaft vor jeglichen Überraschungen gefeit, kennen keine Laster und haben in ihren Geschlechterbeziehungen ihre eigene ›dunkle Natur‹ überwunden, denn Leidenschaft und Liebe und auch – sehr weitgehend – die Familie sind abgeschafft, die Kinder, nach staatlich vorgegebenen eugenischen Gesichtspunkten gezeugt, werden vom Staat, dem Kollektiv, erzogen, und der Staat ist es auch, der die einzelnen qua Güterdistribution nährt. In der Überwindung der ›dunklen Natur‹ geschlechtlicher Leidenschaftlichkeit ist Gabriel de Foigny in *La Terre Australe Connue* (1676) am weitesten gegangen: er ersann eine von sanften Hermaphroditen bevölkerte Insel, die nur einen Haß kennen: den auf die Heterosexuellen, die sie als halbe Monster betrachten.

Es ist ganz offensichtlich, daß derartige Phantasien aus einem Unterboden diffuser Angst genährt werden, der Angst besonders vor zwei großen Dimensionen der menschlichen Wirklichkeit: ihrer Unberechenbarkeit und ihrer Gefühlsheftigkeit. Alle Obsessionen sind auf ihre Überwindung gerichtet, und von ihrer Überwindung – der vollkommenen Begradigung der sozialen Welt und dem nivellierenden Abschleifen aller Gefühlsheftigkeiten – wird die Herstellung eines Zustandes der vollkommenen Harmonie des Menschen mit sich selbst und seiner Mitwelt erhofft. Das ist der Kern der utopischen Phantasie, der übrigens am deutlichsten in einer Utopie des 20. Jahrhunderts hervortritt: im Roman *Futurum Zwei* (*Walden Two*, 1948) des berühmten Behavioristen B. F. Skinner. »Wir bauen [...] eine Welt auf«, schreibt Skinner, »in der es [...] mit etwas Glück gar keine Konflikte gibt. Unser Ziel ist die allgemeine, wohlwollende Toleranz«, und diese wird erreicht, indem eine Wissenschaftlerelite die Heranwachsenden durch behavioristische Sozialtechniken so konditioniert, »daß sie genau das tun wollen, was für sie und die Gemeinschaft das Beste ist«.

Wie sehr derartige Phantasien von regressiven Bedürfnissen gespeist werden, demonstriert die Entschlüsselung des Symbolgehalts der frühneuzeitlichen utopischen Bilder. Schaut man genauer hin, dann entpuppt sich Utopia zunächst als eine weitgehend vaterlose Gesellschaft, denn hier sind die wichtigsten genuin väterlichen Funktionen von der Ernährung bis zur Erziehung – und tendenziell sogar die Zeugung – dem Staat, dem Kollektiv übertragen; einem »reinen«, »nährenden«, harmonieerzeugenden Überwesen, das symbolsprachlich für nichts anderes steht als die idealisierte, das heißt die ihrer Sexualität entkleidete Mutter. Utopia – das ist psychologisch die regressive Phantasie eines Zurück ins immerwährende harmonische Miteinander mit der entsexualisierten Mutter. Manchmal spülen angsteinflößende gesellschaftliche Krisensituationen kollektiv derartige regressive Bedürfnisse empor.

Es gibt in der frühen Neuzeit aber auch Gegenphantasien gegen die bisher erörterten utopischen Konstruktionen; Vorstellungsmuster also, die auf der Ebene und mit dem Material des Utopischen spielen, aber daraus ganz andere Phantasiewelten zusammenfügen. Zwei scheinen dabei besonders interessant: Francois Rabelais' Utopie von der »Abtei Thelema« und das Volksmärchen vom »Schlaraffenland«. Rabelais' Utopie, die nur kurz angesprochen werden soll, ist deswegen eine Gegenutopie, weil sie gänzlich auf dem Gegenprinzip zu den Grundlagen der anderen Utopien – ihrem strikten Egalitarismus und staatlichen Institutionalismus – errichtet ist, auf einem aristokratisch gefärbten Individualismus, und damit ihre regressiven Züge überwindet. Im Schlaraffenland hingegen wird die Regression genau in die Gegenrichtung ausgesponnen, freilich in einer burlesken, selbstironischen Weise. Hier geht es nicht um die Erlangung jener dünnblütigen Harmonie, die eine schützende Übermutter als Lohn für Tugendhaftigkeit und Maßhalten verspricht, sondern um eine alle höheren Bedürfnisse völlig ausklammernde Maßlosigkeit, um Phantasien von maßloser Faulheit und maßloser Befriedigung von Magen- und Gurgelbedürfnissen, also dasjenige, was man auf Deutsch nur »Fressen« und »Saufen« nennen kann. Rabelais' Thelema ist ein Kloster ohne Mauern, Ordensregeln und Arbeitspflicht, aber deshalb kein Ort der Willkür und des nichtsnutzigen Müßiggangs, sondern eine sich aus dem Geist eines aristokratischen Individualismus heraus selbst gestaltende Ordnung, in der gegenseitige Zuneigung Rücksicht erzeugt und agonaler Wettstreit unter Bedingungen der Muße wissenschaftlichen Fortschritt und Kunst. Gedacht ist eine derartige herrschaftsfreie Utopie natürlich nur für eine kleine adlige, von der Sorge um die Zwänge der materiellen Reproduktion befreite und durch einen Verhaltenskodex der Vornehmheit miteinander verbundene Elite.

Keineswegs vornehm dagegen geht es in Schlaraffenland zu, aber das wird auch dadurch entschuldigt, daß es keine Utopie darstellt, sondern ein der Volksphantasie entwachsenes Gebilde mit Märchencharakter und allenfalls einigen utopieähnlichen Zügen. Aber Schlaraffenland bezeichnet, und deshalb ist es hier interessant, genau die Gegenseite infantiler Regression zu derjenigen, von der Utopia lebt; nämlich die Phantasie von einem Zurück in eine gänzlich unsublimierte Maßlosigkeit, in einen Zustand, in dem man völlig schamfrei jene »Sau rauslassen kann«, die sonst immer im Stall bleiben muß.

Erste vage, ihrer selbst noch unsichere Schilderungen von einem schlaraffenlandähnlichen Land tauchen bereits in der Antike auf, aber exaktere Berichte häufen sich doch erst in der frühen Neuzeit, und zwar vornehmlich in vier Ländern: in Frankreich – dort wird das ersten Mal schon 1250 von »Coquaigne«, »Honigkuchenland« berichtet; den Niederlanden im 15. und 16. Jahrhundert, wo man es »Lant von Cokaengen« und dann »Luy lecker landt« genannt hat; in Italien, bereits bei Boccaccio, aber gehäuft doch erst in der zweiten Hälfte des 16. Jahrhunderts; und in Deutschland, man denke an Sebastian Brandts illustrierte Erzählung von 1494 oder an diejenige von Hans Sachs von 1548. Von den bildlichen Darstellungen, die alle sehr ähnlich sind, ist die von Pieter Bruegel dem Älteren von 1567 am bekanntesten geworden. Es zeigt drei mit prall gefüllten Wänsten unter einem mit Leckerbissen beladenen Baum liegende Gesellen, so satt und voll, daß das im Hintergrund als Braten daherspazierende, messer- und gabelbesteckte Schwein und das im Vordergrund sich zum Auslöffeln anbietende gekochte Ei einstweilen Ruhe vor ihnen haben. Hinter dem Bratenschwein ist ein Breiberg erkenntlich, durch den sich gerade jemand – man versteht nicht warum – herausfrißt, offensichtlich zu einem Boot hin, das vor Schlaraffia im Meere ankert.

Alle Berichte sind sich darüber einig, daß das Schlaraffenland weit entfernt liegt – »6000 Meilen von Dover entfernt«, behauptet ein englischer Text, oder »jenseits von Montag« –, und es dort kein Werden und Vergehen gibt, sondern nur ewige Gegenwart. Daß Milch sauer würde oder Fleisch verderbe, liest man nirgends. Differenzen bestehen hinsichtlich der Lage, manchmal erscheint es als Land und manchmal als Insel, aber daß das einzig Beschwerliche der Zugang zu ihm ist, darüber herrscht Einvernehmen – zum Beispiel muß man sich in manchen deutschen Schilderungen zunächst durch einen Berg aus Brei oder Pflaumen essen. Im Lande selbst aber ist alles ganz einfach, da fliegt einem das gebratene Geflügel in den Mund, ohne daß von Köchen berichtet würde – nichts erinnert dort im entferntesten auch nur an Arbeit. Manchmal tauchen auch Tiere auf, deren Exkremente den Charakter leckerer Speisen haben – Hunde, Pferde und Kühe lassen frische Pfannkuchen oder Feigen fallen –, und auch anstößige Leibesgeräusche sind in Schlaraffia keineswegs verpönt. Das geschlechtliche Liebesleben hingegen scheint, wie auch Thomas Mann aufgefallen ist, keine große Rolle zu spielen. Das deutet darauf hin, daß bei der schlaraffischen Phantasie die lustvolle Regression in Bereiche infantiler Oralität und Analität dominiert, in prägenitale Stadien. Das Genitale, immer auch mit einer gewissen Aktivität verknüpft, paßt nicht zu diesen Faulheitswünschen. Schlaraffia – das ist ein unter den Bedingungen materiellen Mangels entstandener kollektiver Traum von ewiger Völlerei, Faulenzerei und Konventionsfreiheit, ein pralles, burleskes Gegenbild zu den einzwängenden Tugendpfaden, auf denen die Phantasie ins Reich Utopia oder ins christliche Paradies wandert.

Ab der Mitte des 18. Jahrhunderts entfaltet sich in den utopischen Konstruktionen der Aufklärungsepoche eine neue Dimension: diejenige der Zeit. In Etienne-Gabriel Morellys *Gesetzbuch der natürlichen Gesellschaft* von 1755 und dann besonders klar in Sebastien Merciers Utopie *Das Jahr 2440. Ein Traum aller Träume* wird das utopische Konstrukt nicht mehr im Irgendwo eines fernen Raumes angesiedelt, sondern im Irgendwann der Zukunft. Erzähler und Hauptperson bei Mercier ist ein Mann, der in Paris siebenhundert Jahre geschlafen hat. Wieder erwacht, entdeckt er nach und nach, daß nicht nur Paris, sondern Frankreich, ja die ganze Menschheit sich gewandelt hat, daß sie – auf Wegen, die verschwiegen werden – zu einem Leben im Einklang mit der Vernunft gefunden hat. Dabei wird einem schnell klar, daß es sich auch bei ihr um jene schmallippige Übervernunft, die keinen Spaß kennt, handelt, die uns auch bei den meisten Raumutopien begegnet ist: in Merciers Vernunftgesellschaft wird nicht an die unvernünftige Vergangenheit erinnert, und es herrscht Meinungskontrolle; und wenn ein Autor abweichende Ansichten vertritt, wird er zunächst sanft und nachsichtig belehrt, und wenn auch das nichts fruchtet, wird er zu lebenslanger Haft in den Staatsgefängnissen – vergitterten Gräben in der Nähe der Friedhöfe – verurteilt. Inhaltlich hat sich bei Mercier im Vergleich zu den klassischen Utopien nichts Wesentliches geändert – man findet eine etwas radikalisierte Fassung des Üblichen: der Kritik an der absoluten Monarchie und ihren Stützmächten und der Wissenschafts- und Fortschrittsgläubigkeit –, aber die Einführung der

Zeitdimension markiert doch einen grundlegenden Wandel der Wege, die zukünftig die utopische Phantasie beschreiten wird, die Entstehung eines neuen Utopietypus. An ihm stechen zwei Merkmale ins Auge: erstens die Vorstellung, daß die Geschichte ein Ziel habe, dessen Umrisse sich bereits in der Gegenwart andeuten – bezeichnenderweise stellt Mercier seinem Buch das von Leibniz entlehnte Motto »Die Gegenwart geht schwanger mit der Zukunft« voran; und zweitens die Überzeugung, daß menschliche Praxis dieses Ziel – gewissermaßen als Geburtshelfer – verwirklichen könne. Mit dieser Umgestaltung konnte die Verwandlung der Utopien aus eher harmlosen kritisch-moralischen Fabeln – Maßstäben von Kritik – in politische Handlungsprogramme beginnen, in Ideologien; in jene Denkgebilde also, als die sie im 19. Jahrhundert unter den Bedingungen der sich entwickelnden Industriegesellschaft immer geschichtsmächtiger geworden sind und schließlich in den totalitären Ideologien ihre radikalste Ausformung gefunden haben.

Daß mit der Industrialisierung die utopische Phantasie vor allem von der neuen industriellen Lohnarbeit und dem neuen Typus technischer Artefakte – der naturwissenschaftlich fundierten Maschine – gefesselt wurde, ist nicht verwunderlich. Allen Utopisten des 19. Jahrhunderts, an erster Stelle Robert Owen, Charles Fourier, Étienne Cabet, William Morris, Edward Bulwer-Lytton und H. G. Wells, ist das Ziel der Überwindung der Ungerechtigkeiten dieser Lohnarbeit gemeinsam – das Arbeiterelend wird zum anreizenden Stachel utopischen Denkens – und alle zeigen sich gleichermaßen von der Maschine fasziniert: Technik und Wissenschaft werden in einer beispiellosen Weise aufgewertet und als *conditio sine qua non* des utopischen Gemeinwesens begriffen. Neben völlig richtigen Einsichten in das Potential der Maschine – die Überwindung physischer Schwerstarbeit und die Reduktion von Arbeitszeit – entstehen dabei teilweise auch phantastische Spinnereien, vor allem bei Fourier, der, von allen Klimakatastrophenängsten noch völlig unberührt, mit Hilfe moderner Technik sogar Eisberge schmelzen, Wüsten erblühen und ewigen Frühling auf der Erde einziehen lassen will. Freilich machen derartige Phantastereien auch deutlich, wie sehr mit der Industrialisierung das neuzeitliche innerweltliche Könnensbewußtsein – der Glaube an die Beherrschung von Natur und

Gesellschaft – noch einmal gewachsen ist: Basis des neuen Utopietypus ist eine anthropozentrisch fundierte Machbarkeits- und Fortschrittsideologie, die noch von keinen Zweifeln angenagt ist. Insofern sind alle Utopisten des 19. Jahrhunderts gläubige Schüler Henri Saint-Simons, eines einflußreichen Frühsozialisten, dessen ganzes Werk ein enthusiastischer Lobgesang auf die Glücksverheißungen moderner Wissenschaft und Technik war. Nicht die Technik ist ihnen die Ursache der Gegenwartsübel, sondern – und damit werden wir wieder in vertraute Vorstellungswege gelenkt – die Eigentumsordnung. Die Aufhebung des Privateigentums an den Produktionsmitteln – sei es in einer etatistischen Planwirtschaft oder in Produktionsgenossenschaften – und die allgemeine Arbeitsverpflichtung werden deshalb durchgehend als Basis der neuen utopischen Gesellschaften gedacht.

Aber auch hinsichtlich anderer Elemente zeigen sich sehr bald altvertraute Grundmuster im Neuen: die Träume von Konfliktfreiheit und Harmonie, die Überzeugung von einer antipluralistischen Übervernunft, an der gemessen abweichende Meinungen – so bei Owen und Cabet – wie Geisteskrankheiten erscheinen, der egalitär ausgerichtete Antiindividualismus, der sich – wiederum bei den beiden – in der geometrischen Ordnung des Städtebaus sowie in der Kleidung und in der Struktur des Tagesablaufs der Einzelnen zeigt, die Nivellierung der Differenz des Öffentlichen und Privaten, die herausragende Rolle des Erziehungswesens als Prägestätte der Heranwachsenden, der antidemokratische Etatismus, der bei Cabet und Wells in Anknüpfung an altbekannte Traditionslinien bis zum Recht des Staates an der Planung und Kontrolle der Fortpflanzung reicht, und, gewissermaßen als Zusammenfassung von allem, die Schwärmerei von einem »neuen Menschen«, der teils als Voraussetzung und teils als Produkt des idealen Gemeinwesens erscheint. Eines Menschen, der, so bei Owen, dem alten in jeder Hinsicht im »Verhältnis von 1000 : 1« überlegen sei, der – so bei Morris und Bellamy – viel schöner und älter werde als der alte, und Fourier behauptet, unter den Bedingungen der neuen Ordnung werde es 37 Millionen Mathematiker wie Newton und 37 Millionen Autoren wie Moliere geben, und die Menschen würden im Durchschnitt 7 Fuß groß und 144 Jahre alt. Insgesamt bieten also auch die neuen Utopien einen eher deprimierenden

Anblick, der nur etwas aufgehellt wird durch Elemente von Fouriers Idealgesellschaft: seine Utopie einer aus kleinsten Einheiten, den Phalangen, zusammengesetzten Gemeinschaft basiert – auch gerade im Bereich der Geschlechterbeziehungen – durchgehend auf Freiwilligkeit und erscheint in manchen Zügen wie eine demokratische Vergröberung des aristokratischen Individualitätsideals in Rabelais' Kloster Thelema.

Marx hat sich bekanntlich von allem utopischen Denken hochmütig abgegrenzt, und viele Linke sind ihm darin gedankenlos – seine Kriterien übernehmend oder ihn einfach nur zitierend – gefolgt. Tatsächlich aber erscheinen in seinem überwältigenden Werk dessen Antriebskräfte und Tendenzen eher wie ins Extrem getrieben, aber in ein gleichsam dialektisches Extrem. Indem sich bei Marx die Utopie als Wissenschaft verkleidet – als jene seltsame Wissenschaft mit Wahrheitsmonopol –, sich mit einem quasireligiösen Telos auflädt und zugleich ihre Verwirklichung als zentrales Element ihrer selbst postuliert – eine Verwirklichung durch revolutionäre Gewalt –, wandelt sie ihre Gestalt. Sie wird zur Ideologie und, mit einer Rigidisierung ihres Wahrheitsanspruchs und einer Radikalisierung ihres Revolutionspostulats, letztlich zu einer totalitären Ideologie. Als solche ist sie dann im Leninismus geschichtsmächtig geworden.

Man kann die Form, die das utopische Denken bei Marx bekommt, nicht verstehen ohne einen Hinweis auf die chiliastischen Wurzeln von Denkmustern bei ihm. Im Chiliasmus bündeln sich zwar utopieverwandte, aber kategorial strikt davon zu trennende Erlösungshoffnungen, religiös gespeiste, die ursprünglich nur im jüdisch-christlichen Kulturkreis entstehen konnten. Sie leiten sich ab vom diesseitigen Heilsziel der jüdischen Prophetie, also von einer linearen, auf ein Ende ausgerichteten Vorstellung von einer Weltzeit, die durch eine Apokalypse hindurch sich zur Heilszeit verwandelt. Dieses chiliastische Muster wirkt in säkularisierter Form in Marx' dialektischer Geschichtsphilosophie fort, in der Vorstellung des auf ein Ziel – den Kommunismus – ausgerichteten Geschichtsprozesses, der sich gewissermaßen immer mehr mit Unheil, mit »Entfremdung« anreichert, aber ineins damit die Potenzen zu ihrer endgültigen Überwindung ausbrütet. Der dialektische Umschlag der Unheils- in die Heilszeit liegt in der industriekapitalistischen

Gegenwart, und er verwirklicht sich gewissermaßen als apokalyptisches Durchgangsstadium in der proletarischen Revolution, die eine Geschichtsnotwendigkeit und selbstbewußte Praxis gleichermaßen darstellt.

Dieses chiliastische Grundmuster ist bei Marx überlagert durch jene ganz modernen Denktendenzen, die uns auch in den Vorgängerutopien begegnet sind: *erstens* durch eine hypertrophe Wissenschaftsgläubigkeit – die Überzeugung, die Gesamtheit der vergangenen Geschichte durch »richtiges« Denken – also des eigenen – »auf den Begriff bringen« und die Umrisse der Zukunft vorhersagen zu können; *zweitens* durch einen ungebrochenen Technikoptimismus, für den die ungehinderte Entfaltung der Produktivkräfte identisch ist mit der Entwicklung des technischen Knochengerüstes für das utopische Endziel; und *drittens* – gewissermaßen als Synthese der Wissenschafts- und Technikgläubigkeit – durch einen hybriden Machbarkeitswahn, der im Gedanken der »planmäßigen« Herstellbarkeit der »neuen Gesellschaft« und des »neuen Menschen« kulminiert. Die Ausmalung des geschichtlichen Endzieles selbst bleibt bei Marx im Vergleich zu den vorhergehenden Utopisten ganz vage – Abschaffung des Privateigentums, Höchstentwicklung der Produktivkräfte und der romantische Gedanke der allseitigen Entfaltung der menschlichen Potenzen sind die einzigen drei zentralen Hinweise, die keineswegs originell sind. Aber diese Vagheit hat der Breitenwirkung des Marxismus eher genützt; einem Denken, in dem das Utopische sich chiliastisch anreicherte und mit spezifisch modernen Merkmalen so verknüpfte, daß es als politische Ideologie »Massen« zu »ergreifen« vermochte.

Zu einer zentralen weltgeschichtlichen Kraft wurde diese dann im 20. Jahrhundert aber erst durch Lenins Transformation des Marxismus. Lenin hat zum einen alle gerade skizzierten Muster des Marxismus – den ungebrochenen Wissenschafts- und Technikoptimismus, das hypertrophe Könnensbewußtsein und die chiliastische Heilsidee – in einer rigide dogmatisierten Form fortgeschrieben, aber er hat zwei wesentliche Elemente modifiziert: er hat Marx' Idee von der »Revolution des Proletariats« zu einer metaphysischen Auffassung von der »Partei des Proletariats« verwandelt und zugespitzt, zur Auffassung, ihr – einer schlagkräftigen, hierarchischen Organisation von Berufsrevolutionären – sei wegen ihres Wahrheitsmonopols der Vollzug der historischen Mission des Proletariats zu übertragen; und er hat bei seiner Anwendung des Marxismus auf das unterentwickelte Rußland dasjenige, was bei Marx als Prämisse des sozialistischen Endziels fungierte – ein entwickeltes Industriesystem –, zu einem zentralen Ziel des bolschewistischen Aufbaus in Rußland erhoben, allerdings im übergeordneten Rahmen einer »proletarischen Weltrevolution«, die sich als Flächenbrand im Ausgang von Deutschland entwickeln sollte. So betrat mit dem Sieg der Bolschewiki eine chiliastisch aufgeheizte dogmatisierte Utopie, sprich: eine totalitäre Ideologie die Bühne der Weltgeschichte, entfachte enthusiastische Glaubensbereitschaften im Inneren und Äußeren und ein damit verkoppeltes Denken in unüberbrückbaren Freund-Feind-Gegensätzen und verwandelte in einem historisch einzigartigen Experiment die Struktur einer Gesellschaft in einer Weise, deren Inbegriff der Gulag wurde.

Aber dieser totalitären Ideologie erwuchs im Nationalsozialismus eine todfeindliche totalitäre Gegenideologie, eine ihrerseits utopische Antiutopie; eine vom Willen zur vollständigen Ausrottung aller Denkströmungen – die in den »Ideen von 1917« kulminierten – angetriebene Bewegung. Darunter wurden alle okzidentalen Gleichheits- und Universalitätspostulate – seien sie christlicher, bürgerlicher oder kommunistischer Provenienz – verstanden, die einer als »Rasse« definierten Gruppe als ihrem angeblichen Urheber zur Last gelegt wurden. Der Begriff des »jüdischen Bolschewismus« umschließt alle diese Feindbezüge. Das eigene utopische Endziel, so wie es sich aus Hitlers Vorstellungswelt erschließen läßt, wurde als Gegenbild dieser Feindbilder entworfen, als eine in den »östlichen Lebensraum« durch modernste Waffentechniken expandierende Rassengesellschaft, die sich im Krieg erst weitgehend selbst konstituiert. Das Bild dieser Rassengesellschaft, in der – auch unter tatkräftiger Mithilfe der Eugenik – der »neue arische Mensch« entstehen sollte, ist vom Willen zur völligen Zeit- und Geschichtsverneinung bestimmt und orientierte sich an archaischen Formen von Souveränität, Herrschaft und Kollektivismus. Aber darin tauchen viele Elemente aus der utopischen Tradition auf – in den eugenischen und stadtplanerischen Vorstellungen beispielsweise –, bis hin zu manchen strukturellen Affinitäten zu Platons Idealstaat. Inbegriffe des Verwirklichungsversuches dieser Gegenutopie waren der Vernichtungskrieg und die Gaskammer.

Aber die enge Verwandtschaft der nationalsozialistischen mit der sowjetkommunistischen Ideologie zeigt sich beileibe nicht nur darin, daß erstere in ihren Zielen todfeindlich auf letztere reagierte, diese also die Grundvoraussetzung für sie selbst war, sondern genauso bei dem Blick auf deren jeweilige strukturelle Bauart. Beide Ideologien haben drei gemeinsame Grundmerkmale, in denen sich ihr spezifisch totalitäres Gepräge zeigt: Beide waren dogmatische, pseudowissenschaftliche Systeme mit dem Anspruch auf Totalerklärung der Wirklichkeit; entwarfen ein Aktionsprogramm zur gewalttätigen Verwirklichung eines diesseitigen Heilsziels für die Eigengruppe, eines Heilziels, das – so die Konstruktion – einem Geschichtsgesetz und ihrem eigentlichen Willen entspreche und sich in Reinform in ihren ›Führern‹ verkörpere; und sie waren auf einem unüberbrückbaren Freund-Feind-Gegensatz errichtet, einer manichäischen Zweiteilung der Welt in Gut und Böse. Die gewaltsame Ausschaltung der jeweiligen Feindgruppe wurde als ein ›notwendiger‹ Akt zur Verwirklichung des Heilsziels der Eigengruppe verstanden. Daraus resultierten dann die Besonderheiten totalitären Terrors als einer historisch neuartigen Form der Gewalt.

Es liegt auf der Hand, daß aus den Erfahrungen mit den totalitären Systemen im Anschluß an die Eindunkelung der Vorstellungswelt durch den Ersten Weltkrieg für das utopische Denken und das Denken über Utopie völlig neue Rahmenbedingungen entstanden. Wichtig wurde in der ersten Hälfte des 20. Jahrhunderts ein neuer Utopietypus, die *negative Utopie*, in der die Grundkonstruktion der klassischen Zeitutopie umgedreht wird: die Zukunft erscheint nicht als Verheißung, sondern als totalitäres Schreckbild. Aber dieses Schreckbild stellt keineswegs nur eine phantastische Überzeichnung von Gegenwartsrealitäten dar. Es enthält zugleich in sich zentrale Topoi aus der klassischen Utopietradition, aber gewendet ins vorbehaltlos Negative. Es ist also zugleich eine radikale Utopiekritik: das totalitäre Schreckbild der negativen Utopie ist ein Produkt der Einsicht, daß die Verwirklichung der Utopie den totalitären Schrecken produziert.

Natürlich ist diese Einsicht bereits im 19. Jahrhundert vielfach vorgeahnt worden, zunächst vornehmlich als Reaktion auf den Terror der Tugend in der Französischen Revolution, und später beispielsweise in Samuel Butlers Roman *Erewhon* (1872), der in der Satiretradition von Jonathan Swift steht. »Erewhon« ist ein Anagramm des Wortes Nowhere und beschreibt ein Land, in dem die Grundsätze der bürgerlichen Gesellschaft konsequent ins Gegenteil verkehrt sind, wo Verbrecher wie Kranke umsorgt, Kranke aber ausgestoßen oder umgebracht, Ungeborene nach Gutdünken abgetrieben, Kirchen wie Banken geführt und »Hochschulen der Unvernunft« gegründet werden.

Aber ein radikal antiutopischer Utopietypus konnte doch erst mit den Erfahrungen des 20. Jahrhunderts dominant werden. Ihn bezeichnen an erster Stelle Jewgenij Samjatins Utopie *Wir* (1920), Aldous Huxleys *Brave New World* (1932) und George Orwells *1984* (1949). Den hier ausgemalten totalitären Schreckenswelten ist dreierlei gemeinsam: sie beruhen wesentlich auf moderner Wissenschaft und Technik, sie versuchen – sei es durch Konditionierung, Menschenzüchtung oder Terror – eine Transformation der Menschen zu ›Nummern‹, und in ihnen ist die Liebe abgeschafft. Aber die Formen, in denen das geschieht, sind doch recht unterschiedlich, so sehr, daß zwei Versionen der negativen Utopie unterscheidbar werden: in der einen – der von Samjatin und Orwell – sind physische Gewalt und Terror bestimmend, während in der anderen, der von Huxley, die ›Natur des Menschen‹ biotechnologisch bereits so weitgehend verändert worden ist, daß ›sanfte‹ Beherrschungsmethoden ausreichen, um die Menschen funktionieren zu lassen, wie sie sollen. In Orwells Welt begegnet uns überall die düstere Atmosphäre des stalinistischen Bolschewismus – *1984* ist auch ein Produkt der Desillusionierung bezüglich des sowjetkommunistischen Experiments. Es ist bekannt, wie sehr sich Orwells Gegnerschaft gegen den Sowjetkommunismus durch seine Erfahrungen im Spanischen Bürgerkrieg und seine Konfrontation mit dem linken und liberalen Philobolschewismus in Großbritannien verfestigt hatte. Für *Animal Farm*, diese geniale Satire über die Entwicklung des bolschewistischen Herrschaftssystems und seiner Schweine-Herrscher, hat er nur mit größter Mühe einen Verlag finden können, und bei *1984* trat als zusätzliches

Hindernis für die Publikation noch die teilweise schwer erträgliche Härte des Inhalts – die Darstellung grausamer Herrschaftsmethoden – hinzu. Wir finden in verfremdeter Form nahezu alles, was im Sowjetkommunismus praktiziert wurde: den Rattenkäfig, die durch Terror erzwungene Bereitschaft zum Verrat eines jeden, auch des Geliebten, das ideologische »Newspeak«, das bereits das Entwickeln eigener Gedanken verhindern soll, die inszenierten Haß- und Begeisterungsveranstaltungen, die permanenten Feinde, die unvermittelten ideologischen Umschwünge und vieles mehr. Auch die bedrückende graue Atmosphäre ewigen Mangels und allgemeiner Schäbigkeit – bei Orwell freilich das Ergebnis systematischer Vernichtung der Überproduktion durch die Partei – ist ähnlich. Nur zum zentralen technischen Überwachungsmittel der Partei, dem »Televisor«, einer Art Fernsehgerät, das nicht nur die Propaganda in den Privatbereich hineinträgt, sondern auch alles, was dort geschieht, an die Gedankenpolizei zurücksendet, gab es im Stalinismus kein Analogon (einzig umfassende, ausgeklügelte Abhörmethoden).

In Huxleys *Brave New World* hingegen haben die Fortschritte der Biotechnologie physischen Zwang und Terror weitgehend überflüssig gemacht. Die Menschen werden künstlich erzeugt, und zwar in genetisch und phänotypisch völlig unterschiedlicher Ausfertigung; in einigen Grundtypen, die das Material für die verschiedenen Kasten, aus denen die Gesellschaft besteht, bilden. Ihre genetische Ausstattung und eine umfassende – bereits ab dem Embryonalalter einsetzende – Konditionierung sorgen dafür, daß sie entsprechend den Kastenerfordernissen funktionieren, ohne dabei größere Frustrationen zu spüren. Gegen die kleineren helfen Pillen, »Feelies«, die allgegenwärtigen »Feel happy!«-Slogans der Unterhaltungsindustrie und schnell erreichbarer, unverbindlicher Sex. Was Familie oder Liebe bedeuten, ist gänzlich unbekannt. Alles ist auf permanenten Konsum ausgerichtet, und es gibt sogar ein Ministerium, das sicherstellen soll, daß der Zeitraum zwischen dem Auftauchen und Verwirklichen von Wünschen immer mehr schrumpft. Ab einem bestimmten Alter werden die Menschen in *Brave New World* sanft in den Tod befördert – den einzelnen bleiben die Leiden des Alters erspart und der Gesellschaft der Anblick derselben. Und die

Krematorien sind so effizient konstruiert, daß sie der Wiederherstellung wichtiger Rohstoffe dienen.

Vergleicht man die beiden Versionen der negativen Utopie, dann wird schnell erkennbar, daß *Brave New World* nach dem Ende des Zeitalters des Totalitarismus die aktuellere Variante darstellt. Wesentliche Züge der westlichen wohlfahrtsstaatlichen Gesellschaften – ihr biotechnologisches Potential, die umfassende Daseinsvorsorge, der Abbau von Leidenschaften, Liebe und Familie durch schnellen Sex, die billigen Glücksverheißungen der Unterhaltungsindustrie, das Ideal allgemeiner Frustrationsfreiheit – sind hier antizipiert. Besonders charakteristisch für unsere westliche Welt aber sind jene Nischen, in denen sich Schlaraffia und Schöne neue Welt vereinigen. Die typischsten dieser Art sind die Pauschalurlaubsdörfer des Massentourismus. In ihren »All inclusive«-Angeboten hat sich – man denke an den mühelosen Transport und die Möglichkeit unbegrenzten Essens und Trinkens den ganzen Tag über – das Schlaraffenland weitgehend verwirklicht, aber die Animateure und die permanente Musikberieselung dort – jene Produzenten einer allgegenwärtigen »Feel-happy!«-Atmosphäre – kommen aus *Brave New World.*

Interessanterweise hat es in der zweiten Hälfte des 20. Jahrhunderts ein Wiederaufleben der positiven Utopie gegeben, das einen manchmal denken läßt, die negative Utopie samt ihrem totalitären Erfahrungshintergrund habe nie existiert. Man kann zwei Tendenzen unterscheiden: eine an die klassische Tradition anknüpfende und eine in den Bahnen des chiliastisch angeheizten Typs. Zu ersterer gehören B. F. Skinners schon erwähnte Utopie *Futurum Zwei*, Ernest Callenbachs *Ökotopia* (1975) und Ursula K. Le Guins *Planet der Habenichtse* (1974), zu letzterer die emphatische Wiederkehr marxistischen Denkens ab den 1960er Jahren und darin an vorderster Front das utopische Denken Ernst Blochs. Thematisch und vom ganzen Denkstil bezeichnet die von Skinner vor dem Hintergrund der atomaren Selbstbedrohung der Menschheit entworfene Utopie einer aggressionslosen, konfliktfreien Gesellschaft – gedacht als Produkt konsequenter Konditionierung des Menschen durch eine Kaste von Sozialingenieuren – die geradlinigste Weiterführung des klassischen Typs, während in *Ökotopia* und in

Planet der Habenichtse als Reaktion auf wohlfahrtsstaatliche Erfahrungen der Übersättigung und im Zusammenhang mit dem neuen ökologischen Krisenbewußtsein postmaterialistische und ökologische Ziele in den Vordergrund traten, die in der Geschichte des utopischen Denkens neu sind und eine durchgehende Verniedlichung der utopischen Ideale bewirken. Man schwärmt für dezentrale Siedlungsformen, Technikabbau und allgemeine Entschleunigung. In Ökotopia sind an die Stelle der Autos von Elektromotoren getriebene Lastwagen getreten, die nicht mehr als 25 km/h auf offener Strecke leisten. Das Fahrrad steht kostenlos jedem zur Verfügung, es wird freiwillig Konsumverzicht praktiziert, man erfreut sich einer freizügigen Sexualität und lebt in Wohngemeinschaften, die die traditionelle Familie ersetzt haben.

Aber nicht von diesen anheimelnden harmlosen Strickstrumpfphantasien, sondern von der Renaissance marxistischen Denkens in den 1960er Jahren ging die Revitalisierung des utopischen Denkens aus; von jener für Deutschland so charakteristischen chiliastischen Utopietradition, die mit ihren dogmatisierten Heilszielen und Gewaltrechtfertigungen die totalitären Ideologien als politische Religionen hervorgebracht hatte. Ihre Leitfiguren wurden Herbert Marcuse mit seiner total-romantischen Kritik am Gegenwartskapitalismus als einem »neuen Faschismus« und vor allem Ernst Bloch, der mit seiner Schwelgerei für messianische Erlösungshoffnungen und seiner Legitimation des stalinistischen Terrors gewissermaßen idealtypisch das Doppelgesicht der modernen politischen Utopie verkörpert. Im deutschen »Roten Jahrzehnt« zwischen 1967 und 1977 erlangten politische Utopien in unterschiedlichen Erscheinungsformen noch einmal Massenwirksamkeit, aber danach kam es zu einer Abkühlung der Gesellschaftsatmosphäre, die nur noch den Entwurf kleinformatiger Entwürfe – beispielsweise als penibel ausgedachte Philosophenhoffnung von »herrschaftsfreier Kommunikation« – zuließ. Die Zeitenwende von 1989 bewirkte zwar zunächst einen Abgesang auf alle hehren Phantasien von einer »neuen Gesellschaft« und einem »neuen Menschen«, aber es gibt doch viele Hinweise darauf, daß derartige Phantasiebedürfnisse weiterglimmen und sich neue Ausdrucksformen suchen.

Blickt man zurück auf die Entwicklung und die drei Erscheinungsformen der politischen Utopie in Europa – als Raum- und Zeitutopie und totalitäre Ideologie –, dann drängt sich der Gedanke auf, daß das utopische Denken im wesentlichen durch zwei Antriebe gespeist wird: durch die Angst vor der menschlichen Triebnatur, die, regressive Bedürfnisse nach totalem Schutz und völliger Harmonie stimulierend, die Phantasie in die öden Bahnen pedantischer sozialtechnischer Tugendentwürfe lenkt, und durch den Überschwang sakraler Erlösungs- und Gewaltwünsche. Beide Antriebe waren in den totalitären Ideologien miteinander verknüpft, und das erklärt, warum sie Anziehungskraft auf ganz unterschiedliche Menschen ausüben konnten, unter denen zwei Typen besonders charakteristisch sind: der glaubenswillige Fanatiker und der kühl berechnende Sozialingenieur, die beide »das Gute« wollen. In den negativen Utopien erscheinen sie manchmal – wie bei O'Brian in *1984* – in einer Person vereinigt, jenen Horror verbreitend, der Jacques Thoreau ausrufen ließ: »Wenn ich sicher wüßte, daß jemand in mein Haus käme mit der festen Absicht, mir Gutes zu tun, würde ich um mein Leben laufen.«

DIE WELTRELIGIONEN UND DIE GEWALT

Zum Kulturkonflikt zwischen islamischer und westlicher Welt

Daß die Frage nach dem Verhältnis der Weltreligionen zur Gewalt eines der brisantesten Gegenwartsthemen geworden ist, ist durch religiös motivierte Gewaltakte in der jüngeren Vergangenheit und ihre beängstigend angestiegene Frequenz unabweisbar geworden. Großes Interesse verdient in diesem Zusammenhang die gelehrte und nur von Gelehrten ganz verstehbare Regensburger Rede des damaligen Papstes Benedikt XVI. im Jahr 2006, in der er Folgen des Glaubensverlustes in der westlichen Welt ansprach, aber auch die Ambivalenz fragloser Glaubensgewißheit in der islamischen. Wenn diese Glaubensgewißheit zum Stachel für Gewalthandlungen im Namen des Glaubens werde, dann werde dessen kostbarster Gehalt negiert, führte das einstige Oberhaupt der katholischen Kirche, dabei auf Ereignisse aus der Geschichte des Mittelalters Bezug nehmend, aus. Wir wissen, welche Reaktionen diese vorsichtige Bemerkung hervorrief. Die Andeutung eines möglicherweise zweideutigen Verhältnisses des Islam zur Gewalt entfachte gewalttätige Massenentrüstungen, die sich zu einem Sturm ausgeweitet hätten, wenn der Papst die drohend von ihm geforderte »Entschuldigung« versagt hätte. Interessant war dabei keineswegs nur, daß die Aktionen die Worte, gegen die sie ankämpften, bestätigten, und der Papst, indem er sich entschuldigte, eben diese Worte – und damit sich selbst – nachträglich ins Zwielicht rückte. Sondern interessant war ebenso, daß von islamischer Seite die eigene aktuelle Gewalt auch in einen Zusammenhang mit christlichen Gewalthandlungen gebracht wurde, die weit zurückliegen, mit den mittelalterlichen Kreuzzügen. Parolen von hohen islamischen Würdenträgern, den Papst als »Kreuzritter« titulierend, machten deutlich, daß das Wort »Kreuzzüge« dort für ein in die Gegenwart hinein verlängertes Täter-Opfer-Schema steht, das ermöglicht, der eigenen Gewalt immer den Charakter einer Reaktion auf eine angeblich primäre Gewalt des Christentums oder des Westens zuzuschreiben und dadurch zu rechtfertigen.

Ein knappes Jahr zuvor, im Herbst 2005, hatte es die gewalttätigen Massenhysterien um die sogenannten Mohammed-Karikaturen gegeben, die wie nach demselben Schema inszeniert abliefen. Auch hier war es an erster Stelle eine Anspielung auf das ungeklärte Verhältnis zur Gewalt im Islam – eine Zeichnung des Propheten mit einer Bombe unter dem Turban –, das als eine derartige »Beleidigung religiöser Gefühle« und »Verhöhnung des Propheten« empfunden wurde, daß Massenproteste, gewalttätige Ausschreitungen und Besetzungen westlicher Botschaften als eine zwar nicht rechtmäßige, aber doch verständliche und tendenziell moralisch legitime Antwort proklamiert wurden. Auch hier wurden »Entschuldigungen« und Einschränkungen der Meinungsfreiheit für Thesen gefordert, deren Angemessenheit sich durch die Ereignisse, die durch sie ausgelöst wurden, erhärteten.

Ereignisse wie die skizzierten erhellen schlaglichtartig die neue Wirklichkeit, die sich nach dem Ende des Kalten Krieges herausbildet und das in ihr schrumpfende Machtgewicht des Westens. Sie muten an wie atmosphärische Vorboten eines großen Krieges, der aus dem kleinen, mit dem sie verknüpft sind, hervorgehen könnte. Als kleinen Krieg muß man die Gewaltaktionen des islamistischen Terrorismus bezeichnen. Es ist ein dezentraler und asymmetrischer Krieg der Dschihadisten gegen die Ungläubigen, ein Terrorkrieg, dessen globale Zielrichtung unübersehbar ist und der auf hohe Sympathie und Unterstützungsbereitschaft in der islamischen Welt – bis in die islamisch bevölkerten Vorstädte im Westen hinein – rechnen kann. Eben das zeigten einmal mehr die Reaktionen auf die Papstrede und den Karikaturenstreit, die Leichtigkeit, mit der Hunderttausende gewaltbereiter Menschen durch religiös-politische Parolen als eine jederzeit einsetzbare Droh- und Erpressungskulisse mobilisierbar sind.

Soweit einleitend ein kurzer Blick auf Phänomene religiös bedingter Gewalt aus der jüngeren Vergangenheit. Wir wechseln nun die Betrachtungsebene und versuchen, uns dem Thema Religion und Gewalt systematisch zu nähern. Dabei soll in einem ersten Schritt sogar das Gewaltthema ausgeklammert und zunächst die grundsätzlichste Frage überhaupt gestellt werden: Was eigentlich ist religiöser Glaube? Diese Frage ist notwendig, denn gerade das viele Gerede über Religion und Glauben, das in jüngerer Zeit zu hören war, hat gezeigt, wie sehr der Begriff der Religion in unserem Kulturkreis an klaren Konturen verloren hat und zu einer beliebig auffüllbaren Projektionsfläche für private Wünsche und Ängste geworden ist. Der Religionsbegriff ist aber nicht subjektiv willkürlich füllbar. Tatsächlich weist der genuin religiöse Glaube einige eindeutig bestimmbare Besonderheiten gegenüber anderen Glaubensformen auf, die beschrieben und in ihrer anthropologischen Bedeutung erläutert werden sollten. Erst danach sollen im Anschluß an Max Weber grundlegende Charakteristika der Weltreligionen und vor allem ihr unterschiedliches Verhältnis zur Gewalt reflektiert werden. Nach diesem Gang durch die Religions- und Gesellschaftsgeschichte werden wir in die Gegenwart zurückkehren, um die vielfältigen Hintergründe für die derzeitige Kraft des Islam zu erläutern und zu begründen versuchen, warum sich die Konflikte zwischen ihm und dem Westen in Zukunft noch verschärfen werden.

Was zeichnet den religiösen Glauben im Vergleich zu anderen Glaubensformen aus? Im folgenden sei – Grundgedanken des Soziologen Heinrich Popitz referierend – eine Charakterisierung versucht anhand einiger Ideen, die in ganz unterschiedlichen Religionen bedeutungsvoll geworden sind und deshalb als typisch für die religiöse Glaubensform gelten können. Vier solcher Grundideen sollen kurz skizziert werden. In vielen Religionen gibt es, *erstens*, die Vorstellung einer beseelten Welt, die Vorstellung, daß sich in der Außenwelt – den Pflanzen, Tieren, Felsen, Sternen – und im menschlichen Körper nicht sichtbare Wesenheiten verbergen, die das Wahrnehmbare vielfältig beeinflussen. Nach dem Tod eines Menschen kann die Seele ihre körperliche Hülle verlassen, um beispielsweise auf eine Toteninsel zu entschwinden oder in den Geistern der Ahnen, die dann Macht über die Gruppe der Lebenden haben können, eine neue Existenz zu gewinnen. *Zweitens* findet man viele Ausprägungen der Idee eines personalen himmlischen Schöpfergottes, der nicht nur als Urheber alles Seienden – der Gestirne, der Erde, der Menschen – gedacht wird, sondern seine Schöpfung auch überwacht, bewahrt und lenkt. Grundmerkmale der Gottesvorstellung sind also dessen überwältigende Macht und seine Kreativität, vergegenständlicht in der Gesamtheit seines Werkes, der Welt. *Drittens* ist – das ist eine der Kernideen hochkultureller Erlösungsreligionen – die Vorstellung der Überwindung des Todes in einer jenseitigen Existenz wesentlich, typischerweise gedacht als Belohnung für die Gerechten und Guten, während den Ungerechten und Bösen göttliche Strafe angedroht wird. Aus der gegenpoligen Struktur dieser Idee – als Verheißung und Drohung – erwächst ihre Kraft zu einer ethischen Durchdringung der gesamten Lebensführung, denn nunmehr steht die göttliche Gunst jederzeit, auch im Alltag, auf dem Spiel. Mit der Überwindung des Todes ist, *viertens*, in ethischen Erlösungsreligionen ein weiteres Heilsziel eng verknüpft, die Überwindung des Leidens, sei es jenseitig oder auch schon im Diesseits.

Deuten lassen sich diese vier religiösen Grundideen – der Glaube an eine beseelte Welt, einen himmlischen Schöpfergott und die Überwindbarkeit von Tod und Leiden – als kreativ-sinnstiftende Antworten des Menschen auf irritierende, verstörende und beängstigende Erfahrungen; und zwar vornehmlich auf die Begegnung mit dem Unheimlichen, die Erfahrung von Ohnmacht, die Gewißheit des Sterbens und die Leidhaftigkeit des Daseins, also auf anthropologische Schlüsselerfahrungen, von denen, so läßt sich mutmaßen, das Todesbewußtsein für die Ausfaltung religiöser Vorstellungen in der Menschheitsgeschichte eine ganz besondere Rolle gespielt haben muß. Das lassen bereits die Bestattungsbräuche der Neandertaler ahnen, die ihrerseits auf Selbstreflexivität und Sprachfähigkeit dieser Menschenart schließen lassen. Wie sehr die Selbstreflexivität und die Sprach- und Vorstellungsfähigkeit des Menschen gerade die Todesvorstellung zu einer Quelle nackter Angst werden lassen kann, die er durch die Idee einer Fortexistenz zu überwinden trachtet, zeigt in einer kaum jemals wieder übertroffenen Eindringlichkeit das babylonische *Gilgamesch*-Epos, eines der frühen großen schriftlichen Zeugnisse der Menschheit.

Jedenfalls leisten religiöse Grundideen eine deutende Verarbeitung verstörender Grunderfahrungen des Menschen, indem sie sie auf ein transzendentes Anderes beziehen, auf eine übersinnliche Wirklichkeit, die als ›eigentliche‹ Wirklichkeit hinter und über der Sphäre des Wahrnehmbaren, diese bestimmend, wirkt. Sinnstiftung durch einen derartigen Transzendenzbezug ist das gemeinsame Grundmerkmal allen religiösen Glaubens. Wenn man nun nach den Prinzipien fragt, die für die Konstruktion solcher Glaubensmuster wichtig sind, dann stößt man sehr bald auf einen bestimmten Typus von Kategorien. Man könnte sie transzendierende Kategorien nennen, weil sie für die Vorstellungskraft wie Brücken zu wirken vermögen, die aus der erfahrbaren Wirklichkeit heraus und in die Sphäre des Transzendenten hinein führen: sie sind erfahrungsgesättigt, besitzen zugleich aber eine Potenz zur Ausweitung ins Erfahrungslose. Beispiele für derartige Brücken sind etwa die Kategorien des Unsichtbaren oder des Übermächtigen. In ihnen bündeln sich handfeste Erfahrungen – verstörend-ängstigende Erfahrungen in der Dunkelheit beispielsweise oder die Hilflosigkeit des Menschen gegenüber den Naturgewalten –, die aber plausibel ins Transzendente steigerbar sind: die Kategorie des Übermächtigen in die Idee einer göttlichen Allmacht oder die Kategorie des Unsichtbaren zur Vorstellung einer beseelten Welt.

Begreift man die Kreation religiöser Ideen nach diesem Muster, dann wird deutlich, daß die weitverbreitete These, der religiöse Glaube sei ein Produkt anthropomorpher Projektionen, ein Spiegel von menschlichen Wahrnehmungserfahrungen, nur sehr eingeschränkt gelten kann. Denn tatsächlich beruhen ja die Selbstauslegungen, zu denen der Mensch in seinen religiösen Ideen gelangt, auf einer Selbstüberschreitung; auf dem Entwurf einer Gedankenwirklichkeit, die gerade kein pures Spiegelbild seiner eigenen Wirklichkeit, seines ›Ist‹ ist, sondern neuartig, ein transzendentes, durch autochthone Gesetze bestimmtes Gegenüber. Die Geister und Götter, die in der Sphäre religiöser Transzendenz agieren, entspringen nicht menschlicher Wahrnehmung, sondern der kreativen Vorstellungskraft. Somit kristallisiert sich in religiösen Ideen die spekulative Phantasie des Menschen, seine Begabung zum vorstellenden Eindringen in Verborgenes. Freilich hat auch die Rede von der anthropomorphen Projektion eine gewisse Richtigkeit. Schaut man nämlich auf die logische Struktur, durch die in der Welt des Religiösen Geschehnisse miteinander verknüpft sind, dann erkennt man schnell, daß hier durchgehend das Vorbild der menschlichen Handlungslogik wirksam geworden ist: Was geschieht – auch und gerade in der Natur –, hat im Willen übersinnlicher Mächte seine Ursache, hat einen Anlaß, eine Absicht und ein Ziel. Bestimmend ist im religiösen Glauben also eine Denkform, die mit der Entwicklung der Naturwissenschaften obsolet geworden ist.

Schließlich sei noch auf ein interessantes Merkmal hingewiesen, dem man bei diesen Ideen oft begegnet: ihre Aufspaltung in inhaltlich-emotionale Gegenpole. Unter ihnen fällt, wie besonders Rudolf Otto und Roger Caillois gezeigt haben, ein Gegensatzpaar besonders auf: der zugleich anziehende und schreckenerregende Charakter des Heiligen. Daß das Heilige häufig als *fascinans* – als Güte, Liebe oder auch dionysischer Rausch –, aber auch als *tremendum* – den Menschen durch seine Macht blendend und unerbittlich strafend – erfahren wird, hat wohl seinen Hauptgrund darin, daß religiöse Ideen zwar Angsterfahrungen des Menschen kanalisieren, aber nicht aus der Welt schaffen können. Die religiöse Sinnstiftung nimmt Angst, aber erzeugt auch neue: Wer an Gott glaubt, hat diffuse menschliche Angstquellen eingegrenzt und damit zugleich umgeformt, zu Furcht, Gottesfurcht.

Für den westlichen Menschen, der religiösen Glauben heute häufig als ein rein spirituelles Phänomen begreift, muß zuletzt noch ein Charakteristikum besonders hervorgehoben werden: daß religiöser Glaube nie Nur-Glaube ist, sondern immer auch bestimmte kollektiv fixierte soziale Praktiken einschließt, Gruppenrituale, Opfer, Gebete, Bußen, symbolische Darstellungen, in denen eine Beziehung zu den transzendenten Mächten gesucht wird. Durch die sozialen Bekräftigungen in derartigen Ritualen erfährt sich eine Gruppe – möglicherweise in scharfer Entgegensetzung zu anderen – als Glaubenseinheit, und nur in derartigen Praktiken erhält sie den Glauben, der sie vereinigt. Ein religiöser Glaube ohne kollektive Rituale ist nicht vorstellbar, und wenn die Rituale verfallen, verfällt auch der Glaube.

Soweit die Skizze der religiösen Glaubensform. Daß und warum diese Glaubensform für den westlichen intellektuellen Menschen heutzutage genuin nicht mehr erfahrbar ist – allerhöchstens in verwässerten Derivaten –, soll später ausgeführt werden. Zunächst aber noch einige sehr allgemeine vergleichende Bemerkungen zu den großen hochkulturellen Religionen, an deren Ende sich ein erster Gesichtspunkt für unser Hauptthema, die Beziehung zwischen religiösem Glauben und Gewalt, herauskristallisieren wird.

Wir wissen, daß die großen Religionen im Ausgang von ihren Transzendenz- und Heilsideen die Gesellschaften, in denen sie herrschten, tiefgehend geprägt haben. Dazu drei Hinweise, wie derartige soziokulturelle Prägungen zustande kommen: Der erste betrifft die Wirkkraft religiös gespeister sozialer Normierungen, von Konstruktionen des Gebotenen und Verbotenen, die ihre modellierende Kraft regelmäßig auch im Bereich der Alltagsordnungen, etwa der Geschlechterbeziehungen, entfalten und sogar das menschliche Wahrnehmungssystem kulturspezifisch formen können. Zum Beispiel begründen soziale Normierungen mit religiösem Hintergrund immer auch bestimmte Stile des Sehens und Hörens. Man denke nur an die Auswirkungen, die das Gebot zum demütigen Niederschlagen der Augen in bestimmten Situationen hat, an die Formung des erotischen Blicks durch die Verhüllung der Frau, an die Folgen für das künstlerische Sehen durch religiös bestimmte Farbsymboliken, an die Sakralisierung des Lichts usw.

Soziokulturelle Formung findet aber nicht nur über manifeste soziale Normierungen statt. Mindestens genauso wichtig sind religiös inspirierte Leitbilder, die sich tief in eine Kultur, ihren gesamten Habitus prägend, eingraben können. Jede Religion hat einen Grundstock von Kernideen, die in der geschichtlichen Entwicklung zwar immer, aber nie beliebig uminterpretiert werden können. Diese Kernideen begründen kulturell unterschiedliche Präferenzen und Verwerfungen – von sozialen Handlungstypen bis hin zu künstlerischen Ausdrucksformen –, die sich immer auch in Archetypen mit besonderem Vorbildcharakter herauskristallisieren, zum Beispiel in der Figur des Glaubenskriegers im Islam oder des Mönchs im Christentum. So wird, wie am umfassendsten Max Weber aufgezeigt hat, Kulturen durch Religion ein bestimmtes Profil gegeben, eine spezifische Ausrichtung in allen sozialen Feldern, die Jahrtausende wirksam bleiben kann. Während das Christentum – besonders im mittelalterlichen Kloster und bestimmten Formen des Protestantismus – aktiv-weltverändernde Orientierungen gefördert hat, war für die asiatischen Hochreligionen eher die Kultivierung kontemplativ-weltflüchtiger Haltungen charakteristisch.

Soziokulturell formend haben die meisten der großen Religionen aber noch in einer dritten Hinsicht gewirkt, nämlich durch die Begründung gestufter Ethiken, einer Ethik für den Normalmenschen und einer für besondere religiöse Virtuosen. Letztere leben in Sozialbeziehungen außeralltäglicher Art – z. B. als Anachoreten oder in der totalen Institution des Klosters. Ihr Leben wird durch rigorose Askeseforderungen bestimmt, die eine besondere Nähe zum Heiligen erfahrbar machen sollen. Welcher Art die formative Kraft einer Religion ist, zeigt sich nicht zuletzt an ihrer Ethik für die religiösen Virtuosen.

Schaut man auf die Heilsziele und Sinnstrukturen der großen Religionen, dann bietet sich in einem ersten Schritt eine Unterteilung in die drei monotheistischen einerseits und die ostasiatischen, den Hinduismus, Buddhismus und die chinesischen Religionen, andererseits. Je mehr man im Abendland in den letzten zwei Jahrhunderten in die Struktur der ostasiatischen Religionen eindrang – in ihre Deutungen der Welt, Heilsziele und Erlösungstechniken –, desto mehr wuchs der Respekt, und in der Tat sind sie in mancher Hinsicht intellektuell anspruchsvoller, weniger widersprüchlich, aber vor allem friedfertiger als die monotheistischen. Was sie inhaltlich eint, ist ihre Vorstellung von der Welt als eines ewig Gegebenen, nicht einer Schöpfung. Nicht ein linearer Zeitbegriff – vom Anfang der Schöpfung bis zu ihrem Ende – dominiert, sondern, im Hinduismus und dem aus ihm hervorgegangenen Buddhismus, die großartige Idee der ewigen Kreisläufe, die das Leben bestimmen; das Leben des Einzelwesens – für das die Lehre vom Karma, der Vergeltungskausalität und der Seelenwanderung gilt –, aber auch die Welt als ganze, worauf die Lehre von der zyklischen Wiederkehr guter und schlechter Weltalter ausgerichtet ist. Das Heilsziel, das dann Buddha in seiner Lehre vom achtfachen Pfad entwarf, das Ausscheiden aus dem unheilvollen Kreislauf des Samsara und das Eintauchen in einen von allen Daseinsbezügen befreiten spirituellen Zustand leidlos-weltloser Verklärung, das Nirvana, mag nicht nach jedermanns Geschmack sein, aber es leuchtet sicher unmittelbar ein, daß in derartigen asketisch-weltflüchtigen Heilsvorstellungen kein Potential für religiös inspirierte Gewaltausübung steckt. Damit nähern wir uns dem zentralen Punkt: Die ostasiatischen Religionen sind nicht nur ungleich toleranter als diejenigen der geschichtlichen Gottesoffenbarung – sie formulieren keinen Ausschließlichkeitsanspruch und kennen weder die Figur des Religionsfeindes noch das Postulat gewaltsamer Missionierung –, sondern es gibt in ihnen auch Lehren, die von einem höher entwickelten Ethos des Gewaltverzichts zeugen. Im Hinduismus werden Tiere in Gewaltverbote eingeschlossen, während sie in der jüdisch-christlich-islamischen Auffassung nur den Zwecken des Menschen zu dienen haben.

Das Judentum ist der Urgrund des Christentums und der Islam eine Tochterreligion dieser beiden, und alle drei haben sich gegenseitig durchgängig in wechselnder Intensität bekämpft. Der Gott Israels, Jahwe, der als Gott des Alten Testaments dann auch zum Gott des Christentums wurde, steht also an erster Stelle. Was hat es mit ihm auf sich? Während in den Hochkulturen Ägyptens und Babyloniens die Gottheiten zum Bild gemacht, als Kunstwerke in die Welt gestellt wurden – also Transzendenz im Diesseits erschien –, ist Jahwe unsichtbar, und das unterscheidet ihn auch von der kurzzeitigen ägyptischen Vorform des Monotheismus im Echnaton-Kult, der der Monotheismus eines sichtbaren Dings, nämlich der Sonne selbst, war. Trotz seiner prinzipiellen Unsichtbarkeit ›erscheint‹ Jahwe aber auch manchmal – als Stimme, brennender Dornbusch oder blendend strahlendes Licht –, schreckenerregend und faszinierend. Im Gegensatz zu den Hochkulturen ist er ein Gott ohne Mythos, er, der alleinige Schöpfer des Seins aus dem Nichts, die Natur durch sein Machtwort beherrschend, ist selber ungeschaffen, einsam, unbeweibt, kinderlos. Er hat zwar, wegen seiner Unsichtbarkeit, die Eigenschaft unendlicher Ferne, durch die er erst allgegenwärtig und in einer ganz neuartigen Weise individuell verinnerlicht werden kann, aber trotz dieser unermeßlichen Distanz zum Menschen ist Jahwe rachsüchtig, extrem gewalttätig, die Gebiete der Götzenanbeter mit heiligen Kriegen, Katastrophen und – anders läßt es sich nicht ausdrücken – Genoziden überziehend. Hören wir einige Sätze aus dem Lied des Moses gegen Ende des Deuteronomiums, das eine Rede Jahwes wiedergibt, die ein wahrer Kriegsgesang ist: »Jetzt seht: Ich bin es, nur ich, und kein Gott tritt mir entgegen. Ich bin es, der tötet und der lebendig macht. … Meine Pfeile mache ich trunken von Blut, während mein Schwert sich ins Fleisch frißt – trunken vom Blut Erschlagener und Gefangener, ins Fleisch der höchsten feindlichen Fürsten.« (5.

Moses, 32) Und im Buch Josua 10 heißt es über einen Krieg der Israeliten, in dem ihnen Jahwe die Hand führte, mit ermüdender Eintönigkeit: »Josua nahm Makkeda ... niemand ließ er entkommen ... Libna ... niemand ließ er entkommen ... Lachisch ... er erschlug alles, was darin lebte, mit scharfem Schwert ... Geser ... ließ niemanden übrig ... Eglon ... Alles, was in ihr lebte, weihte man noch am gleichen Tage dem Untergang.«

Es ist nicht verwunderlich, daß dieser Charakterzug Jahwes, seine aus seiner Einzigkeit entspringende Allfeindschaft und Gewalttätigkeit nach außen – gegen diejenigen, die ihm nicht anhängen – später, in der europäischen Aufklärung, z. B. bei Voltaire, Anstoß und Empörung erregen mußte. Anfangs ist Jahwe nur der partikularistische Gott des Volkes, das er sich auserwählt hat und mit dem er einen Bund schließt und das er immer wieder für den Abfall von ihm schrecklich straft. Aber er wird dann in der Lehre mancher Propheten zum allmächtigen Herrn, der, einen hochentwickelten ethischen Universalismus postulierend, nicht nur die Geschichte seines erwählten Volkes verheißungsgemäß führt, sondern den ganzen Weltlauf nach seinem Willen lenkt.

Im Judentum ist die Heilserwartung das wesentliche Charakteristikum: eine diesseitige messianische Erlösung als kollektive Befreiung vom Leid des jüdischen Volkes, während in den beiden anderen monotheistischen Religionen die jenseitige Heilsvorstellung und die furchterregende Idee eines Jüngsten Gerichts vor Gottes Thron bestimmend wurde, das die auferstandene Menschheit in zwei Gruppen, Erlöste und Verdammte, teilt. Durch seine Beziehung zu Jahwe hat das Judentum durch Selbstabgrenzung gegen die anderen Völker als eine seiner selbst bewußte Einheit jahrtausendelang überlebt, aber es war eben auch diese Beziehung, die dieses Volk zum Objekt einer nicht abreißenden Kette von Verfolgungen machte.

Im Christentum ist eigentlich nicht Gott, sondern Jesus als »Gottes Sohn« – eine Vorstellung, die weder von Juden noch Muslimen recht verstanden wird und das Christentum als Mysterienreligion erscheinen läßt – die zentrale Bezugsgröße. Und schon in Jesus finden sich jene zwei Strömungen verkörpert, die die ganze Geschichte des Christentums prägen: einerseits die aus dem Ausschließlichkeitsanspruch stammende Feindschaft gegen die Andersgläubigen, denen mit dem Schwert gedroht wird, und andererseits, exemplarisch in der Bergpredigt, die liebende Zugewandtheit zu allem, was Menschenantlitz trägt.

Im Islam, der von seiner Grundstruktur her einfachsten der drei großen monotheistischen Religionen, ist die strikte Abgrenzung gegen die Andersgläubigen als Ungläubige, das Postulat gerechter Gewalt und der Gedanke einer tendenziell weltweiten gewaltsamen Missionierung, der heilige Krieg, bereits in der Lehre des Religionsstifters formuliert. Durch den Mund seines Propheten verkündet Allah in vielfachen Variationen: »In die Herzen der Ungläubigen will ich Furcht bringen«, und er fordert: »Haut ihnen die Köpfe ab«, »tötet sie, wo ihr sie trefft, verjagt sie, von wo sie euch vertrieben«, und er macht den Gläubigen zur Pflicht, diesen Kampf zu führen, »bis alle Versuchung aufhört und die Religion Allahs allgemein verbreitet ist«. Die vollkommen unzweideutige kriegerische Militanz des Islam hat einen einfachen Grund, der für das Verständnis dieser Religion zentral ist, aber – wie später noch deutlicher werden wird – gegenwärtig im Westen in seiner ganzen Tragweite nur selten voll begriffen wird: Von Anfang an hat sich der Islam als eine *politische Religion* verstanden, mit Anspruch der Formung auch des Staates nach ihren Grundsätzen, und genau dieses Merkmal personifiziert der Begründer: Der Prophet war Religionsgründer, weltlicher Herrscher und Kriegsfürst in einem, und er hat nie einen Zweifel daran gelassen, daß es der Glaubenskrieger ist, den er unter allen seinen Anhängern am höchsten schätzt. »Hält sich«, sagt Mohammed, »jemand in der Schlachtreihe auf, sofern das für Allahs Sache geschieht, so ist das besser, als wenn er 70 Jahre lang Allah diente«. Und er verspricht: »Die, welche geglaubt und für die Religion Allahs ihr Vaterland verlassen und mit ihrem Vermögen und Leben für sie gekämpft haben, diese erhalten eine hohe Stufe der Glückseligkeit bei Allah.«

Daraus ist dann später der islamische Märtyrerbegriff hervorgegangen, der sich vom christlichen fundamental unterscheidet. Während der christliche Märtyrer für seinen Glauben passiv Folter und Tod erleidet, ist der islamische ein todesbereiter Kämpfer, dem die höchsten Belohnungen im Paradies sicher sind. Es war wesentlich die kämpferische Todesbereitschaft seiner Krieger, die die Expansion des Islam ermöglichte und islamischen Heeren sehr oft eine Überlegenheit gegenüber christlichen gab. Der christliche Krieger konnte sich seines jenseitigen Lohnes nie so sicher sein wie der islamische. Max Weber und Elias Canetti haben aus diesen Gründen den Islam als eine Kriegs- und Kriegerreligion bezeichnet, und Weber schreibt treffend, daß der »weltunterwerfende Krieger« der »ideale Glaubensträger« des Islam sei. Übrigens läßt sich am Islam auch besonders gut zeigen, welche religiöse Prägekraft biographische Zufallserfahrungen von Religionsstiftern entfalten können. Der Prophet, der ja alle entscheidenden religiösen Anregungen aus dem Juden- und Christentum bezog und diesen Glaubensgemeinschaften eine sie über die Ungläubigen heraushebende Rolle als »Schriftbesitzer« zuwies, entwickelte nach theologischen Streitereien mit Juden und der Auseinandersetzung mit einem jüdischen Stamm, den er in einem genozidalen Akt auf dem Marktplatz von Medina ausrotten ließ, ein besonders negatives Judenbild, das ein Sonderverhältnis der Muslime zu den Juden präformierte und sich als auslegungsoffen für unterschiedliche Konkretisierungen erwies, für handfeste Feindschaft oder jene Form des metaphysischen Antisemitismus, die uns im modernen Islamismus entgegentritt.

Zusammenfassend läßt sich sagen: Intoleranz und missionarische Gewaltbereitschaft gegen Andersgläubige – den potentiellen Religionsfeind – schlummern als logische Imperative in der Struktur des universalistischen Monotheismus selbst, und auch deshalb lassen sich seine drei Varianten einer Gruppe, nämlich der Gruppe der »Ausschließlichkeitsreligionen« (Karl Jaspers), zuordnen. Entsprechend war die Geschichte von Christentum und Islam: einerseits die überwältigenden kulturellen Leistungen, andererseits als dunkle Rückseite eine Geschichte nicht abreißender Gewalt. Die islamische Expansion, basierend auf der Grundunterscheidung zwischen einem islamischen »Gebiet des Friedens« und einem »dar-al-hab«, einem »Gebiet des Krieges«, das alle nichtislamischen umschließt, war im wesentlichen gewaltvermittelt, mit sich über die Zeiten hinweg überall erstaunlich gleichbleibenden Mustern gewalttätiger Unterwerfung. Dabei galt nach islamischem Recht, daß mit Herrschern aus dem »Gebiet des Krieges« nie ein substanzieller Frieden, sondern immer nur kurzfristige Waffenstillstände möglich sind; und die unterworfenen Andersgläubigen wurden entweder massakriert, zwangsbekehrt oder sie wurden – so die Angehörigen der sogenannten Buchreligionen, die Juden und Christen – zu sogenannten »Dhimmis« erklärt, zu weitgehend rechtlosen, gedemütigten Bürgern zweiter Klasse, die in beständiger Unsicherheit vor gewalttätiger Verfolgung lebten. Daß die Rede von der Toleranz im muslimischen Spanien – ein zentraler Topos im gegenwärtigen sogenannten »interkulturellen Dialog« – weitgehend Legende ist, hat die neuere Forschung nachgewiesen.

Das Christentum hat in mindestens fünf Grundformen religiös motivierter Gewalt seine Blutspuren in der Geschichte hinterlassen: im Religionskrieg gegen die Ungläubigen, dem »Kreuzzug«; in den Judenpogromen; in der Vernichtung von Ketzern und Häretikern, und zwar nicht nur einzelner Personen, sondern, bis zur vollständigen Ausrottung, großer Sekten wie der Katharer; in dem durch chiliastische und millennaristische Abweichlerbewegungen selbst ausgeübten Terror, wie der Diktatur der Wiedertäufer in Münster 1530, einer Vorform des Totalitarismus, durch Terrorisierung und Tötung großer Teile der eigenen, vor allem weiblichen Bevölkerung, der man in den wahnhaften Hexenverfolgungen Verbindungen – natürlich sexueller Art – zum Teufel unterstellte, und schließlich, nach der großen Spaltung des christlichen Glaubens im Zeitalter der Reformation, im Krieg der Konfessionen gegeneinander, der in den Schrecken des Dreißigjährigen Krieges kulminierte, aus dem der moderne Staat entstand und der Gedanke der Toleranz hervorwuchs.

Der Bedeutungsverlust des Religiösen in Europa ist Teil eines langen, bis ins Mittelalter zurückreichenden universalgeschichtlich einzigartigen Prozesses, den am treffendsten Max Webers Begriff der »okzidentalen Rationalisierung« bezeichnet. Der Begriff umschließt sehr verschiedene Dimensionen, von denen vier besonders hervorgehoben seien. *Erstens* sei auf eine institutionelle Dimension hingewiesen. In Europa gab es immer, auch im Mittelalter, die Differenz und das spannungsvolle Mit- und Gegeneinander weltlicher und kirchlicher Machtzentren, und diese Differenz hat sich dann im modernen Staat, der aus den Glaubenskriegen entstand, zu einer klaren Trennung ausgeformt: Staatliche Macht und staatliches Recht werden von der Religion geschieden und deren Geltungsbereich auf die Privatsphäre eingegrenzt. Warum derartige Trennungen Gewalt- und Bürgerkriegspotentiale reduzieren, hat am eindrucksvollsten Thomas Hobbes im *Leviathan* begründet. Jedenfalls sind in Europa der moderne Pluralismus und die Toleranz in einem System der produktiven strukturellen Differenzen gewachsen, dessen Wurzeln im Mittelalter liegen. *Zweitens* bezeichnet der Begriff der »okzidentalen Rationalisierung« einen geistig-intellektuellen Prozeß mit der Entfaltung modern-wissenschaftlichen Denkens als Kern. »Entzauberung der Welt« durch Wissenschaft, Aufklärung und Säkularisierung benennen Aspekte dieser Entwicklung. Am wichtigsten für den Entzauberungsprozeß der Religion in Europa war – noch vor der Aufklärung im engeren Sinn – die Konstitution der naturwissenschaftlichen Denkform im 16. und 17. Jahrhundert. Sie überwand substanzlogische und teleologische Kausalitätsvorstellungen und begründete ein funktional-relationales Natur- und Kausalitätsverständnis, das mit dem religiösen Transzendenzbegriff unvereinbar ist. Natur wird nicht mehr subjekthaft, sondern sinnfrei als Materie verstanden, und physikalische Vorgänge werden aus ihrem immanenten gesetzlichen Zusammenhang erklärt, als Zustandsänderungen eines Systems. Das war die wichtigste Voraussetzung für die neuzeitliche Überwindung des theozentrischen durch ein anthropozentrisches Weltbild, das seinerseits ein ganz neuartiges innerweltliches Könnensbewußtsein in Europa begründete. In ihm spielte die Idee der selbstbestimmten Humanisierung menschlicher Lebensverhältnisse eine große Rolle. *Drittens* – und für die Situation der Gegenwart vielleicht sogar bedeutsamsten – ist mit der »okzidentalen Rationalisierung« die Entfaltung eines bestimmten geistigen Habitus zu verstehen: die Fähigkeit zur kritischen kulturellen Selbstreflexion und Selbstrelativierung, die ihrerseits, *viertens*, mit dem europäischen Individualismus verschwistert ist.

Beides – die Fähigkeit zur kritischen Reflexion des Eigenen und der Individualismus – existiert bis heute zumal in der islamischen Kultur kaum. Hier dominiert ein starres, affirmatives Selbst- und Weltverhältnis, das aus der unbezweifelten alleinigen Gültigkeit des Koran als »heiliger Schrift« resultiert. Die Deutung der Wirklichkeit leitet sich in um sich kreisender und fixierender Selbstaffirmation aus dem ständigen Gedächtnis an die idealisierte Urgemeinde des Propheten in Medina ab. Sie ist unwandelbares Vorbild und die Quelle, aus der sich die Vorstellung der Geschichte als islamischer Geschichte und somit Heilsgeschichte speist. Der Auftrag zur Expansion des eigenen Glaubens – auch durch Gewalt – ist integraler Bestandteil dieser sakral-historischen Verortung, wobei die Expansion nicht in Einzeljahren gedacht wird, sondern in Jahrzehnten und Jahrhunderten. An einem derartigen sakral abgestützten affirmativen Selbst- und Weltverhältnis prallt Kritik von außen wie von einem Panzer ab. Sie wird als beleidigende Zumutung empfunden und schnell mit Impulsen zu jenen gewalttätigen Reaktionen beantwortet, die wir in jüngerer Vergangenheit kennengelernt haben. Auch die Gruppengebundenheit des Einzelnen, die sich im Islam im gemeinsamen Ritus vor allem des Freitagsgebets immer wieder machtvoll bekräftigt und sich vom europäischen Individualismus grundlegend unterscheidet, fördert die Selbstaffirmation und erschwert den kritischen Blick aufs Eigene. Während in Europa der Mensch als ein sich primär durch sich selbst definierendes und nur sich selbst verantwortliches Wesen gedacht wird, wird er in anderen Kulturkreisen viel stärker als Gruppenwesen definiert. Im Islam ist er an erster Stelle ein Mitglied der »Umma«, der Gemeinschaft aller Gläubigen, die bestimmt, was er ist, und die er, bei Todesstrafe, nicht verlassen kann. Mit dem westlichen Menschenrechtsuniversalismus, der auf einem individualistischen Menschenbild basiert, sind derartige Anbindungen des Einzelnen nicht vereinbar. Oft werden dessen Postulate noch nicht einmal verstanden.

Als Resümee läßt sich festhalten: Es waren vier Komponenten des okzidentalen Rationalismus – institutionelle Trennung von Religion und Staat, Naturwissenschaft, Individualismus und der Geist kritischer Selbstreflexion –, die in Europa die religiöse Glaubensform aufgeweicht und dadurch toleranzfähig gemacht haben. Erst als Schrumpfform des Religiösen verlor in Europa die Religion ihren gewalttätigen Stachel.

Nun hat es hier freilich andere – und für unser Thema zentrale – Phänomene gegeben, in denen religiöse Glaubensmuster weiterwirkten und Gewalt inspirierten. Gemeint sind die totalitären Bewegungen und Systeme, die dem 20. Jahrhundert so sehr ihren Stempel aufgedrückt haben, daß man es das Zeitalter des Totalitarismus nennen sollte. Man hat die Ideologien beider Großtotalitarismen – der kommunistischen und nationalsozialistischen – zu Recht als *politische Religionen* bezeichnet, weil sich in ihnen in merkwürdiger Weise modern-wissenschaftliche Orientierungen samt einem ins Hypertrophe gesteigerten menschlichen Könnensbewußtsein und alte religiöse Heilsmuster vereinigten.

Das läßt sich gut an jenen drei Grundmerkmalen demonstrieren, die wir an anderer Stelle schon angeführt haben: Kommunistische und nationalsozialistische Ideologie versuchten *erstens* mit dogmatischer Pseudowissenschaftlichkeit eine Totalerklärung der Wirklichkeit; und sie formulierten, *zweitens*, ein Aktionsprogramm zur gewalttätigen Verwirklichung eines diesseitigen, innerweltlichen Heilsziels für die Eigengruppe. Dieses Heilsziel, so die ideologische Prämisse, entspreche sowohl einem Geschichtsgesetz als auch dem Willen des eigenen Kollektivs, der sich in den Führern der Bewegungen verkörpere. Diese Konstruktion – die Identifikation des Führerwillens mit dem Volkswillen – bestimmte nicht nur die Propagandaschlagworte, sie fand ihren sinnfälligsten Ausdruck auch in den Massenkulten beider Diktaturen, die teilweise bis ins Detail Formelemente aus der christlichen Liturgie übernahmen. Trotz ihrer unterschiedlichen Symbolik waren die Massenkulte dieser totalitären Systeme sehr formähnlich, und sie sollten in ihren Menschenarchitekturen das Idealbild der perfekten Einheit von Führer- und Volkswillen überdimensional repräsentieren. Eines ihrer Hauptelemente waren ritualisierte Bekundungen der Opferbereitschaft, die das Opfer für die Diktatoren als Opfer für das Kollektiv und die Erreichung seines geschichtlichen Heilszieles erscheinen lassen sollte. Und *drittens* propagierten beide Ideologien einen unversöhnlichen Freund-Feind-Gegensatz, nach dem alten Schema der manichäischen Zweiteilung der Welt in Gut und Böse, die sich von früheren Freund-Feind-Lehren dadurch unterschied, daß hier die Feindgruppen als Träger ›objektiv feindlicher‹ Eigenschaftsbündel ideologisch deduziert wurden, deren Tun nicht Ergebnis eines bösen Wollens, sondern ihres sozialen oder biologischen Seins sei. Die gewalttätige Ausschaltung dieser Feindgruppen wurde ideologisch also als »objektive Notwendigkeit« postuliert, als objektive Voraussetzung zur Verwirklichung des geschichtlich vorgegebenen Heilsziels der Eigengruppe. Hervorzuheben ist, daß die Heilszielkonstruktionen beider Totalitarismen eine universale Ausrichtung besaßen, daß also in ihnen auch Antriebskräfte für einen neuartigen Typus von Krieg steckten. Der messianisch-gewalttätige Charakter des leninistisch-stalinistischen Kommunismus wird am besten durch die Bezeichnung »Welterlösungslehre« verdeutlicht, der des Nationalsozialismus durch »Weltheilungslehre«. Beide waren *politische Religionen*, doch anthropozentrisch ausgerichtet, im Gegensatz zum Islam, der mit seinem theozentrischen Weltbild dem Begriff erst voll gerecht wird.

Nach dem Ende des Zeitalters des Totalitarismus im Jahre 1989, das durch genuin westliche Ideologien bestimmt wurde, entstand eine völlig neue weltpolitische Situation mit tiefgreifenden Wandlungen der internationalen Kräfteverhältnisse. Die bipolare Ordnung des Kalten Krieges wandelte sich zu einem – noch nicht exakt bestimmbaren – multipolaren Gefüge mit einer Supermacht an der Spitze, in dem Staaten und Gebiete, die früher nur Objekte westlicher Machtinteressen waren und die man als dritte Welt bezeichnete, zu selbstbewußten und mächtigen Akteuren – auch gegen den Westen – emporwachsen. In diesen Wandlungsprozessen aber treten kulturelle Differenzen, die im Kalten Krieg durch die westlichen Ideologien des Kommunismus und der liberalen Demokratie überdeckt waren, nun scharfkantig hervor und werden ihrerseits, durch Stiftung neuartiger kollektiver Identitäten, zu einem Movens globaler Neuordnung. Das hat bisher am überzeugendsten Samuel P. Huntington in seinem tiefgründigen Buch über den *Kampf der Kulturen* beschrieben – von dem bei uns leider die meisten nur den Titel, reduziert auf ein polemisches Schlagwort, kennen. Diese Profilierung kultureller Differenzen, der selbstbewußte Bezug aufs Eigene, geschieht korrelativ zur sogenannten Globalisierung, der engeren Vernetzung der Welt, gewissermaßen als Gegenströmung zu ihren egalisierenden Konsequenzen; und da Religionen das wichtigste prägende Medium von Kulturen – teils über Jahrtausende hinweg – waren, wird nunmehr die Religion wieder zu einem kulturell und politisch vitalen Faktor. Das gilt an erster Stelle für die islamische Welt in ihrem Verhältnis zum Westen, der ehemals christlichen Welt. Gegnerisch und gewalttätig war dieses Verhältnis immer – also seit rund 1350 Jahren –, und dabei hat sich Europa einige Male nur ganz knapp der islamischen Eroberung entziehen können, die seine kostbare kulturelle Vielfalt zerstört hätte.

In der Gegenwart ist dieses Verhältnis deswegen besonders kompliziert, weil auf islamischer Seite dreierlei bestimmend ins Spiel kommt: *erstens* die Erfahrung der Demütigung durch die westliche Übermacht in den Jahrhunderten der Kolonialisierung, komplettiert durch die Erfahrung technischer Unterlegenheit heute, *zweitens* das rasante Bevölkerungswachstum, also die Macht der Demographie und der Migrationsströme, die dazu führen wird, daß um 2030 ein Drittel der Weltbevölkerung islamisch sein wird, mit einer ganz anderen Altersstruktur als die schrumpfende und alternde Bevölkerung im Westen, einer Altersstruktur mit einem überproportional hohen Anteil unterbeschäftigter und deshalb gewaltbereiter junger Männer, und *drittens* ein durch die Religion gespeistes kulturelles Überlegenheitsgefühl, das die kritische Selbstreflexion blockiert und kollektive paranoide Denkmuster, die dem Westen alle Schuld an den eigenen Gegenwartsübeln anlasten, fördert.

Was erklärt diese Macht der Religion? Zunächst ist noch einmal zu unterstreichen, daß es im Islam die Prozesse, die den Bedeutungswandel und -verlust der Religion im Westen zur Folge hatten – Trennung von Staat und Religion, naturwissenschaftliche Denkform, Entstehung eines Habitus kritischer Selbstreflexion und Individualisierung – nicht oder nur in Ansätzen gegeben hat. Die islamische Glaubensgewißheit ist nie von innen nachhaltig in Frage gestellt worden, sondern nur von außen, durch den Westen. Aber der hat im globalen Maßstab kontinuierlich an Macht verloren und fungiert nach dem Zusammenbruch seiner großen Ideologien immer weniger als Vorbild. Weiterhin kann nicht oft genug auf jenes Merkmal hingewiesen werden, das den Islam von allen anderen Weltreligionen qualitativ unterscheidet: daß er wesentlich, seit seiner Entstehung, eine *politische Religion* ist, und zwar so sehr, daß er seine Eigenständigkeit als Religion weitgehend verlieren würde, wenn man ihm die politische Dimension abschnitte. Allein dies läßt alle Träume von einem »Euroislam« als wenig realistisch erscheinen und ist zumeist auch den wohlmeinenden westlichen Adepten des »interkulturellen Dialogs« in seiner ganzen Tragweite nicht bewußt.

Frömmigkeit im Islam erschöpft sich eben nicht darin, im Gebetshaus und der Privatsphäre seinen rituellen Pflichten nachzugehen, sondern schloß von Anfang an unveränderlich zweierlei ein: das Postulat zur weltweiten Bekämpfung des Unglaubens mit seiner Rechtfertigung des Djihad und die Errichtung einer innerweltlichen Ordnung, die auf der Scharia errichtet ist und Staat und Moschee miteinander verklammert. Beides sind die zentralen Triebkräfte islamischer Frömmigkeit; einer Religion, die sich in einer spezifischen Gestaltung der politisch-sozialen Ordnung verwirklicht und expandieren muß, um sich zu erhalten. Und da die muslimische Bevölkerung massiv wächst, bietet die Religion das beste Medium, um die damit verbundenen wachsenden politischen Machtansprüche in sakralisierender Überhöhung zu artikulieren.

Bei der islamischen Expansion war und ist Gewalt ein wesentlicher, aber beileibe nicht der einzige Faktor. In Europa mit seinen größer werdenden muslimischen Bevölkerungsanteilen dominieren noch andere Mittel, unter denen der Kampf für das Kopftuch und der Moscheenbau zurzeit die wichtigsten sind. In diesen Auseinandersetzungen werden die Handlungsgrenzen in den demokratischen Gesellschaften flexibel ausgetestet und im Hinblick auf bessere Ausgangspositionen für die Erreichung des sakral-politischen Endziels – die Scharia – möglichst verschoben. Besonders die Bedeutung des Kampfes für das Kopftuch ist in der europäischen Öffentlichkeit selten ganz verstanden worden. Man meinte – ganz im Sinne westlichen Selbstverständnisses –, hier ginge es um Symbole persönlichen Glaubens und individueller Freiheit. Tatsächlich aber ist das Kopftuch ein mindestens zweifaches Machtzeichen: es symbolisiert zum einen die islamische Expansion in Europa und markiert sichtbar zum anderen ein machtbestimmtes Geschlechterverhältnis, ohne das diese Religion undenkbar wäre. Nur die mit einem Schleier bedeckte und damit aus ihrer westlichen Umgebung und ihrem Heiratsmarkt ausgegrenzte Frau gilt als »rein«. Die in Frankreich lebende iranische Autorin Chahdortt Djavann hat den Schleier treffend als eine »Kriegsmaschine« bezeichnet, die entworfen wurde, um die Unterdrückung der Frau zu fixieren und »jene einzuschüchtern, die sich vom islamistischen System unabhängig machen [...] wollen«.

Unter den Ereignissen der jüngeren Geschichte, die die Vitalisierung des Islam stark gefördert haben, waren zwei von besonderer Bedeutung: der Sieg der Mudschahedin über die sowjetische Armee in Afghanistan und die islamische Revolution im Iran. Letztere brachte eine islamistische Ideologie schiitischer Prägung an die Macht, die eine enorme Vorbildwirkung entfaltete und zum wichtigsten Förderer islamistischer Gewalt weltweit wurde. Der schiitische Islam unterscheidet sich in einigen Merkmalen signifikant vom sunnitischen, von denen drei für unser Thema besonders wichtig sind: ein ganz eigenständiger Märtyrerkult als Zentrum der Religion – Canetti nennt den Schiitismus eine »Klage- und Märtyrerreligion« –, eine starke messianische Komponente, die um die Figur des verborgenen Imam kreist, der bei seiner Wiederkehr das Martyrium der ihm vorangegangenen Imame mit Feuer und Schwert rächen und die Erde mit Gerechtigkeit erfüllen wird, und schließlich eine sozialrevolutionäre Komponente, in der das Begriffspaar vom Unterdrücker und wirtschaftlich und sozial Unterdrückten das klassische islamische Gegensatzpaar vom »Haus des Krieges« und »Haus des Friedens« überlagert – und es als revolutionäres Kampfmittel damit besonders geeignet macht, wie sich das an den Kampftruppen der Hisbollah im Libanon gut zeigen ließe.

Man kann den Islamismus, dessen Ausbreitung durch die iranische Revolution massiv gefördert wurde, als einen durch die Integration von Elementen der europäischen Totalitarismen radikalisierten Islam bezeichnen, dessen Hauptererkennungszeichen der Gewalt- und Todeskult und die Konzeption einer Avantgarde von Glaubenskriegern ist. Islamismus ist, auf eine kurze Formel gebracht, der Versuch tendenziell weltweiter Etablierung eines – am verklärten Medina-Modell des Propheten orientierten – Gottesstaates durch eine Elite todesbereiter Glaubenskämpfer. Hauptfeind ist dabei der Westen, dessen Grundübel alle auf eine Ursache zurückgeführt werden: die Trennung von Staat und Religion in einem liberalen System, also auf gerade dasjenige, was westliches Selbstverständnis als kostbares Gut und wichtigste Voraussetzung für Toleranz begreift.

Während der Islam und der Islamismus weltweit an Stärke gewinnen, überdauert das Christentum im Westen nur noch in Schrumpfformen, von denen sicherlich die universalistische Brüderlichkeitsethik, die Nietzsche sozialpsychologisch so treffend gedeutet hat, gesellschaftlich am relevantesten ist. Gegen dieses universalistische Ethos, auch in seiner Variante als politische Ethik, ist solange nichts einzuwenden, solange es sich nicht gesinnungsethisch auflädt, zu einer rigid-schwärmerischen Weltbeglückungsidee, die Arnold Gehlen, wie schon angeführt, prägnant »Humanitarismus« genannt hat. Als solche stellt sie einen extremen Gegenpol zu den scharfen partikularistischen Freund-Feind-Abgrenzungen dar, die in islamischen Gesellschaften dominieren und die vom gesinnungsethischen Universalismus regelmäßig ausgeblendet oder doch so weit heruntergespielt werden, damit Vorstellungen von konsensstiftenden interreligiösen Dialogen weiter gepflegt werden können. Die Gesinnungsethik, zumal die universalistische, ist, wie Max Weber gezeigt hat, selbst ein Abkömmling der Religion, die das Eiferertum, den Dogmatismus und die latente Gewaltbereitschaft in eine durch pluralistische Wertorientierungen und Entzauberung geprägte Welt hineinträgt. Übrigens ist der dogmatische universalistische Brüderlichkeitskult im Westen fast immer verbunden mit einer Attitüde, die man »Indifferenz gegenüber dem Eigenen« nennen könnte. Diese Attitüde entsteht, wenn eine der wichtigsten Früchte des okzidentalen Rationalismus, die Fähigkeit zur kritischen kulturellen Selbstreflexion, sich ins Maßstablose fortwindet. Mit dem Verlust von Maßstäben verwandelt sich Selbstkritik zur Indifferenz gegenüber dem Eigenen, einer Haltung, die fast zwangsläufig zur naiven Idealisierung des Fremden, fremder Kulturen, führt. Allerdings ist prognostizierbar, daß sich das Syndrom, das hier skizziert wurde – der gesinnungsethisch verabsolutierte Universalismus, die Indifferenz gegenüber dem Eigenen und die Idealisierung des Fremden –, in der Konfrontation zwischen Westen und islamischer Welt tendenziell auflösen wird. Denn diese Konfrontation wird sich zukünftig verschärfen, allein schon aus demographischen Gründen oder besser: durch eine Verbindung der Macht der Demographie und der Macht der Religion, und diese Verschärfung wird Erfahrungen produzieren, die erkennbar machen werden, was sich in dem gerade skizzierten Syndrom äußert: eine von einer geschichtlich singulären gesellschaftlichen Schönwetterperiode gespeiste Luxushaltung zur Wirklichkeit.

GRUNDMERKMALE DES GEGENWARTSANTISEMITISMUS

Immer häufiger werden wir mit Nachrichten konfrontiert, die – gewöhnlich im Tonfall der Empörung vorgetragen – von einem Erstarken des Antisemitismus in Westeuropa künden. Die Evidenz der nackten Fakten ist so eindeutig, daß Zweifel an der Grundtendenz nicht mehr möglich sind: Wenn Juden im öffentlichen Raum beschimpft und gewalttätig attackiert werden, wenn selbst martialische Schutzvorkehrungen die Sicherheit jüdischer Einrichtungen nicht mehr zuverlässig garantieren können, und wenn in einem Land wie Frankreich das Bedrohungsgefühl derart anwächst, daß sich Juden zunehmend zur Auswanderung entschließen, dann werden Verleugnungen oder Bagatellisierungen unglaubwürdig: Der Antisemitismus ist ein machtvoller Akteur in der Arena gegenwärtiger Ideologiekämpfe geworden. Wie aber ist dieses Erstarken zu deuten? Als ein Wiedererstarken in dem Sinn, daß darunter eine Anknüpfung an die finsterste Phase der deutschen Geschichte zu verstehen ist?

Gehörige Zweifel an solch simplen Kontinuitätsvorstellungen nährt schon der oberflächliche Blick auf den typischen Träger des heutigen Antisemitismus. Er ist mittlerweile den meisten Zeitgenossen hinreichend bekannt, obwohl in unseren Medien noch immer kräftig auf Ablenkung und Zerstreuung der Aufmerksamkeit hingearbeitet wird. Beides illustrierten auch die Reaktionen auf eine lautstarke antisemitische Verbalattacke gegen den französischen Philosophen Alain Finkielkraut am Rande einer sogenannten Gelbwesten-Demonstration Anfang 2019 in Paris, die einen medialen Entrüstungssturm auslöste. Die Vermutung mancher Beobachter, daß der Sturm vor allem die Diskreditierung dieser neuartigen Protestbewegung bezweckte, zu deren Parolenfundus antisemitische Anwürfe doch gar nicht passen, bestätigte sich, als man auf die ganz klein gehaltene Information Finkielkrauts über einen

Täter muslimisch-arabischer Herkunft stieß, der ja kaum als typischer Gelbwesten-Repräsentant herhalten kann. Natürlich stellen solche Fingerzeige die Bewacher politisch korrekter Diskurse mit ihren phraseologisch verfestigten Täter-Opfer-Mythologemen vor große Probleme. Denn wenn einer Personengruppe, die durch das prominent gewordene Unwort von der »Islamophobie« vor allem auf die Rolle einer diskriminierten Minderheit festgelegt werden soll, zugleich jene potentielle Tätereigenschaft attestiert werden muß, die vor dem Hintergrund der deutschen Vergangenheit den unangefochtenen Spitzenplatz auf der Liste verwerflicher Ideologiesünden einnimmt, dann können leicht liebgewonnene Weltbildpfeiler ins Wanken geraten.

Die Befreiungsversuche aus solchen ideologischen Zwickmühlen haben manchmal bizarren Charakter. Das illustrierte auch ein kürzlich in der Tageszeitung *Die Welt* erschienener Artikel über eine staatlich finanzierte wissenschaftliche Studie, die zum überraschenden Ergebnis gekommen sei, daß auch der muslimische Antisemitismus hierzulande in Diskriminierungserfahrungen wurzele. Angesichts der vielen Zeugnisse über die antisemitische Indoktrination Heranwachsender in fast allen islamischen Ländern und den mühevollen Weg der Überwindung derartiger Prägungen erübrigte sich eigentlich jedes Wort zu solchen Thesen, würfen sie nicht ein bezeichnendes Licht auf die absonderlichen intellektuellen Verrenkungen, die der Wunsch konformistischen Verbleibens in den Bahnen von als korrekt propagierten Mehrheitsmeinungen typischerweise gebiert.

Von einem weit angemesseneren Problembewußtsein zeugte dann doch eine Bemerkung des berühmten Modeschöpfers Karl Lagerfeld. Wie kann ein Land mit einer solchen Vergangenheit, hatte Lagerfeld gefragt, die millionenfache Einwanderung antisemitisch geprägter Bevölkerungsgruppen zulassen – eine berechtigte Frage, die sich mangels mobilisierbarer Gegenargumente kaum skandalisieren ließ. Freilich: Stimmt denn die in solchen Bemerkungen regelmäßig mitschwingende Prämisse einer weitgehenden Sinnverwandtschaft zwischen dem Gegenwartsantisemitismus und demjenigen aus dem dunkelsten Kapitel deutscher Geschichte überhaupt? Diese Annahme ist jedoch irreführend, denn bei genauerer Betrachtung zeigt sich, daß beide von ganz unterschiedlichen Motivmustern bestimmt sind, die höchst fraglich erscheinen lassen, ob man sie in dem Oberbegriff von ›dem‹ Antisemitismus zusammenfassen sollte. Ohne spezifizierende Zusatzbestimmungen suggeriert das Wort eine Nähe von Ideologietypen, die nicht besteht.

Dem Antisemitismus auf die Spur zu kommen, ist weitaus schwieriger als gemeinhin angenommen. Deshalb seien einige Warnhinweise und methodische Maximen vorausgeschickt, die für Annäherungen ans Phänomen empfehlenswert sind. *Erstens*: Man halte Distanz zu jener Funktion des Wortes, die in einer Zeit hysterisierter politischer Meinungskämpfe besonders ins Auge sticht: derjenigen eines politischen Kampfbegriffs, einer Wortkeule zur moralischen Maximalverdammung des Gegners. Als solche erfreut es sich großer Beliebtheit in den Niederungen jener Parolenkultur, in der man sich gern unter einem Großbanner für »Vielfalt und Toleranz« versammelt und gegen »Rassismus, Islamfeindschaft und Antisemitismus« zu Felde zieht, mit weitgehend bedeutungsleeren und deshalb ganz willkürlich nutzbaren Schlagworten also, die freilich unterstellen, daß Islamfeindschaft und Antisemitismus aus einer gleichen Wurzel stammen, dem »Rassismus« nämlich. Daß sich damit Fragen nach antisemitischen Mustern im islamischen Selbstverständnis wirkungsvoll blockieren lassen, ist evident.

Unlauter ist aber auch jene andere wohlfeil gewordene Variante des Antisemitismusvorwurfs, die auf ein Verbot jeglicher Kritik an israelischer Politik zielt; und noch unlauterer waren Antisemitismusanschuldigungen, denen sich auch der Autor ausgesetzt sah, als er das jüdische und islamische Beschneidungsritual analysierte und dessen Vereinbarkeit mit modern-westlichem Rechtsverständnis anzweifelte (siehe S. 147 ff.). Eine von der Perspektive individueller Selbstbestimmung geleitete Kritik religiöser Rituale darf nicht tabuisiert werden, und deshalb ist auch das generelle Antisemitismusverdikt, das manchmal über Religionskritiker aus den Reihen europäischer Aufklärer verhängt worden ist, abwegig: Die Polemik eines Voltaire, Kant oder später Schopenhauer gegen das Judentum war aus dem Ursprungsimpuls hervorgegangen, sich von der Übermacht des Christentums zu emanzipieren; und daß ihr dabei auch der zürnend-gewalttätige Gott des Alten Testaments in den kritikgeschärften Blick geraten mußte, mit Hilfe dessen sich ein Volk als »auserwähltes Volk« imaginierte, war nur folgerichtig. Grundsätzlich gilt: Wer in einer argumentativ ausgerichteten, das heißt nicht herabsetzenden und jeden kollektiven Schuldvorwurf meidenden Kritik den Vorwurf des Antisemitismus oder der »Islamophobie« zu hören bekommt, hat mit illiberalen Meinungsgegnern zu tun, mit denen ein weiteres Debattieren nicht lohnt.

Zweitens: Manche historisch prominent gewordenen judenfeindlichen Anschuldigungen haben offenkundigen massenpsychologischen Wahncharakter, und deshalb ist es nicht verwunderlich, daß das weitaus häufigste Bild vom Antisemitismus den Blick ganz ausschließlich auf den vergifteten Quell pathologischer psychologischer Prozesse lenkt. Der Publizist Henryk M. Broder beispielsweise erklärt sich das Phänomen allein aus »hysterischen Ängsten, Erfindungen, Projektionen, Neidgefühlen« und Wünschen nach »Sündenböcken«, und noch einfacher macht es sich der frühere Leiter des Berliner Institutes für Antisemitismusforschung, Wolfgang Benz, der allen Ernstes glaubt – und darin mit gängigen Lehrbüchern zur Sozialpsychologie und einem Großteil der etablierten Forschung zum Thema übereinstimmt –, das Geheimnis des Antisemitismus erschöpfe sich in »falschen Verallgemeinerungen« und »Diskriminierungen«, in Prozessen der Verhärtung negativer Vorurteile also, die sich weitgehend strukturverwandt auch in der Islamfeindschaft zeigten. Wäre dem so, dann wären wir alle potentielle strukturelle Antisemiten, denn Alltagsinteraktionen ohne den Makel des Vorurteils und Stereotyps sind ganz unvorstellbar.

Daß Antisemitismus keineswegs nur als Pathologie à la Broder oder nur als simples Vorurteil à la Benz verstanden werden kann, zeigt sich erst, wenn man in Anknüpfung an Maximen Hannah Arendts antisemitische Ideologeme als Produkte sozialer Wechselwirkungen deutet; von Wechselwirkungen zwischen einem jüdischen Selbstverständnis und demjenigen anderer sozialer Akteure in ihren jeweiligen Zeitkontexten. Zwar geriete man leicht auf Irrwege, wenn man den Aspekt des jüdischen Selbstverständnisses »Semitismus« nennen würde, wie es die Logik des Wortes vom Antisemitismus nahelegt, aber ohne die Voraussetzung der Existenz eines spezifisch jüdischen Sinnpols ist eine Analyse von Antisemitismus schlicht unmöglich. Nur wenn dieser

Gesichtspunkt ernst genommen wird, enthüllt sich, daß in den antisemitischen Wahn- und Vorurteilsgebilden gewöhnlich auch Wirklichkeitsbezüge steckten, durch die die Ideologeme ihren nicht beliebigen Charakter bekommen. Hätte sich in ihnen nicht auch Wirkliches – in freilich mehr oder weniger verzerrter Form – niedergeschlagen, dann hätten sie niemals ihre historische Wirkmacht erlangen können, und die Juden als Opfer wären nichts weiter gewesen als ein austauschbarer »Sündenbock«. Auch in einer weiteren These wollen wir Hannah Arendt darin folgen, daß genuiner Antisemitismus mehr ist als ein Sammelsurium isolierter Anschuldigungen. Historisch virulent wurde er vielmehr immer in Form spezifischer Motivkonstellationen, ideologischer Syndrome also, die einen engen Bezug auf relevante Zeitprobleme aufwiesen. Harter Kern derartiger Syndrome war die Kollektivanschuldigung, die nicht nur eine Erklärung, sondern auch die praktische Lösung dieser Zeitprobleme suggerierte.

Drittens: In der Fixierung auf den Nationalsozialismus hat man sich angewöhnt, Antisemitismus primär in Weltbildern der politischen Rechten zu verorten, aber nichts könnte falscher sein. Tatsächlich haben alle relevanten modernen politisch-gesellschaftlichen Bewegungen in Europa – linke, liberale und rechte – seit ihrer Konstitution im frühen 19. Jahrhundert sich zeitweise antisemitische Ideologeme einverleibt, und im modernen antizionistischen Antisemitismus dominieren sogar Motive einer linken Provenienz. Die mächtigste zeitgenössische Form ist aber ein Amalgam aus antizionistischen und islamischen Motiven, ein Ideologiegebilde, in dem uralte religiöse Feindschaftsverhältnisse als fanatisierende Brandbeschleuniger eines Antisemitismus wirken, der sich als radikale Kampfansage gegen das Existenzrecht des Staates Israel versteht. Sie ist die Grundform des Gegenwartsantisemitismus, mit der wir auch in Westeuropa im Zusammenhang mit der islamischen Masseneinwanderung immer stärker konfrontiert werden; ein Faktum, das übrigens auch – das sei am Rande hinzugefügt – signalisiert, daß das zumeist ganz fraglos benutzte Wort Antisemitismus strenggenommen unpassend ist, denn wichtige islamische Völker sprechen ja selbst semitische Sprachen und waren bzw. sind nach einer verbreiteten Interpretation Semiten. Das Wort ist also ein eigentlich schiefes Synonym für Judenfeindschaft, aber da es sich seit dem letzten Drittel des 19. Jahrhunderts in ausschließlich diesem Sinnbezug eingebürgert hat, soll auch hier daran festgehalten werden.

Besonderheiten des Gegenwartsantisemitismus enthüllen sich nur, wenn man ihn aus der Perspektive früherer Antisemitismen komparativ in den Blick nimmt. Das Verständnis des Heute bedarf des Blickes in die Vergangenheit, und zwar auch in eine unendlich fern scheinende Vergangenheit, denn Judenfeindschaft hat es seit den frühesten Herausbildungen des jüdischen Selbstverständnisses als eines Volkes gegeben – in ganz vielfältigen Ausprägungen bis in die Gegenwart, die man aber, hier nur angedeutet, auf wenige Grundtypen reduzieren kann. Der historisch früheste ist natürlich der religiös gespeiste Antisemitismus, der auf die Entstehungsgeschichte des Monotheismus und das Konkurrenzverhältnis seiner drei Ausprägungen verweist. Ohne ein Wissen um diese uralten konfliktträchtigen Beziehungen ist auch ein realistischer Blick auf die Moderne nicht möglich, denn sie haben prägend in alle ›säkularen‹ Antisemitismusvarianten hineingewirkt und werden durch das Erstarken des Islam auch im europäischen Hier und Jetzt wiederbelebt.

Ihre Erkenntnis bedarf eines kurzen Hinweises auf Besonderheiten des jüdischen Monotheismus, der den Juden in Jahrtausenden über alle Verfolgungen hinweg zur Behauptung ihrer religiös-kulturellen Identität verhalf und sie auch in der Diaspora nie die Hoffnung auf Rückkehr in ›ihr‹ heiliges Land verlieren ließ. Ursächlich dafür war zum einen die Idee des qua Bund vom einzigen Gott erwählten Volkes, das all sein Unglück als Folge von Übertretungen seiner Gebote interpretierte, und zum anderen die riesige Sammlung ritueller Alltagsnormen im Talmud, mit denen es sich zugleich strikt von anderen Völkern, den sogenannten »Gojim«, abgrenzte.

In den beiden Nachfolgermonotheismen, die im Gegensatz zur partikularistischen jüdischen Erstform dann wirklich missionierende Weltreligionen wurden, findet man einen tendenziell feindlichen Bezug aufs Judentum bereits in Zentralmotiven ihrer Gründungserzählungen. Für das Christentum ist das ja bekannt, hier konnten die Juden als ein ›Tätervolk‹ imaginiert werden, dem qua Hinrichtung des Gottessohnes ein Gottesmord angelastet wurde. Aber auch der Islam hat sich in vielfältigen Intensitätsgraden gegen seine zwei monotheistischen Vorgänger gewendet, deren Anhängern unter islamischer Herrschaft ja bekanntlich nur ein Status von Gläubigen zweiter Ordnung zugestanden wurde, von sogenannten »Dhimmis«, unterdrückten und steuerlich ausgepreßten »Schutzbefohlenen«. Weniger bekannt aber ist, daß bereits in der Gründungserzählung des Islam ein Sondercharakter des Antijudaismus fixiert ist, im Bericht über die sogenannte Hedschra, die Flucht des Propheten von Mekka nach Medina, wo er auf die Gegnerschaft jüdischer Stämme stieß, denen deswegen der verabscheuungswürdige Frevel einer Feindschaft gegen Gott und seinen Gesandten angelastet wurde und von denen einer in einem quasigenozidalen Akt – einem Massaker auf dem Marktplatz in Medina – vernichtet wurde. Die sakrosankte Vorbildwirkung der Worte und Taten des Propheten ist die Ursache dafür, daß sich in unserer Gegenwart im Zuge der islamischen Renaissance eine politische Israelfeindschaft mit uralten koranisch ›geheiligten‹ antijüdischen Feindbildern verknüpfen und aufladen kann.

Die wechselseitigen religiösen Abgrenzungen wurden im islamischen und christlichen Kulturkreis bis in die Moderne durch strikte räumliche und soziale Segregationen der Juden von ihrer Umwelt verfestigt, und in Europa entwickelte sich die hochprekäre soziale Beziehungsform des Geldverleihs zur weitaus wichtigsten zwischen Juden und Christen. Daraus erwuchs eine Verschmelzung der drei zentralen Leitbilder des traditionellen Antisemitismus, des Bildes vom Juden als Glaubensfeind, als Fremdem und als Wucherer, das als archetypischer Bodensatz auch in allen modernen antisemitischen Obsessionen von jüdischer Finanzmacht weiterwirkt.

Skizzieren wir diese Grundmerkmale der traditionellen europäisch-christlichen Judenfeindschaft etwas genauer. Den Juden waren in der mittelalterlichen okzidentalen Stadt abgegrenzte Wohngebiete zugewiesen worden, aus denen im ausgehenden Mittelalter das hermetisch von der christlichen Umwelt abgeriegelte Ghetto hervorging, das als eine in sich vollständig abgeschlossene Parallelgesellschaft bis zum Ende des 18. Jahrhunderts Bestand hatte. Spezielle Kleidungsvorschriften – der gelbe Fleck, der übrigens eine ursprünglich islamische Erfindung war, und der Spitzhut beispielsweise – vervollständigten die gesellschaftliche

Ausgrenzung, deren religiöse Basis der Skulpturenschmuck der Kirchen, Bilddarstellungen und die populären Mysterienspiele im Volke wach hielten. Zentrales Merkmal des mittelalterlichen Antisemitismus war freilich die Verschärfung des religiösen Wir-Sie-Gegensatzes durch seine Verknüpfung mit einem ökonomisch bestimmten Feindschaftsmotiv, dem Haß auf den ausschließlich als »jüdisch« assoziierten Wucherer.

Realer Hintergrund dieses Amalgams aus den Sphären von Religion und Ökonomie war, daß den Juden mit der Entwicklung der okzidentalen Stadt eine starke christliche Konkurrenz zu ihrer bis dahin weitgehend unangefochtenen Rolle als mobilen Fernhändlern erwachsen war, die sie ins reine Geldgeschäft hineingedrängt hatte; in ein Geschäft, das den Christen wegen des christlichen Zinsverbotes weitgehend verschlossen blieb, während den Juden die Zinsnahme von Glaubensfremden gestattet war: eine fast ausschließlich über das Medium Geld vermittelte Beziehung zwischen Glaubensfeinden, in der die Christen, weil zur Zinsgabe verpflichtet, den Pol des ökonomisch Schwächeren einnehmen – das ist die prekäre Grundkonstellation, die den fanatischen Judenverfolgungen im Mittelalter, den sich unablässig wiederholenden Pogromen und Vertreibungen, zugrunde liegt. Der Haß auf die Wucherer ist übrigens auch das Hauptkennzeichen der Judenfeindschaft eines Martin Luther, in der interessanterweise die genuin religiösen Komponenten kaum bemüht werden.

Folgende Aspekte der christlich-mittelalterlichen Judenfeindschaft gehören zusätzlich hervorgehoben: daß *erstens* sie sich regelmäßig in Zeiten des Glaubensfanatismus besonders gewalttätig entlud – paradigmatisch sind die Kreuzzüge, deren Teilnehmer zunächst die Juden als Ungläubige im eigenen Land vor die Alternative »Konversion oder Tod« stellten; daß *zweitens* das ja keineswegs nur eingebildete, sondern durch die Verfolgungen noch verschärfte antichristliche Denken der Juden groteske Phantasien über angebliche jüdische Vernichtungsabsichten nährte, in denen das Judenbild mit dem Teufelsbild verschmolz. Zu ihnen gehörten zuallererst die in Verschwörungsvorstellungen eingebundenen Anklagen wegen angeblichen Ritualmordes, Hostienschändung und Brunnenvergiftung – Bezichtigungen, die sich dann während der Katastrophe der großen Pest im 14. Jahrhundert, die viele dem Glaubensfeind anlasteten, ins Überdimensionale auswuchsen. Anzumerken ist aber, *drittens*, auch der Schutz, der jüdischen Gemeinden wegen ihrer Finanzmacht oftmals von seiten eines Fürsten oder Kaisers zuteil wurde; ein Schutz, der dann im Absolutismus in der privilegierten Stellung der sogenannten Hofjuden, die als Kreditgeber für den politischen Herrn unverzichtbar geworden waren, besonders hervortrat. Im Volk freilich entzündeten sich gerade an dieser bevorzugten Stellung einzelner Juden, die sich in ändernden Formen bis zum Ersten Weltkrieg erhielt, wiederum Phantasien über die angeblich außerordentlichen, letztlich nur eigennützigen Zwecken dienenden politischen Machtmöglichkeiten ›der‹ Juden.

Wir wenden uns nun den wichtigsten Formen eines spezifisch modernen Antisemitismus zu. Grundvoraussetzungen für ihre Ausbildung waren die schrittweise rechtliche Emanzipation der Juden im Gefolge der Französischen Revolution und die gewaltigen gesellschaftlichen Umwälzungen, die mit der Durchsetzung der kapitalistischen Produktionsweise und der Entwicklung der Nationalstaaten verbunden waren. Seine zentralen Motive bildeten sich zwar großenteils alle bereits in der ersten Hälfte des 19. Jahrhunderts aus, wurden aber erst im letzten Drittel – das gilt gleichermaßen für Frankreich wie für Deutschland – in mit kollektiven Schuldvorwürfen ausgestatteten ideologischen Systemen miteinander verknüpft, deren gesellschaftliche Breitenwirkung in Deutschland freilich geringer als in Frankreich war.

Das *erste* Grundmotiv ist eine behauptete jüdische Assimilationsunwilligkeit, die sich im neuen, ideologisch aufgeladenen nationalstaatlichen Denken in den Reden von der »Nation in der Nation«, dem »Staat im Staat«, dem »Volk im Volk« äußerte. Dieses Motiv, das uns pointiert auch bei Wilhelm von Humboldt und Schopenhauer begegnet, war in den Anfängen der Emanzipation keineswegs ohne Realitätsbezug, denn der weitgehende Verlust der Selbständigkeit ihrer Gemeinden bedeutete für die Juden eine radikale Umorganisation ihrer gesellschaftlichen Existenz; und das Ansinnen, sich nicht mehr als Angehöriger eines sich über seine Religion definierenden »Volkes« zu betrachten, sondern als ein französischer oder deutscher Staatsbürger »mosaischer Konfession«, war vor dem Hintergrund der jahrtausendealten jüdischen Tradition mit großen psychologischen Hürden verknüpft. Dieses Motiv einer Assimilationsunwilligkeit war im politischen Liberalismus weitverbreitet, wurde aber in den antinapoleonischen Befreiungskriegen und später im Wilhelminismus vielfältig zu einem nationalistisch akzentuierten Wir-Sie-Gegensatz umgebogen, bei dem untergründig zweifellos auch der Neid auf die ins Auge springenden Erfolge der jüdischen Minorität in den Sphären geistiger Arbeit und im Geschäftsleben eine Rolle spielte.

Das *zweite* Grundmotiv bezieht sich auf das ökonomische System und besteht aus einer Verknüpfung von »jüdisch« mit jenen Institutionen und Formen des modernen Kapitalismus, in denen das Grundprinzip der neuen Produktionsweise, die Kapitalverwertung und -akkumulation als Endlosprozeß, in ihrer abstrakten Endform, der Selbstbezüglichkeit des reinen Geldgeschäftes, unverstellt hervortritt – den Banken, Börsen, Wechsel- und Spekulationsgeschäften; und es hat sich deshalb weit verbreitet, weil ihm nicht nur ein unübersehbarer Realitätsbezug zugrunde lag, sondern weil es sich bruchlos mit dem uralten Stereotyp vom »jüdischen Wucherer« verbinden konnte. Die Ausgestaltungen dieses Motivs in der europäischen Literatur sind fast unübersehbar – erwähnt seien hier nur Honoré de Balzac oder Gustav Freytag –, aber weit weniger bekannt ist seine außerordentliche Bedeutung auch bei den Theoretikern des Sozialismus, an erster Stelle bei Pierre Proudhon, bei Karl Marx trotz oder vielleicht auch wegen seiner jüdischen Herkunft, und schließlich, in seiner radikalsten antisemitischen Ausprägung, bei Eugen Dühring. Im antikapitalistischen Kontext der Sozialisten erscheint dieses Motiv zwar als ein linkes, es ließ sich aber unschwer auch mit nationalistischem Ideologiegehalt deswegen füllen, weil es eine Aufteilung des Kapitalprinzips in ein reines Finanz- und ein produktives Kapital ermöglichte, eine Gegensatzbildung zwischen einem ›parasitären‹, ›raffenden‹ und einem ›schaffenden‹ Kapital.

Das *dritte* antisemitische Grundmotiv schließlich zeigte sich im Begriff des Internationalismus, der, als ein negatives Gegenprinzip zum positiv konnotierten Nationalstaatsprinzip, in ganz unterschiedlichen Sinnvarianten Verwendung fand: in der Vorstellung einer grenzüberschreitenden jüdischen Beziehungssolidarität, im Bild mächtiger, international agierender jüdischer Finanzgruppen, der sogenannten »goldenen Internationale«, wie dem europäischen Bankenimperium der Rothschild-Dynastie, und als Etikett für alle universalistisch ausgerichteten Weltanschauungen mit einem Spannungs- und Gegnerschaftsverhältnis zur Nation, das dann im Bild von der »roten Internationale« seinen gleichsam logischen Abschluß fand, der sozialistischen Revolution als eines von Juden wie Karl Marx oder Ferdinand Lassalle ins Werk gesetzten Unternehmens. Derartig mit dem Prinzip des Internationalismus identifiziert, wurden im antisemitischen Denkhorizont die Juden quasi ›natürliche‹ Gegner der Nation, im Grunde permanente potentielle Verräter; und genau dieses war auch die Prämisse, die in Frankreich die Dreyfus-Affäre zum Katalysator eines radikalen Antisemitismus werden ließ, der das Land in zwei mentale Bürgerkriegsparteien spaltete, deren Feindschaft bis ins Vichy-Regime fortwirkte. Andererseits aber nährte dieses Motiv auch Phantasien über internationale jüdische Verschwörungen, die schließlich in dem behaupteten Weltherrschaftsstreben in den »Protokollen der Weisen von Zion« – einer Fälschung des russischen Geheimdienstes mit einer ungeheuren Breitenwirkung in Europa – ihre wahnhafteste Ausformung fanden.

Wichtig ist nun, daß die drei skizzierten Grundmotive nicht beziehungslos nebeneinander stehen blieben, sondern ab Mitte des 19. Jahrhunderts mehr und mehr durch einen Zentralbegriff, den Rassenbegriff, miteinander synthetisiert wurden, wodurch dem antisemitischen Wir-Sie-Gegensatz nun gewissermaßen eine unabänderliche biologische Überformung zuwuchs. Dazu muß man wissen, daß der Rassebegriff im europäischen Denken im Zusammenhang mit dem europäischen Imperialismus im letzten Drittel des 19. Jahrhunderts eine Schlüsselstellung für die Weltdeutung erlangt hatte, die am besten die Tatsache verdeutlicht, daß er ganz selbstverständlich auch in philosemitischen Kontexten Verwendung fand; so bei Benjamin Disraeli in England, der sich als Angehöriger einer qua Rasseeigenschaften ausgezeichneten Gruppe rühmte, oder bei Moses Hess, einem der Gründungsväter des Zionismus, der bereits 1862 in seiner Schrift *Rom und Jerusalem* den Rassebegriff zum wichtigsten Definitionskriterium der Juden erhoben und dem »Rassenkampf« eine herausragende Bedeutung in der geschichtlichen Entwicklung zuerkannt hatte.

Der nationalsozialistische Antisemitismus wird denn ganz unverstanden bleiben, wenn man ihn nur als eine Fortschreibung und Radikalisierung der skizzierten Grundmotive des 19. Jahrhunderts, an erster Stelle des Rasseideologems, deutet, dabei aber den ganz neuartigen zentralen Pol übersieht, auf den er hier bezogen ist, den Bolschewismus nämlich. Hauptkennzeichen dieser Sonderform ist die Verknüpfung eines Radikalantisemitismus mit einem Radikalantibolschewismus in einem totalitären Ideologiesystem, dessen wichtigstes Feindbildideologem in der Formel vom »jüdischen Bolschewismus« zum Ausdruck kommt; in einem Feindbild, dessen Bedeutungsgehalt zugleich die Negativfolie war, anhand derer sich das eigene Selbstbild herausschälte. Das Ideologem selbst verweist auf den vollständigen Umbruch der politisch-gesellschaftlichen Zeitsituation – den verlorenen Krieg, die russische Oktoberrevolution und die Novemberrevolution im eigenen Land; auf jene katastrophalen Zäsuren, ohne die der Nationalsozialismus und die neuartigen faschistischen Bewegungen vollkommen undenkbar sind. Und nur die adäquate Interpretation dieses Ideologems im Zusammenhang mit den Strukturmerkmalen des Ideologiesystems, dessen Zentrum es bildet, vermag die ideologischen Triebkräfte für das massenmörderische Verbrechen zu enthüllen, das mit der Katastrophe des Zweiten Weltkrieges verbunden war.

Zunächst aber sei angemerkt, daß der Topos vom »jüdischen Bolschewismus« selbst keineswegs eine nationalsozialistische Besonderheit war. Er hat sich in Deutschland nach dem militärischen Zusammenbruch 1918 in ganz verschiedenen politischen Lagern verbreitet, und man findet ihn sinngemäß selbst bei einem Thomas Mann im Zusammenhang mit der Münchener Räterepublik. Und er war auch kein deutsches Spezifikum, sondern erlangte in der unmittelbaren Nachkriegszeit in vielen europäischen Ländern Prominenz. Seine frühesten Verwendungen stammen 1917 unmittelbar nach der Oktoberrevolution vom antisemitischen Winston Churchill und vom philosemitischen Georges Clemenceau, die beide die Revolution auf eine jüdische

Urheberschaft und ein Komplott mit den Deutschen zur Sprengung der Entente mit dem Zarismus zurückführten.

Wie erklärt sich nun die Verbreitung dieses Topos? Vordergründig war es der auffallend hohe Anteil russifizierter Juden in der bolschewistischen Führungsspitze und die exponierte Stellung von Juden an den kommunistischen Revolutionsversuchen im unmittelbaren Nachkriegseuropa, die ihm Nahrung gaben. Aber dahinter verbirgt sich eine kaum bekannte, spezifisch russische Vorgeschichte: die Geschichte der Judenverfolgungen im Zarenreich. Die Juden, die in Rußland in speziellen Ansiedlungsrayons lebten und sich durch eine eigene Sprache, das Jiddische, und einen weit höheren Bildungsstand von ihrer weitgehend analphabetischen Umwelt abhoben und als eine eigenständige »Nation« definiert wurden, waren ab 1880 einer fast unablässigen Kette behördlich geduldeter Pogrome ausgesetzt – man schätzt ihre Zahl auf 600 bis 800 –, deren größtes dasjenige in Kischinew im Jahre 1903 war. Diese Verfolgungen hatten die Verbreitung eines radikalen Antizarismus insbesondere unter der jüdischen Jugend zur Folge und zionistisches und marxistisch-revolutionäres Gedankengut populär gemacht, zwei ideologische Strömungen, die quasi idealtypisch von Chaim Weizmann einerseits und Leo Trotzki andererseits personifiziert wurden. Eine weitere Radikalisierung erbrachte der Erste Weltkrieg, denn die Juden wurden nunmehr wegen ihrer Sympathien für den deutschen Kriegsgegner vom Zarismus als Feindvolk behandelt und aus den westlichen Regionen ins Landesinnere deportiert. Erklären allein diese Fakten schon die verbreitete Parteinahme für die bolschewistische Revolution, so muß als letztes auch noch auf den russischen Bürgerkrieg, den Kampf zwischen Rot und Weiß hingewiesen werden, jene unvorstellbar grausame Auseinandersetzung, der ein Zehntel der russischen Bevölkerung zum Opfer fiel. Denn im Bürgerkrieg waren es die Juden, die als angebliche Urheber der Revolution bevorzugtes Ziel bei den von den Weißen angerichteten Massakern wurden.

Dies ist der Hintergrund für die weite Verbreitung des Topos vom »jüdischen Bolschewismus« im Nachkriegseuropa, ein Hintergrund, dessen Kenntnis auch für die Deutung seiner spezifischen Ausformung in der Ideologie Hitlers unerläßlich ist. Es waren nämlich Baltendeutsche wie Alfred Rosenberg, deren Bürgerkriegserlebnisse – auf der Basis ihrer Parteinahme für die Weißen – in der frühen Münchener Zeit Hitlers Bolschewismusbild maßgeblich prägten, ein Bild, in dem der Topos nunmehr eine ins Wahnhafte übersteigerte Ideologisierung erfuhr. Denn in Hitlers Ideologie wurde der Bolschewismus keineswegs nur mit dem Gegenwartskommunismus identifiziert, sondern es wurden tendenziell alle Lehren mit Gleichheits- und Universalitätspostulaten als Vorläufer und Wegbereiter des Gegenwartskommunismus und insofern als ›vorbolschewistisch‹ gewertet und bekämpft und auf jüdische Urheberschaft zurückgeführt. Daraus entstand eine manichäische Geschichtsmythologie, in der Grundmerkmale der okzidentalen Geschichtsentwicklung – Christentum, Demokratie, Charakteristika soziokultureller Modernisierung – als Etappen eines im Gegenwartskommunismus kulminierenden Unheilprozesses konstruiert und der unwandelbaren biologischen Substanz einer Menschengruppe angelastet werden. Verbunden mit dieser Ausweitung des Bolschewismusbegriffs und der Vorstellung vom jüdischen Urheber waren die Bilder einer zunehmenden »rassischen Zersetzung« der Eigengruppe im Zuge dieses Unheilprozesses; und diejenigen vom behaupteten Weltherrschaftsstreben der »Gegenrasse«, die es ermöglichten, so heterogene Phänomene wie das als »jüdisch« verstandene internationale Finanzkapital und den weltrevolutionären Universalismus des Bolschewismus nicht als Gegensätze erscheinen zu lassen, sondern nur als unterschiedliche Erscheinungsformen eines partikularistischen Herrschaftsstrebens.

Von der nationalsozialistischen Sonderform des Antisemitismus, die als realpolitische Ideologiekraft bedeutungslos geworden ist, tasten wir uns an die Dominantform des Gegenwartsantisemitismus heran. Dazu müssen wir zunächst jene jüdische Bewegung etwas genauer ins Auge fassen, die ab Ende des 19. Jahrhunderts in Reaktion auf den modernen Antisemitismus in Westeuropa und die Kette von Pogromen im Zarenreich entstanden war und die zum Kondensator eines ganz neuartigen jüdischen Selbstverständnisses wurde: den Zionismus. Im Zionismus mit seinem Ziel der Gründung eines eigenen jüdischen Staates in Palästina konnte die säkulare Erfahrungswelt westeuropäischer Juden und die durch das Ghetto geprägte der osteuropäischen Juden zueinander finden, und er wurde der zentrale mentale Tragepfeiler, auf dem der Staat Israel seit seiner Gründung bis in die Gegenwart ruht. Der Zionismus ist eines der Schlüsselelemente in einem ganz neuartigen Konstellationengefüge, ohne dessen Konturierung die Besonderheiten des Gegenwartsantisemitismus im Kontrast zu den beiden früheren Formen des modernen Antisemitismus vollkommen unverstanden bleiben müssen. Der Gegenwartsantisemitismus, so die These, konnte sich nur in einem politischen, sozialen und kulturellen Kontext entfalten, dessen Grundmerkmale der Zionismus, die Gründung des Staates Israel samt einer damit schicksalhaft gewordenen arabisch-israelischen Feindschaft und schließlich die Renaissance des Islam als Antipode des Westens sind. Jedes dieser Elemente sei im Hinblick auf das Antisemitismusproblem etwas näher umkreist.

Daß der Zionismus ab Ende des 19. Jahrhunderts zum zentralen Kristallisationskern eines spezifisch modernen jüdischen Selbstverständnisses werden konnte, ist auf dreierlei Motive zurückzuführen: das *erste* Motiv auf die Zeiterfahrung des Antisemitismus, und zwar sowohl in ihrer westeuropäischen Version, wie sie in der französischen Dreyfus-Affäre gleichsam idealtypisch hervorgetreten war und insbesondere Theodor Herzl, einen der Gründungsväter der Bewegung, geprägt hatte, als auch in ihrer zaristisch-osteuropäischen, der traditionellen jüdischen Pogromerfahrung, die immer beängstigendere Dimensionen angenommen hatte und als zentrale Lebenserfahrung Chaim Weizmanns – eines der folgenden Repräsentanten des Zionismus – wirkte. Dem *zweiten* Motiv des Zionismus liegt ebenfalls eine Schutzintention zugrunde, allerdings eine der völlig anderen Art; sie zielte auf selbstbestimmte Abgrenzung zur Bewahrung einer jüdischen Identität, die man durch die Tendenzen zur Assimilation, die sich am stärksten unter deutschen Juden mit ihrer Liebe zur deutschen Kultur entfaltet hatten, bedroht sah.

Das *dritte* Motiv schließlich, das Ziel eines eigenen Staates, weist eine Besonderheit auf, die gehörig herausgestellt werden muß, weil sie zeigt, daß in der oberflächlich säkular scheinenden Bewegung des Zionismus auch ein religiöser Glutkern glomm, denn die Staatsgründung wurde als Rückkehr gedacht; als Rückkehr ins geheiligte Land der Vorväter, die seit Jahrtausenden zwar verlorene, aber messianisch besetzte eigentliche Heimat. Auf dem Boden dieses Motivs konnten west- und osteuropäische Juden zueinander finden und die Verwirklichung einer jüdischen Identität anstreben, die Uraltes bewahrt, aber zugleich mit einem ganz neuen Patriotismus verbindet, der endgültig die jüdische Normalerfahrung von Unterdrückung und Demütigung zu verabschieden vermag. Deshalb entschied man sich auch für die Wiederbelebung des Hebräischen als Alltags- und zukünftiger Staatssprache, gegen das traditionelle Jiddisch, mit dem der gedemütigte Ghettojude assoziiert wurde.

Das zentrale Legitimationsprinzip, auf dem die Gründung eines eigenen Staates 1948 in Palästina ruhte, war also ein religiöses, das zwar durch die Balfour-Erklärung von 1917 und den UNO-Beschluß von 1947 gewisse völkerrechtliche Absicherungen erfuhr, aber – wie diese völkerrechtlichen Regelungen auch – unüberwindlich mit den Ansprüchen der in und um Palästina lebenden Araber kollidieren mußte. Das zeigte sich bereits in den Kämpfen zwischen jüdischen Siedlern und arabischen Stämmen in den 1920er und 1930er Jahren, trat in seiner ganzen Unversöhnlichkeit aber erst in den vielen israelisch-arabischen Kriegen seit 1948 zutage, in deren Gefolge es teilweise auch zu völkerrechtlich fragwürdigen Gebietsannexionen gekommen war.

Daß die israelisch-arabische Feindschaft zum zentralen Brennpunkt des Gegenwartsantisemitismus werden konnte, erklärt sich freilich keineswegs allein aus der Inkompatibilität wechselseitiger Ansprüche auf das palästinensische Territorium. Mindestens die folgenden Aspekte müssen hinzugedacht werden: daß Israel trotz der religiösen Legitimation seiner Existenz weitgehend die soziokulturellen Prinzipien der säkularisierten westlichen Moderne verkörpert, die mit dem Selbstverständnis einer arabisch-islamischen Traditionalität in vielerlei Hinsicht unverträglich sind; und daß das israelische Selbstbehauptungsstreben in einer todfeindlichen arabischen Umwelt sich des treuen Beistandes eines mächtigen Verbündeten sicher sein kann, der USA nämlich. In zentralen antisemitischen Gegenwartsbildern wird dieser Beistand als Folge des hintergründigen Wirkens mächtiger jüdischer Lobbygruppen in den USA gedeutet und die Achse Israel–USA als aktuelle Verwirklichungsform eines alten verschwörerisch agierenden jüdischen Weltherrschaftsstrebens.

In der Ära des Kalten Krieges, der bipolaren Grundstruktur des politischen Weltsystems, hat sich die arabische Israelfeindschaft in einem ideologischen Bezugssystem ausgelegt, dessen zentrale Pflöcke der Panarabismus und die sozialistische Imperialismusdoktrin waren. Beides war für die PLO konstitutiv, und gerade die Ideologie vom antiimperialistischen Befreiungskampf gegen die Koalition von USA und Israel ermöglichte, daß der arabische Antizionismus auch bei europäischen Linken große Sympathien finden konnte. Ein Wandel des ideologischen Bezugssystems begann mit der iranischen Revolution 1979 und setzte sich dann nach dem Zusammenbruch des kommunistischen Weltsystems fort, der der Renaissance eines politisch akzentuierten Islam in einem neuen globalen Gefüge den Weg ebnete, in dem die politische und kulturelle Macht des Westens beständig schrumpft. Nur in diesem Kontext konnte sich der moderne arabische Antizionismus mit der archaischen Sprengkraft einer uralten Religionsfeindschaft aufladen, die aber auf einen israelischen Selbstbehauptungswillen trifft, in dem ebenfalls Modernes – der zionistische Patriotismus – und ein uraltes religiöses Rechtfertigungsmotiv amalgamiert sind.

Über die Unversöhnlichkeit dieses Konflikts täuscht man sich in Westeuropa gewöhnlich hinweg, weil sich hier ein großer Teil der sogenannten Eliten und der jüngeren Generation gedanklich in Ideologien eines universalistischen Posthistoire eingerichtet hat, deren zentraler Kern ein diffuser Glaube an ein kommunikativ herstellbares Irgendwie weltweiter Harmonie ist. Die harten Fakten der historischen Normalität – zuvörderst diejenigen, die die Kategorien Feindschaft, Identität und Selbstbehauptungswillen ansprechen – sind in derartigen Ideenwelten weitgehend ausgeblendet, hier vertraut man lieber der pazifizierenden Kraft von Toleranzpostulaten. Nicht zuletzt das Erstarken des Antisemitismus in Westeuropa zeigt aber die Brüchigkeit solcher Ideologien. Denn in Westeuropa wird mehr und mehr unabweisbar, was der jedes Nationalismus unverdächtige Karl Lagerfeld, wie schon erwähnt, auf den Punkt brachte: daß Toleranzforderungen im Kontext der Massenmigration zugleich eine Öffnung der Einlaßtore für den Import neuer Formen jener Feindschaft bewirken, die man hier als Folge einer katastrophalen historischen Schuld doch weitgehend überwunden glaubte.

DIE BESCHNEIDUNG

Religiöse Tradition und modernes Rechtsverständnis

Daß sich mit dem Erstarken des Islam kulturelle und rechtlich-politische Konflikte häufen, in denen prinzipiell inkompatible Werte – religiöse Absolutheitsansprüche und moderne Freiheits- und Selbstbestimmungsprinzipien – aufeinanderstoßen, ist für viele Beobachter mittlerweile zu einer vertrauten, analytisch erhärteten Gewißheit geworden. Aber man kennt auch den lautstarken Chor jener Stimmen in den westlichen Gesellschaften, die, sei es aus Unkenntnis oder Indifferenz, das zentrale Merkmal dieser Konflikte – die Inkompatibilität der Werte – zu überspielen oder abzuleugnen versuchen und sich im Namen kriterienloser Toleranzbegriffe für eine gesellschaftliche und rechtliche Duldung religiös legitimierter Forderungen stark machen, die tatsächlich mit unserer Rechtsordnung und unseren Freiheitsidealen nicht vereinbar sind. Dafür boten einst die Vorgänge um einen ins Internet gestellten Film über den Propheten Mohammed nur eine weitere Veranschaulichung. Als ein in mancherlei Hinsicht unerwartetes Novum in den Prinzipienkonflikten zwischen Recht und Religion erwies sich dann aber die hochemotionalisierte Debatte um die rituelle »Beschneidung«, die wir 2012 nach einem Urteil des Landgerichtes Köln erlebten, einem Urteil, das diesen religiösen Brauch als eine strafwürdige »Körperverletzung« einstufte. Neu an dieser Debatte war keineswegs das Grundproblem – die Frage der Kompatibilität eines seit Urzeiten geübten religiösen Rituals mit unserer Rechtsordnung –, aber neu war doch die Konfliktkonstellation, denn nunmehr stand das Recht nicht mehr, wie üblich, nur einer religiösen Gruppe gegenüber – islamischen Vertretern – sondern zweien, islamischen und jüdischen. Dadurch entstanden ganz unvertraute und teilweise verblüffend anmutende Frontstellungen im öffentlichen Pro und Kontra, die nicht ohne Einfluß auf die weitere rechtliche Regelung des Problems bleiben konnten.

Zunächst nur zum Kölner Urteil. Ausgehend vom Fall eines bei einer Beschneidung gravierend verletzten vierjährigen muslimischen

Jungen hatte das Gericht in einer Grundsatzentscheidung zu begründen versucht, warum die Beschneidung von Kindern als eine strafrechtlich zu ahndende »Körperverletzung« zu beurteilen sei: weil sie, erstens, eine »schwere und irreversible Beeinträchtigung der körperlichen Unversehrtheit« sei und weil sie, zweitens, dem Interesse des Kindes zuwiderlaufe, »später selbst über seine Religionszugehörigkeit entscheiden zu können«. Das sind zwei glasklare Kriterien, die eine Vereinbarkeit der bisherigen rituellen Beschneidungspraxis mit unserer Rechtsordnung prinzipiell ausschließen. Sie basieren auf ethisch-rechtlichen Grundwerten, die für unser Recht – und ein aufgeklärtes Menschenbild – unverfügbar sind: Niemand darf das Grundrecht auf körperliche Unversehrtheit zur Disposition stellen – der Schutz der körperlichen Integrität geht mit guten Gründen so weit, das selbst lebensrettende medizinische Eingriffe als Körperverletzung gelten, wenn ihnen die Einwilligung des Patienten fehlt. Nun kann auch die spitzfindigste rituelle Begründung, die im übrigen unsere Rechtsordnung gar nicht zu interessieren hat, nicht hinwegdisputieren, daß die Beschneidung ein gravierender Eingriff in die Integrität des Körpers ist: Das Wort, das Assoziationen an pflanzliche Veredelungsprozeduren weckt, ist außerhalb des rituellen Kontextes nichts weiter als die euphemistische Umschreibung einer Genitalverstümmelung, die keineswegs selten noch zusätzliche, unbeabsichtigte Verletzungen bewirkt.

Das heißt aber nicht, daß unser Recht die Beschneidung prinzipiell verbieten könnte: Bei uns genießen individuelle Selbstbestimmung und die Freiheit der Religionswahl den herausgehobenen Status von Grundrechten, die eine Beschneidung jedem, dem sie aus religiösen oder medizinischen Gründen wichtig ist, gestatten. Freilich: Individuelle Selbstbestimmung und Zustimmungsfähigkeit zu einem irreversiblen körperlichen Eingriff setzen Mündigkeit voraus, und diese fehlt ersichtlich sowohl Neugeborenen als auch Kindern im Alter zwischen vier und neun Jahren – es sind im wesentlichen diese Altersgruppen, die unter die Praxis ritueller Beschneidung fallen – noch völlig. Und da unsere Rechtsordnung kein Selbstbestimmungsrecht von Religionsgemeinschaften kennt, das das Prinzip individueller Selbstbestimmung aufzuheben gestattete, und da die Macht von Eltern über ihre

Kinder an der Integrität des kindlichen Körpers eine unübersteigbare Schranke findet, die durch keine wie auch immer geartete Begründung eingerissen werden kann, ist die Beschneidung Unmündiger, und nur um die geht es, rechtswidrig.

Welche Wellen der Empörung dieses klare Urteil aufwühlte, ist bekannt. Dabei konnte man mit Verblüffung sehr bald einen völligen Wechsel in der Wortführerschaft beobachten, nämlich das weitgehende Verstummen muslimischer Kritik – früher waren es vornehmlich muslimische Gemeinschaften wie Millî Görüş, die sich gegen beschneidungskritische Ansichten in der Öffentlichkeit exponiert hatten – und das fast alleinige Hervortreten jüdischer Stimmen. Es schien, als würden die muslimischen Kämpfer einen kalkulierten Rückzug aus dem öffentlichen Meinungskampf antreten, als habe man intern eine Vereinbarung über ein strategisches Stillhalten geschlossen, um kampflos an den Benefizien partizipieren zu können, die der entschlossene Einsatz der jüdischen Verbände, auf die sich von seiten der Muslime ansonsten gemeinhin nur Antiaffekte richten, zu erbringen versprach. Und an der Vehemenz, mit der die jüdischen Interessengruppen fochten, wurde die fundamentale Bedeutung der Beschneidung für jüdisches Selbstverständnis spürbar; eine Bedeutung, für die man ein Mitstreiten für einen ansonsten wenig geliebten religiös-politischen Antipoden gern in Kauf nahm. Wahrhaftig eine merkwürdige Koalition, die aber den Außenstehenden daran erinnern konnte, daß es außer der Beschneidung noch einige andere wesentliche rituelle Gemeinsamkeiten zwischen Judentum und Islam gibt, etwa die Schlachtgebote und Reinheitsvorschriften über den Fleischverzehr.

Was war an dieser öffentlichen Meinungsfehde auffallend? Einleitend sei das eigentlich Selbstverständliche hervorgehoben, daß man sich bei derartigen massenmedial ausgefochtenen Konflikten nicht allzu sehr über argumentative Irrationalitäten ärgern sollte. Hier spielen Stringenz und die Dignität von Argumenten immer nur eine untergeordnete Rolle, es geht um rhetorische Techniken der Meinungsbeeinflussung zum Zwecke der Durchsetzung eigener Interessen; um massenwirksames Einschüchtern, Drohen und Umschmeicheln. Und deshalb mußte auch in dieser Debatte der entscheidende Punkt schon sehr bald hinter den Rauchwolken propagandistischer Kanonaden unkenntlich werden: daß das Thema nicht primär die Beschneidung als solche ist, sondern die rechtliche Klärung der Beschneidungspraxis Unmündiger, das angemaßte Recht von Religionskollektiven zur Genitalverstümmelung der nachkommenden männlichen Generation, das sie um keinen Preis aufzugeben willens sind.

Es waren im wesentlichen vier Eigentümlichkeiten, die einem Beobachter des Meinungsstreites mehr und mehr ins Auge stachen. Da war *erstens* der merkwürdige Kontrast zwischen einer Rhetorik der Bagatellisierung und einer Rhetorik der Dramatisierung im religiöspolitischen Lager der Befürworter. Zur Bagatellisierung gehörte etwa der Topos vom »kleinen Stückchen Haut« und dem Eingriff als einer vernachlässigenswerten medizinischen Winzigkeit. Daß sich daran ein »Furor Teutonicus«, so ein Kommentator in der *Welt*, entzünde, sei doch eher komisch, eine »deutsche Posse«. Ganz und gar nicht komisch freilich fanden Mitglieder des Ethikrates, wie die *FAZ* (3.9.2012) berichtete, ein ihnen in wohlmeinender Absicht zur Demonstration der Harmlosigkeit vorgeführtes Video über das traditionelle jüdische Beschneidungsritual. Dieses Ritual, das sollte man dazu wissen, wird als feierlich-sakraler Akt in einer seit Urzeiten standardisierten Grundform an acht Tage alten Säuglingen in einer rein männlichen Gemeinschaft vollzogen, deren Hauptfigur der Beschneider, der »mohel«, ist. Dieser durchschneidet mit einer Schere zunächst die Penisvorhaut des unbetäubten Säuglings, entfernt dann durch Schneiden und Wegreißen deren inneres Hautgewebe und saugt danach mit seinem Mund das Blut der Beschneidungswunde ab. Vor allem dieser letzte Teil der Prozedur, die »metzitzah«, bei der sich der Mund des Beschneiders mit dem Säuglingsblut einfärbt, war für nichtjüdische Augen immer besonders befremdlich – davon zeugt auch die Reaktion des großen französischen Essayisten Michel de Montaigne, der in seinen Reisetagebüchern von 1581 das Erlebnis einer ansonsten vollkommen vorurteilsfrei geschilderten Beschneidung in Rom beschreibt. Bis Mitte des 19. Jahrhunderts übrigens, das sei noch eher als Kuriosum hinzugefügt, fungierte als Hauptwerkzeug der Beschneidung der langgewachsene und zugespitzte Daumennagel des Beschneiders, der ein prestigeträchtiges Distinktionsmerkmal des traditionellen »mohel« war.

Nach diesen kurzen Hinweisen wird wohl leichter nachvollziehbar, daß unter den Mitgliedern des Ethikrates, die anderes erwartet hatten, während der Videodemonstration zunehmend Unruhe entstand, eine Frau in Ohnmacht fiel und ein Mann empört »Sadist!« rief. Für sie jedenfalls kam eine weitere Bagatellisierung der Beschneidung à la »kleines Stückchen Haut« nicht mehr in Frage. In augenfälligem Kontrast zur Bagatellisierung standen nun jene Dramatisierungsversuche jüdisch-politischer und rabbinischer Repräsentanten, die vom Kölner Urteil einen Bogen zum Antisemitismus und sogar Holocaust schlugen und behaupteten, damit sei zum »zweiten Mal« jüdisches Leben in Deutschland unmöglich geworden. Daß solche Äußerungen unanständig sind, wie der deutsch-jüdische Historiker Michael Wolffsohn (*Die Welt*, 28.8.2012) hervorhob und nur der moralischen Erpressung dienen, ist genauso evident wie ihr Widersinn, denn schließlich richtete sich das Kölner Urteil genauso gegen die islamische Beschneidungspraxis, müßte demnach auch »antiislamisch« genannt werden.

Außer dem Wechsel zwischen Bagatellisierungs- und Dramatisierungstechniken war *zweitens* ein gelegentliches Ausweichen der Streiter für das archaische Ritual in eminent säkulare Sinnkontexte auffallend, ihr manchmal eingeflochtener Rekurs auf die moderne Wissenschaft: Die Beschneidung sei nicht nur als uralte religiöse Praxis geadelt, auf sie falle zusätzlich der Glanz der Wissenschaft, denn sie habe eine erwiesenermaßen positive Funktion im Rahmen präventiver Krankheitsabwehr. Tatsächlich war dieses Nebenargument bis vor noch gar nicht langer Zeit eine in der amerikanischen Medizin verbreitete Überzeugung, aber mittlerweile hat man genauer die Geschichte der Beschneidung in der modernen Medizin unter die Lupe genommen und zweifelsfrei erhärten können, daß sich hinter dieser Behauptung eines der unrühmlichsten Kapitel der modernen Wissenschaftsgeschichte verbirgt, ein vornehmlich in den USA entstandener wissenschaftlicher Aberglaube, der dazu geführt hat, daß hier bis in die Gegenwart viele neugeborene Jungen ganz außerhalb eines rituellen Zusammenhangs beschnitten werden, allein eines angeblichen medizinischen

Nutzwertes wegen. Der US-Amerikaner David Gollaher hat sich mit der Geschichte dieses Aberglaubens detailliert auseinandergesetzt und überzeugend begründet, daß keines der Argumente, die ab Mitte des 19. Jahrhunderts bis in die Gegenwart für den präventiven Nutzen der Beschneidung ins Feld geführt worden sind – gegenwärtig wird besonders die Aids-Abwehr gerühmt –, einer genaueren Überprüfung standhält. Gollahers Studie legt die Vermutung nahe, daß der Glaube an einen angeblichen »hygienischen« Wert der Beschneidung ursprünglich ganz wesentlich durch weitverbreitete sexualitätsfeindliche Reinheitsphantasien genährt worden ist; durch Reinheitsphantasien, die sich mit obsessivem Argwohn auf den Penis ausgerichtet hatten und nun in dessen Vorhaut eine höchst zwielichtige Herberge zu erkennen vermeinten: ein Zentrum der Lust und einen Tummelplatz für gefährliche Krankheitserreger. Damit stimmt überein, daß die Beschneidung als Präventivmaßnahme gegen die Masturbation noch die ganze erste Hälfte des 20. Jahrhunderts hindurch einen prominenten Rang bei der sogenannten Krankheitsprävention einnahm. Umso skandalöser ist es, daß in den USA noch in der Gegenwart die Mär vom medizinischen Nutzen der Beschneidung von einer Medizinerlobby lautstark propagiert wird. Verschwiegen wird dabei nur ihr handfestes finanzielles Interesse und das Faktum, daß der Prozentsatz der postoperativen Komplikationen nach ›normalen‹ Beschneidungen mit bis zu 38 Prozent außerordentlich hoch ist.

In der Debatte um die rituelle Beschneidung notieren wir *drittens* die Beobachtung, daß man unter den Beschneidungssympathisanten recht heterogene weltanschauliche Motive finden konnte. Da war einerseits jene meinungsmächtige große Klientel aus dem Lager eines entleerten Toleranzbegriffs, für die der kriterienlose Respekt vor jedem fremdkulturellen Brauch als Zeichen für Progressivität fungiert. Ihnen zugesellt waren Politikergruppen, die, weltanschaulich eher desinteressiert, nur weiteren Konflikten aus dem Weg gehen wollten. Aber da waren andererseits auch respektable Konservative wie der Philosoph Robert Spaemann, den die Sorge um eine Welt ohne religiöse Transzendenz umtreibt. Spaemanns Parteinahme für die Beschneidung Unmündiger basierte auf einer Argumentation, die den Gedanken der

Selbstbestimmung zu berücksichtigen vorgab: Die Freiheit der Wahl für oder gegen eine Religion könne man erst dann erlangen, wenn man die Kraft ihrer Rituale ›von innen‹ her erfahren habe. Aber es bleibt Spaemanns Geheimnis, weshalb einem bis zur Mündigkeit Unbeschnittenen die Kraft des religiösen Glaubens vorenthalten werden könnte. Ist ein beschnittener Penis das einzig gültige Eintrittsbillett für den Besuch der Synagoge oder Moschee?

Und *viertens* wurde bald deutlich, daß den Beschneidungsgegnern – das waren vornehmlich Ärzte, Repräsentanten von Kinderschutzverbänden, Psychologen, aber auch jüdische Stimmen, die an eine namentlich im 19. Jahrhundert starke Reformtradition anknüpften – mehr und mehr die massenmedialen Plattformen für die Verbreitung ihrer Argumente wegbrachen. So war es angesichts ihrer weit geringeren Meinungsmacht nicht verwunderlich, daß der von der Bundesregierung vorgelegte Gesetzentwurf, von kleinen Zugeständnissen abgesehen, im wesentlichen den Wünschen der Befürworter entgegenkam. Das Gesetz wurde letztlich vom Bundestag Ende 2012 beschlossen, u.a. mit der Festlegung, daß die religiöse Beschneidung an Unmündigen »nach den Regeln der ärztlichen Kunst durchgeführt« werde und das Kindeswohl nicht gefährdet sei.

Was hat es aber mit dem Phänomen der rituellen Beschneidung grundsätzlich auf sich? Wie ist die bedingungslose Vehemenz der jüdischen und muslimischen Streiter zu erklären? Welche Bedeutung hat das Ritual also in beiden Religionen? Ist die Sakralisierung der Gliedverstümmelung eine *conditio sine qua non* ihrer Existenz? Und: Welche Bedeutungen verbergen sich im Ritual selbst? Auf welche tieferen Bedeutungsschichten verweisen also seine religiösen Sinnelemente? Zur Beantwortung der letzteren Frage wird man den Blick über die Grenzen beider Religionen hinaus richten müssen. Denn die Beschneidung ist keine jüdische Erfindung, sondern wurde davor bereits in Ägypten und bei vielen Naturvölkern praktiziert. Hier war sie das zentrale Element in Initiationsriten für den Übergang vom Jungen- zum Mannsein – die Beschneidung des männlichen Gliedes ist tatsächlich eines der archaischsten Rituale in der Menschheitsgeschichte, das bis heute manche Rätsel aufgibt. Aber der Blick auf den Beschneidungsbrauch bei Naturvölkern vermag auch Rätsel aufzuklären, denn hier enthüllen sich deutlich Sinnmerkmale, die auch im Kontext von Judentum und Islam trotz ihrer Amalgamierung mit anderen Motiven eine tragende Rolle spielen und das religiöse Ritual somit besser verstehbar machen.

Die Reflexion der Beschneidungsthematik muß aber noch eine weitere Ebene einschließen. Warum eigentlich wird gerade die Beschneidung Unmündiger so heftig verteidigt? Wie ist die Kompromißlosigkeit namentlich in diesem Punkt zu erklären? Eine These wäre, daß das keineswegs alleine auf das religiöse Gewicht des Rituals selbst zurückführbar ist, sondern ganz wesentlich auch darauf, daß die Wortführer selbst als Unmündige beschnitten worden sind. Die Beschneidung markiert Zugehörigkeit in einem ganz frühen Alter und macht ihren späteren Widerruf für die Beschnittenen, also den Gruppenaustritt im Erwachsenenstadium, zu einer kaum übersteigbaren Hürde; und sie wirkt als fraglose Disposition, die Markierung auf die nächste Generation zu übertragen: Die Beschneidung, so die Annahme, ist also eine ingeniöse sozialpsychologische Erfindung zur Sicherung des Gruppenerhalts in der Generationenfolge, sie war eines der zentralen Mittel, um gerade das Judentum als eine separierte Gemeinschaft mit eigener Identität über die Jahrtausende zu bewahren. Somit enthalten auch die dramatisierenden Behauptungen, die ein Beschneidungsverbot als fundamentale Bedrohung ihrer Religionsgemeinschaft ausmalen, mehr als nur einige Körnchen Wahrheit.

Beginnen wir unsere Analyse mit einem allgemeinen Hinweis. Für alle religiös-magischen Rituale gilt gemeinhin, daß es weniger das Wissen um ihre tieferliegenden Bedeutungsschichten ist, das sie erhält, sondern daß sie ganz wesentlich deswegen praktiziert werden, weil sie praktiziert werden: Jede Ausübung der strikt vorgeschriebenen Formelemente eines Rituals wirkt als dessen Bekräftigung; und jede Bekräftigung als Stimulus für dessen weitere Ausübung – so entsteht ein sich selbst tragender Zusammenhang, ein sich fraglos fortspinnendes Band ehrfurchtgebietender religiöser Traditionen. Auch im Judentum und Islam sind, wie die Debatte zeigte, vielen Betroffenen viele Bedeutungskomponenten des Beschneidungsrituals gar nicht bewußt, und manchmal hatte man den Eindruck, als seien bezüglich seines Sinns quasi beliebige Meinungen möglich. Nun gibt es allerdings dreierlei, was das Spektrum möglicher Deutungen einschränkt. Das ist einmal seine manifeste Zeichenebene, dann unser Wissen um seine ursprünglichen Entstehungszusammenhänge und schließlich die Auskunft, die uns die sakralen Schriften über seine Bedeutung erteilen. Auf der Basis dieses Wissens kann man die These aufstellen, daß alle uns bekannten rituellen Beschneidungsbräuche mindestens fünf grundlegende Bedeutungskomponenten aufweisen, die in den verschiedenen religiös-kulturellen Kontexten nur jeweils unterschiedlich akzentuiert und mit religiösem Sinngehalt gefüllt werden: Die Beschneidung ist ein magischer Fruchtbarkeitsritus; sie soll eine zweite Geburt der Person bezeichnen, ihre Wandlung zum Mannsein; sie ist ein Opfer; sie ist ein Reinigungs- und Reinheitsritual; und sie ist ein Mechanismus zur Konstituierung von Zugehörigkeit, der Zugehörigkeit eines Einzelnen zu einer Gruppe.

Was die Bedeutung der Beschneidung als eines magischen Fruchtbarkeitsbrauchs betrifft, so erschien ihr Objekt in den aktuellen Diskussionen manchmal wie eine vernachlässigbare Nebensache. Deswegen sei daran erinnert, daß in der Prozedur weder das Ohr, die Nase, die Hand oder der Fuß beschnitten wird, sondern jener Körperteil, den pubertierende Jungen häufig in schmeichelnd-ängstlichen Phantasien ob seines manngerechten Funktionierens einen ganz persönlichen Spitznamen geben und den manche Erwachsene ihr »bestes Stück« und viele Amerikaner ihren »Dick« zu nennen pflegen: der Penis. Weder in den historisch frühesten Beschneidungszeremonien noch im alten Ägypten, noch im frühen Judentum selbst war es aber der Penis von Neugeborenen oder noch eher kleiner Kindern, der beschnitten wurde, sondern der Penis in jenem biologischen Stadium, in dem sich ihm aus seiner Fähigkeit, sich zu mannhafter Größe emporzurecken, eine Welt ganz neuer Erfahrungen öffnet, also der fruchtbar gewordene Penis. Dem nunmehr erwachsenen Glied rückte man übrigens in allen drei Fällen gewöhnlich mit scharfen Steinklingen zu Leibe.

Erinnern wir uns nun noch an die religionsgeschichtlich besonders wichtige biblische Erzählung über die göttlich auferlegte Selbstbeschneidung Abrahams, des Stammvaters von Judentum, Christentum und Islam, über die im Alten Testament, in der Genesis, berichtet wird.

Sie behandelt die Entstehung des Bundes zwischen Gott und Abraham, eines bereits hundertjährigen Mannes, dessen Ehe mit der neunzigjährigen Sarah kinderlos geblieben war. Abraham war lediglich Vater eines mit Sarahs Dienstmagd Hagar gezeugten Sohnes namens Ismael. Gott forderte nun von Abraham, sich zu beschneiden, und stellte ihm dafür reichen Lohn in Aussicht, nämlich Kindersegen noch in seinem hohen Alter; und den männlichen Teil dieser Nachkommenschaft sollte Abraham ebenfalls beschneiden, und zwar am achten Tag nach der Geburt. Laut Bibel präparierte Abraham daraufhin sein Glied im Sinne des göttlichen Befehls mit einer Axt, und darauf reifte in diesem wie durch Zauberwirkung eine mächtige Potenz heran, die ihm mit Sarah die Zeugung Isaaks ermöglichte und nach Sarahs Tod die Gründung einer neuen Familie mit großer Nachkommenschaft.

Wir wollen die Bedeutung des Bundes zwischen Abraham und Gott für jüdisches Selbstverständnis zunächst noch gar nicht ansprechen. Es genügt der Hinweis auf die enge Verknüpfung zwischen Beschneidung und Fruchtbarkeit, die hier als Belohnung Gottes imaginiert wird: Die Beschneidung ist also eine magische Potenz- und Fruchtbarkeitsprozedur, und die Evidenz dieser These erhärtet sich noch, wenn man ihre zentrale Stellung in den Übergangsriten von Naturvölkern betrachtet. Auch die sakrale Überhöhung, die im Judentum und im Islam im Gegensatz zum Christentum die Fortpflanzung und Vermehrung und der Gedanke des Weiterlebens in der männlichen Nachkommenschaft spielen, paßt genau zu diesem Bedeutungskern. Warum aber, so drängt sich sofort die Frage auf, wird gerade der beschnittene Penis mit Potenz und Fruchtbarkeit assoziiert? Wie läßt sich die Entstehung dieser Verbindung in der menschlichen Frühgeschichte denken? Die Antwort scheint auf der Hand zu liegen: Es sind die Ähnlichkeiten zwischen dem erigierten und dem beschnittenen Penis, durch die sich diese Assoziation in der menschlichen Frühgeschichte – natürlich auf der Basis eines Wissens über die Grundvorgänge der Fortpflanzung – gebildet hat. Demnach würde die Beschneidung ursprünglich auf den magischen Wunsch zurückgehen, den Penis im Zustand seiner Zeugungsfähigkeit sozusagen als seinem Normalzustand zu fingieren. Dieser Gedanke erscheint auch deswegen plausibel, weil er genau zur Logik magischen Denkens – aus Dingähnlichkeiten auf gleiche Wirkungen zu schließen – paßt.

Kommen wir nun zur *zweiten* Grundkomponente aller Beschneidungsrituale, die im Zentrum der Übergangsriten von Naturvölkern steht, aber in mehr oder weniger verdeckter Form auch in den Hochreligionen fortlebt: Die Imagination der Beschneidung als einer zweiten Geburt; einer Neugeburt, die den Jungen vom Makel seiner Geburt aus dem Mutterleib befreien und der mütterlichen Obhut entziehen und ihn – qua beschnittenem Glied – in ein vollwertiges Mit-Glied einer auf eigenen Gesetzen beruhenden Welt des Mannes verwandeln soll. Dieses Merkmal läßt sich anhand der Übergangsriten von Naturvölkern, die von Arnold van Gennep 1909 eingehend analysiert worden sind, skizzieren. Alle Übergangsriten kreisen auf der Symbolebene um die großen Themen von Sterben, Tod und Wiedergeburt. Dabei wird das symbolische Sterben des Jungen mit seiner Entfernung von der Mutter zusammengedacht, und oft werden die Initianden auch faktisch für eine gewisse Zeit örtlich separiert und auf ihre Wiedergeburt als Männer vorbereitet. Diese Wiedergeburt vollzieht sich typischerweise in einem rein männlichen Zeremoniell, unter Ausschluß der Frauen. Dabei kommen oft furchteinflößende Masken zum Einsatz, die knabenverschlingende und wiedergebärende Ungeheuer darstellen sollen. Kern der Neugeburt des Jungen als Mann ist dann die Beschneidung, die die Jungen bei manchen Völkern in einem Zustand tranceartiger Ekstase erleben, während sie sie in anderen ohne Kundgabe von Schmerzen über sich ergehen lassen müssen. Mit dem seiner Vorhaut beraubten Penis, die übrigens nach Maßgabe genau definierter magischer Regeln ›entsorgt‹ wurde, ist dann die Wandlung zum Mann im wesentlichen abgeschlossen.

Finden sich Anklänge an diese archaischen Mannbarkeitsriten im islamischen und jüdischen Beschneidungsritual wieder? Im Islam wird die Beschneidung, die »khitan« genannt wird, zumeist im Rahmen eines großen Festes vollzogen, für das der Junge oft wie ein Bräutigam geschmückt wird – ein symbolischer Hinweis auf jenen Zustand des Mannseins, auf den die Beschneidung vorbereiten soll. Mancherorts erscheinen die Jungen zur Zeremonie aber auch in Mädchenkleidern, und erst danach wird ihnen ein männliches Gewand umgetan, was anzeigt, daß das Unbeschnittensein mit Femininität assoziiert wird. Dazu paßt die in islamischen Ländern als Erbteil archaischer Volksmythen weitverbreitete Vorstellung von einer anfänglichen Zweigeschlechtlichkeit des Knaben: Der Vorhaut wird eine feminine Seele zugeschrieben, deren Entfernung erst volle Maskulinität herstellt. Komplement dieses Volksglaubens ist übrigens die Phantasie von der maskulinen Seele der weiblichen Klitoris, die eine mitwirkende Rolle in den grausamen weiblichen Genitalverstümmelungen in manchen islamischen Ländern spielt. Der Gedanke, daß auch im jüdischen Beschneidungsritual am achten Tag nach der Geburt, das »B'rit Mila« genannt wird, Vorstellungen über die Entfernung des gerade Geborenen aus der mütterlichen Welt und die Imagination einer männlichen Neugeburt mitwirken könnten, scheint zunächst unplausibel. Aber man schaue doch auf das Ritual in seiner klassischen Form: Einmal abgesehen davon, daß der Säugling ja faktisch den mütterlichen Armen entrissen und ihm physischer Schmerz zugefügt wird, findet die Zeremonie in einer ausschließlich männlichen Gemeinschaft statt, auch ohne die Mutter. Hier wird ihm – in einiger Analogie zur christlichen Taufe – sein Name gegeben, und hier wird er Gott zugeordnet, wird zu einem Mitglied des privilegierten »Bundes«, den Jahwe mit seinem Volk geschlossen hat.

Aber warum will Jahwe, daß der Säugling so bald nach der Geburt ihm, in einem ausschließlich männlichen Ritual, zugeordnet wird? Darüber findet man in den heiligen Schriften zwar Andeutungen, aber keine hinreichende Auskunft. Die Andeutungen lassen sich aber in folgende Spekulation übersetzen. Zunächst sei darauf hingewiesen, daß wir im Alten Testament einen sehr männlichen Gott kennenlernen, der nicht nur den Männern seines Volkes eine fraglose Vorrangstellung vor den Frauen einräumt, sondern selber Eigenschaften hat, die man mit einem eher negativen Männlichkeitsbild verbindet. Er ist jähzornig, gewalttätig und eifersüchtig. Manchmal drängt sich die Vermutung auf, daß Jahwe den Frauen ihr biologisches Privileg, Leben zu schenken, neidet. Möchte er vielleicht mit der Beschneidungszeremonie die Dinge wieder geraderücken und demonstrieren, daß als entscheidende Geburt nicht die biologische zu gelten hat, sondern der Aufnahmeritus in den Bund, der allererst, qua Beschneidung, die zukünftige Fruchtbarkeit des Säuglings gewährleistet? Jedenfalls erscheint plausibel, daß Gott mit der Beschneidung auch eine Kennzeichnung des Vorranges des Mannes vor der Frau im Prozeß der Reproduktion des Lebens anstrebte.

Kommen wir zur *dritten* grundlegenden Sinnkomponente des Beschneidungsrituals, dem Opfer. Es ist ja bekannt, daß die Götter aus dem Füllhorn ihrer Gaben wenig zu verschenken pflegen, sie verlangen Gegenleistungen, und daß diese gering sein könnten, wenn sie für eines der vitalsten menschlichen Anliegen, ihre Fortpflanzung nämlich, in Anspruch genommen werden, ist kaum zu erwarten. Für derartige Anliegen liebten die Götter besonders Opfer, bei denen Blut floß, Menschenblut. Daß Opfervorstellungen in das Beschneidungszeremoniell mancher Naturvölker hineinspielten, scheint gewiß, unübersehbar aber ist ihre Relevanz im Judentum, in dem, wie im Islam, der Topos des heiligen Blutopfers eine kaum überschätzbare Rolle spielte. Von der Bedeutung der Beziehung der Beschneidung zum Opfer künden eindeutig sowohl alttestamentliche als auch mittelalterliche sakrale jüdische Texte, wenn auch der genaue Sinn manchmal schwer entzifferbar ist. Eines der ältesten Sinnelemente scheint aber der Gedanke der Substitution des Menschenopfers, sprich: des Opfers des erstgeborenen Sohnes gewesen zu sein. Das Opfer des erstgeborenen Sohnes am achten Tage nach der Geburt war offensichtlich ein im spätbronzezeitlichen Kulturkreis des südöstlichen Mittelmeerraumes verbreitetes Phänomen, und welche Bedeutung das Sohnesopfer in der Vorstellungswelt gerade des frühen Judentums eingenommen haben muß, zeigt eindringlich Gottes Forderung an den jüdischen Stammvater Abraham, ihm seinen Sohn Isaak zum Opfer zu bringen, von der das Alte Testament berichtet. Wir kennen den Fortgang der Geschichte: Gott gibt sich schließlich mit einem Tieropfer zufrieden, aber keineswegs aus einer Anwandlung genuinen Mitgefühls, sondern weil ihm Abrahams bedingungslose Gehorsamsbereitschaft die Gewißheit gegeben hat, jederzeit wieder das Äußerste verlangen zu können.

Schauen wir noch kurz auf eine andere berühmte Geschichte, jene von den zehn Plagen, mit denen Gott das ägyptische Volk heimsucht, damit der Pharao seine Einwilligung zum Exodus, dem Auszug des Volkes

Israel, erteilt. Die Plagen sind als demonstrative Zeichen göttlicher Macht gedacht, die den Pharao in die Knie zwingen sollen und gehorchen einer Strategie der Eskalation der Gewalt, deren letztes Zeichen auf Gottes unumschränkte Tötungsmacht verweisen soll: Gott tötet alle erstgeborenen ägyptischen Söhne, spart in seinem Furor aber die Familien seines Volkes aus, weil diese die Türen ihrer Häuser mit dem Blut des Passah-Opfers markiert hatten. Die Teilnahme am Passah-Opfer aber hat zur Voraussetzung, wie der biblische Bericht unterstreicht, die Beschneidung. Biblische Texte wie diese legen also die Vermutung nahe, daß auf der Sinnebene der Beziehung zwischen Beschneidung und Opfer als zwei der zentralen Ursprungsmerkmale der Gedanke der Substitution des Sohnesopfers und der Gedanke der Demonstration der bedingungslosen Gehorsamsbereitschaft gegenüber Gott aufgefaßt werden sollten. Übrigens wird die Evidenz dieser Vermutung durch Vorschriften des jüdischen Beschneidungszeremoniells, wie es bis in die Gegenwart noch oft üblich ist, verstärkt: Der Vater, nächst dem Beschneider stehend, übergibt diesem den Neugeborenen, wobei er eine Gebetsformel spricht, die die Handlung als ein dem göttlichen Befehl folgendes Opfer kennzeichnet. Der Beschneider antwortet dann mit einer Formel, in der sich der Wunsch äußert, Gott möge das Blut der Beschneidung als Opfer anerkennen.

Wir haben bisher drei Bedeutungsdimensionen der Beschneidung kennengelernt – ihre Rolle als magischer Fruchtbarkeitsritus, die Symbolisierung der Mannwerdung und ihre Beziehung zum Opfer –, die vermutlich zu den ältesten Sinnschichten des Rituals gehören. Von großer Wichtigkeit sind aber noch zwei weitere Komponenten, ohne die weder die jüdische noch islamische Variante desselben hinreichend verständlich wird: die Verbindung der Beschneidung mit mythischen Vorstellungen von spirituell-physischer Reinheit und Reinigung sowie ihre Relevanz für die Markierung von Zugehörigkeit.

Die Assoziationen des Beschnittenseins mit »Reinheit« und der Beschneidung mit »Reinigung«, als hier *vierte* Bedeutungskomponente angeführt, tauchen in jüdischen und islamischen sakralen Schriften häufig auf, wobei freilich der genaue Symbolgehalt dieser Topoi in der Regel obskur bleibt. Wir wissen aber, daß genau diese Beziehung – die

Assoziation von Beschneidung mit Reinheitsphantasien – im alt-ägyptischen Beschneidungszeremoniell von zentraler Bedeutung war, was die Annahme nahelegt, daß altägyptische Reinheitsmetaphern in die jüdische Metaphorik und Merkmale der jüdischen in die islamische eingewandert sind. Nun hatte im altägyptischen Zeremoniell die Reinheitsmetaphorik aber keineswegs nur eine dunkel-mythische sakrale Bedeutung, sondern zugleich einen ganz profanen sozialen Sinngehalt: Reinheit stand für ein angebliches Bessersein, war ein Terminus sozialer Distinktion, der Selbstdefinition von Gruppen, mit der sie einen behaupteten Status des Höher- und Edlerseins in der Differenz zu anderen Gruppen zu markieren trachteten. So ließen sich offensichtlich in Ägypten vornehmlich Adlige beschneiden und bezogen aus der Prozedur einen zusätzlichen Prestigegewinn, und man wird schwerlich abstreiten können, daß Juden und Muslimen aus der mit der Beschneidung verknüpften Reinheitsmetaphorik immer auch Superioritätsgefühle gegenüber den anderen, den Unbeschnittenen und mithin »Unreinen«, zugeflossen sind – viele jüdische und islamische Sprachfloskeln unterstreichen das. Die behauptete Mitgliedschaft in »Gottes auserwähltem Volk« qua Beschneidung im Judentum ist nur eine extrem sakralisierte Überhöhung derartiger Superioritätsgefühle.

Mit diesen Gedanken ist bereits die Brücke zur *fünften* Bedeutungskomponente der Beschneidung, der Markierung von Zugehörigkeit, geschlagen. Abstrahiert man von allen magisch-mythisch-religiösen Kontexten, dann verbleibt als harter Kern aller Beschneidungszeremonien immer ein Merkmal: daß hier durch eine physische Verletzung, die Verstümmelung eines psychisch hochbesetzten Körperteils – des männlichen Genitals – ein Einzelner einem Kollektiv, einer sei es geschlechtlich, ethnisch, religiös oder sozial definierten Gruppe, zugeordnet wird; und daß gerade die Irreversibilität des seinem Körper eingeschriebenen Mals gewährleisten soll, daß er diese auferlegte Zugehörigkeitsdefinition zu seiner eigenen macht, sich also, weil beschnitten, den Männern, Juden, Muslimen oder welcher Gruppe auch immer zugehörig fühlt. In diesem Sinne funktioniert die Beschneidung als ein simpler Mechanismus grenzziehender Inklusion.

Es gibt gerade auch im Alten Testament Erzählungen, in denen die sonstigen religiösen Sinngebungen gar nicht auftauchen und ausschließlich der rein soziologische Zugehörigkeitsaspekt eine Rolle spielt. Das ist zum Beispiel in der extrem brutalen Episode über die Vergewaltigung von Jakobs Tochter Dinah durch einen Stammesfremden, die man in der Genesis (34, 14–17) findet, der Fall: Hier fungiert die Beschneidung nur als Instrument ethnischer Zuordnung, der Zugehörigkeit zum Stamm der Israeliten. Freilich: Im Judentum hat der eher profane Gesichtspunkt der Zugehörigkeit eine singuläre Radikalität durch seine sakrale Überhöhung im Gedanken des Bundes bekommen; einer Konstruktion, in der die Zugehörigkeit zum Judentum mit der Zugehörigkeit zu Gott verkoppelt wird: Die Beschneidung ist ein Befehl Gottes, und nur im Gehorsam diesem Befehl gegenüber konstituiert sich sein Volk und die Zugehörigkeit des Einzelnen zu ihm. Dieser zweifache Zugehörigkeitsaspekt im Gedanken des Bundes aber schließt auch eine doppelte Drohung ein: Der Unbeschnittene gehört weder zum Volk noch zu Gott, er ist zweifach heimatlos oder verstoßen, und ganz in diesem Sinn sagt Gott laut Genesis zu Abraham: »Und wo ein Mannsbild nicht wird beschnitten an der Vorhaut seines Fleisches, des Seele soll ausgerottet werden aus seinem Volk, darum daß es meinen Bund unterlassen hat.«

Die Beschneidung, so konnten wir gerade erkennen, markiert den Kern jüdischer Identität. Sie konstituiert das Jüdischsein über den Umweg einer exklusiven Beziehung zu Gott im Bund, wirkt als Medium einer sakralisierenden Weihe ethnischer Zugehörigkeit, sie bestimmt also das Volk zugleich als auserwähltes Volk. Diese zentrale Bedeutung für das eigene Selbstverständnis unterscheidet den jüdischen vom islamischen Beschneidungsritus. Zwar gilt unter Muslimen als unbezweifelbare Wahrheit, daß ihr Prophet bereits beschnitten das Licht der Welt erblickt habe, aber in ihrer »heiligen Quelle«, dem Koran, wird die Beschneidung gar nicht erwähnt, während sie in den anderen heiligen Schriften, dem sogenannten Hadith, zwar als Forderung des Propheten öfter auftaucht und als Voraussetzung für die Teilnahme an der Pilgerreise nach Mekka fungiert, aber keineswegs mit jenem Gewicht religiösen Sinns befrachtet ist wie im Judentum. Deswegen ermangelt das Ritual in der islamischen Welt auch jener Standardisierung, die die jüdische Beschneidung charakterisiert. Sie gilt zwar als ein wesentliches Eintrittsbillett in die »Umma«, die islamische Gemeinschaft der Gläubigen, wird aber in recht unterschiedlichen Formen vollzogen und ganz wesentlich praktiziert, weil sie praktiziert wird: als Brauch, als weitgehend unhinterfragte religiös-ethnische Tradition.

Wir hatten beim Beschneidungsritual im Judentum gesehen, daß der Aspekt der Zugehörigkeit in einer singulären Zuspitzung radikalisiert worden ist: Die Beschneidung konstituiert – über den Umweg der Beziehung zu Gott – das Jüdischsein. Ihre zentrale Bedeutung für die Definition von Zugehörigkeit macht aber bald eine Frage unabweisbar: Und die Frauen? Im Gegensatz zu den in vielen islamischen Ländern aus Gründen der Kontrolle der Frau und ihrer Lust praktizierten Genitalverstümmelungen werden die Frauen im Judentum ja generell nicht beschnitten. Gott hat keine Beschneidung der Frau gefordert. Haftet den jüdischen Frauen, weil unbeschnitten, dann aber nicht ein irgendwie gearteter Makel des Nicht-Jüdischen an? Ist das Inklusionsritual auf der Geschlechterebene also zugleich ein Exklusionsritual? Dient das Opfer der Beschneidung auch als Akt der Bekräftigung eines religiös-gesellschaftlichen Vorrechts des Mannes? Man wird diese Fragen bejahen müssen.

Tatsächlich war die Definition jüdischer Identität eine wesentlich patriarchalisch konnotierte Angelegenheit, es herrschte, wie in allen traditionalen Gesellschaften, ein Vorrang des Mannes vor der Frau, also eine gleichsam gestufte Zugehörigkeit, durch die der Frau ein jüdischer Status minderen Ranges zugewiesen wurde. Nun muß man aber zugleich wissen, daß im Judentum das matrilineare Abstammungsprinzip gilt: Als Jude wird der Abkömmling einer jüdischen Mutter definiert, unabhängig vom national-ethnischen Status des Mannes, die Frau spielt also auch eine große Rolle für die Zugehörigkeitsdefinition. Dadurch entstanden gedankliche Widersprüche und Paradoxien, die aber in der jüdischen Tradition kaum jemals größere Probleme bewirkten, jedenfalls solange nicht, wie der Beschneidungsritus in unbefragter Selbstverständlichkeit ausgeübt wurde. Erst im 19. Jahrhundert und in der Gegenwart wurden sie zum Auslöser kritischer jüdischer Selbstbefragung.

Von christlicher Seite allerdings wurden die separierenden Aspekte der Beschneidung – die Selbstabgrenzung der Juden und die Nichtberücksichtigung der Frau – schon frühzeitig kritisch deutlich gemacht. Dem stellte man das eigene universalistische Selbstverständnis, die Möglichkeit der Christwerdung für prinzipiell jeden allein durch den Glauben und die Taufe als positives ethisches Prinzip entgegen. Am überzeugendsten hat der Apostel Paulus, der ja selbst jüdischer Herkunft und somit, wie Jesus auch, beschnitten war, diese Kritik vorgetragen. Die Zugehörigkeit zu Gott, so Paulus, beruhe nicht auf einem physischen Einschnitt in den Körper, sondern sei eine ausschließlich geistige Tugend, ein Glaubenszustand, eine Sache des Herzens. Im Christentum bedürfe es nicht mehr des bei der Beschneidung vergossenen Blutes als eines persönlichen Opfers, denn das am Kreuz vergossene Blut Jesus' sei ein Opfer für jeden Gläubigen, gleichsam eine stellvertretende Beschneidung. So gelingt Paulus eine christliche Umdeutung der Beschneidung ins Spirituelle, durch die die Trennlinien, die ihr im Judentum eignen, verschwinden: »Hier ist kein Jude noch Grieche, hier ist kein Knecht noch Freier, hier ist kein Mann noch Weib, denn ihr seid allzumal einer in Christo Jesu« heißt es in Paulus' Brief an die Galater (3, 28).

Im 19. Jahrhundert, in engem Zusammenhang mit der Emanzipation der Juden und ihrer wachsenden Integration in die Gesellschaften Mittel- und Westeuropas, mehrten sich dann auch innerhalb der jüdischen Gemeinden die Stimmen, die den Sinn und die Berechtigung des Beschneidungsrituals anzweifelten. Daß die Exponenten dieser innerjüdischen Kritik liberalen und gebildeten jüdischen Milieus entstammten, verwundert nicht. Stellvertretend sei hier nur der Name Sigmund Freuds genannt, dessen psychoanalytische Interpretation des Brauchs in die Entscheidung mündete, seine Söhne nicht beschneiden zu lassen. Die Geschichte dieser innerjüdischen Kritik, die namentlich in Deutschland stark war, ist auch deshalb hochinteressant, weil dabei oft auf Kritik von außen, von nichtjüdischer Seite reagiert wurde, so daß die Beschneidungsdebatte im 19. und frühen 20. Jahrhundert Grundaspekte jüdischer Identitätsreflexion unter den Bedingungen ganz neuartiger gesellschaftlicher Verhältnisse zwischen Juden und Nichtjuden spiegelt. Die innerjüdische Kritik kreiste dabei immer im wesentlichen um zwei Punkte: daß die Beschneidung die Integration in die deutsche Gesellschaft behindere; und daß es in den jüdischen Sakralschriften genügend Hinweise dafür gebe, daß für die Zugehörigkeit zum Judentum die jüdische Mutter und der Glaube, nicht aber der physische Akt der Beschneidung hinreichend seien. Auch von deutscher Seite wurde immer wieder die integrationshemmende Wirkung der Beschneidung unterstrichen, aber dem gesellte sich dann im letzten Drittel des 19. Jahrhunderts eine rein medizinische Kritik hinzu: Nachdem Kinder sich während der Beschneidung mit Krankheiten angesteckt hatten und gestorben waren, wurde unabweisbar, daß eines der zentralen Elemente des Beschneidungsrituals – das orale Absaugen der Beschneidungswunde durch den Beschneider – als ein Medium der Krankheitsübertragung wirken könne. Der berühmte Epidemiologe Rudolf Virchow hat das wiederholt betont.

Übrigens lebten in diesen Debatten auch alte antisemitische Klischees wieder auf. Vor allem die Bedeutung des Blutes bei der Beschneidung und in einem anderen wichtigen jüdischen Ritual – dem »koscheren« Schlachten – nährte sie. Jedenfalls reagierten die Vertreter des konservativen Judentums, an erster Stelle die Repräsentanten der jüdischen Kultusgemeinden, auf die Kritik damals genauso wie in unserer Gegenwart mit dramatisierend-beschwörenden Appellen: daß ein Verzicht auf die Beschneidung zum Zerfall des Judentums führen müsse; und sie nutzten alle ihre Machtmöglichkeiten, um Unbeschnittenen die Aufnahme in die Gemeinde zu verweigern. Der Entzug von Benefizien der Zugehörigkeit bei verweigerter Beschneidung scheint übrigens bis in die Gegenwart eine typische Reaktion jüdischer Kultusinstanzen zu sein.

Wer nun diese ältere Debatte Revue passieren läßt und mit der gegenwärtigen vergleicht, bekommt bald den Eindruck, daß außer einem Argument damals im Für und Wider bereits alles gesagt worden ist. Was damals nur eine unwesentliche Rolle spielte, war der Gedanke, daß die Beschneidung Unmündiger eine signifikante Beschneidung ihres späteren Rechtes auf Freiheit der Religionswahl darstelle, also das Selbstbestimmungsrecht verletze – offensichtlich ging man früher noch fraglos von umfassenderen Bestimmungsrechten der Eltern über das Kind aus als heute. Für uns aber muß das Selbstbestimmungsrecht den zentralen Punkt des Konfliktes bezeichnen. Warum aber wollen die jüdischen und islamischen Repräsentanten gerade hier nicht nachgeben? Warum wollen sie den Einzelnen nicht selbst entscheiden lassen? Warum verteidigen sie mit aller Macht ihr angemaßtes ›Recht‹ auf die Zwangsverstümmelung des kindlichen Genitals?

Für die Beantwortung dieser Frage müssen wir die Ebene rein religiöser Argumente verlassen und die bereits angedeutete soziologische und sozialpsychologische Funktion der Beschneidung präzisieren: Was bewirkt die Beschneidung bei der Gruppe und ihren einzelnen Mitgliedern? Lassen wir uns bei der Antwort von einem Mann leiten, der gemeinhin als der erste »moderne« oder »säkulare« Jude bezeichnet worden ist, vom großen Philosophen Spinoza, der 1656, im Alter von vierundzwanzig Jahren wegen seines freien Denkens von der jüdischen Gemeinde in Amsterdam exkommuniziert wurde und sehr bald danach seinen hebräischen Vornamen Baruch in den lateinischen Benedict umwandelte. Es sei, so Spinoza in seinem *Theologisch-politischen Traktat*, an erster Stelle die Beschneidung gewesen, der sich der jahrtausendelange Zusammenhalt der Juden verdanke. Sie habe, im Zusammenhang mit dem Glauben an die Erwählung, überall eine Selbstabsonderung bewirkt, die Aufrichtung unübersteigbarer Barrieren zu den anderen, deren negative Reaktionen dann einen zusätzlichen Gruppenkitt bildeten. Auch das zukünftige Überleben als eine separierte Gemeinschaft sei durch die Beschneidung gewährleistet.

An Spinoza anknüpfend, ergibt sich folgende These: Die Beschneidung als Zwangseingriff in den kindlichen Körper hinterläßt eine irreversible körperliche Markierung auferlegter Zugehörigkeit, eine verfügte Festlegung der Identität der Person als eines Mitgliedes einer bestimmten Gruppe. Und gerade deswegen, weil diese Markierung irreversibel ist, bewirkt sie psychologisch beim Einzelnen einen Mechanismus, die auferlegte Zugehörigkeit zu einer selbstgewollten umzuinterpretieren. Dann verwandelt die Person in ihrer Imagination durch diverse religiöse Sinnhilfen das ihrem Körper eingeschriebene Zwangsmal in ein positiv sakrales Zeichen, bis hin zu einem phantastischen Ausweis göttlicher Erwählung. Daß das Zwangsmal dem Körper der nächsten Generation wieder einzuschreiben sei, versteht sich dann ganz von selbst. Übrigens wirken in dieselbe Richtung – die Umdeutung eines Zwangsmales in ein selbstgewähltes Zeichen – auch mögliche traumatische Erfahrungen bei der Beschneidung, die freilich im jüdischen und islamischen Falle jeweils anderer Art sind. Genau dieser Mechanismus ist sozialpsychologisch vielfältig erforscht. Aber selbst wenn das Zeichen der Beschneidung als Stigma erfahren wird, stellt es der freien Wahl über Zugehörigkeit bzw. Nichtzugehörigkeit im Erwachsenenalter, also einer Entscheidung über einen eventuellen Gruppenaustritt, eine kaum übersteigbare Hürde entgegen. Niemand hat das prägnanter formuliert als der zum Christentum konvertierte Jude Heinrich Heine: »Ich bin konvertiert, aber was einmal abgeschnitten worden ist, wächst nie wieder nach.« Die Beschneidung bindet also den Einzelnen auch dann an eine Gruppe, wenn er gar nicht mehr an sie gebunden sein will – und genau das ist ihre profane soziologische Funktion. Die Beschneidung Unmündiger ist eine Körperverletzung, die fundamental dem modernen Ethos individueller Selbstbestimmung widerspricht.

MUT UND FEIGHEIT

In den Märchen der Brüder Grimm lernen wir merkwürdige Helden kennen. Erinnern wir uns zum Beispiel an jenen, der auszog, das Fürchten zu lernen. Allzeit frohen Gemüts vollbringt er mit fast spielerischer Leichtigkeit Taten, vor denen die Willenskräfte unseres Allerweltsmutes wohl in jedem Falle versagen würden: greulichen Raubkatzen die Pfotennägel abzuschneiden, Gehenkte des Nachts vom Galgen herunterzunehmen, um ihnen am Feuer Wärme und Gesellschaft zu bieten, oder mit höchst zwielichtigen Gesellen ein Wettkegeln um Geld zu veranstalten, bei dem als Spielobjekt ausschließlich Totenköpfe zum Einsatz gelangen. Aber zeigt unser Held dabei wirklich Mut? Er gehört ja zur raren Spezies jener Menschen, die keine Furcht kennen, und er ist nur auf Wanderschaft gegangen, um das ihm einzig Erstrebenswerte – das Sich-gruseln-Können – zu erlernen. Ist aber Mut ohne den Gegenspieler Furcht – und dessen Bezwingung – überhaupt denkbar? Sind nicht die Ansichten eines Aristoteles oder Kant plausibel, die sogar die »Größe« des Mutes an der »Größe« der zu überwindenden Furcht messen wollten? Dann aber wäre die Rede vom »furchtlosen Helden« nichts weiter als eine Redensart, in der die bemerkenswerte Fähigkeit des Nichtzeigens von Furcht mit derjenigen ihres Nichthabens – also die phänomenologische Außenseite mit der psychologischen Innenseite – verwechselt wird. Wenn Mut aber in irgendeiner Weise an die Überwindung von Furcht gekoppelt ist und Feigheit im Kern ein Zurückweichen vor ihr bezeichnet, dann spielen die Großtaten unseres einfältigen Märchenhelden psychologisch in einem Bereich noch unterhalb der Schwelle des Gegensatzes von Mut und Feigheit.

Das tapfere Schneiderlein ist ein Grimmscher Held anderen Kalibers. Dieser von einem Riesen, der es dann freilich schnell anders erfahren muß, als »Erpelmännchen« verspottete Hänfling ist zunächst nichts weiter als ein Maulheld. »Siebene auf einen Streich« hat er prahlerisch nach seiner initialen Heldentat auf seinen Gürtel gestickt, und diese Worte verfehlen in keinem seiner Kämpfe mit Riesen, Einhörnern und Wildschweinen ihre selbststimulierende und respektgebietende Wirkung. Im Gegensatz zum Einfaltspinsel des ersten Märchens aber vermag das Schneiderlein sofort das spezifische Gefahrenpotential einer jeden Situation zu taxieren, und der psychologische Vorteil gegenüber seinen Gegnern, den ihm sein Maulheldentum verschafft, gestattet ihm die Anwendung von Listen und Bluffs, mittels derer sich die rohe Körperkraft seiner Kontrahenten kläglich gegen diese selbst wendet. Paßt aber der Titel des Märchens überhaupt zu seinem Inhalt? Ist das ›tapfere‹ Schneiderlein nicht eher ein ›listiges‹? In welchem Verhältnis steht also die List zum Mut? Und: Welches sind die besonderen Tugenden, die Mut in Tapferkeit verwandeln?

In den abenteuerlichen Kämpfen dieser beiden Märchenhelden geht es immer um Leib und Leben, sie spielen also ausschließlich auf dem Terrain des physischen Mutes. Nun gibt es aber noch eine zweite Grundform des Mutes, in der nicht die körperliche Unversehrtheit riskiert wird. Sie wird in der Literatur zumeist »moralischer Mut« genannt und hat einiges mit der erstmals von Bismarck so genannten »Zivilcourage« zu tun. Und auch hier gibt ein Blick in ein Märchen, nämlich Hans Christian Andersens ›entblößendes‹ »Des Kaisers neue Kleider«, einen Fingerzeig für den dabei einzuschlagenden Denkweg.

Wir erinnern uns an den Kaiser dieses Reiches, einen gutmütigen, kindlich-eitlen Kleidernarren, dessen ganzes Denken vollständig von der Frage nach der für jede Situation prächtigsten Kleidung absorbiert wird. Das Gefühl kaiserlicher Würde bezieht er gänzlich aus der Vorführung seiner Kleider, die er im Stundentakt wechselt, und dabei kann er vollständig auf die Bewunderung seines Hofstaates und der Untertanen bauen. Wo aber Kaiserreiche auf derartigen Narrheiten errichtet sind, haben Betrüger leichtes Spiel. Und das gilt besonders, wenn diesen eine derart verwegene und psychologisch brillante Betrugsidee gelingt wie den beiden Fremden im Märchen, die versichern, innerhalb kürzester Zeit unvergleichlich schöne Kaiserkleider weben zu können; Kleider, die zudem die wunderbare Eigenschaft besäßen, vollständig unsichtbar für jeden zu sein, der nicht für sein Amt tauge oder unverzeihlich dumm sei. Daß die Betrüger, nachdem sie Eitelkeit, Begehrlichkeit und

Neugierde geweckt haben, den Auftrag bekommen, verwundert nicht, und nachdem sie eine dreitägige ununterbrochene Intensivarbeit am Webstuhl simuliert haben, die sie sich natürlich im voraus fürstlich entlohnen lassen, präsentieren sie dem ersten Minister ihr Wunderwerk. Genauestens die prächtigsten Details des Nichts auf dem Webstuhl erläuternd, gelingt es ihnen umstandslos, dem Minister, der nichts sieht und deshalb fürchtet, für dumm und seines Amtes untauglich befunden zu werden, bewundernde Zustimmung zu entlocken. Und von ihm als erstem Gewährsmann entwickelt sich nun über den psychologischen Furchtmechanismus eine Kette des Konformismus bis hin zum Kaiser; und in dieser Kette mit jedem neuen Glied eine Verfestigung der Überzeugung aller, daß ein prächtiges Etwas sei, wo doch nur das Nichts ist. Natürlich verbreitet sich die Nachricht von des Kaisers neuen Kleidern auch rasch im Volk. Und weil auch die Angehörigen dieses Märchenvolkes in typisch menschlicher Weise vermuteten Mehrheitsmeinungen Glaubwürdigkeitsvorschüsse gewähren und aus Furcht vor sozialer Ausgrenzung bereit sind, solche Meinungen auch gegen ihre Überzeugungen und das Zeugnis ihrer Sinne mitzutragen, entsteht ein massenpsychologischer Wahnzustand, der alle glauben macht, prächtige Kleider zu sehen, als sich der Kaiser würdevoll schreitend seinem Volke als Nackedei zeigt. Aber plötzlich ertönt in die raunende Bewunderung der durch konformistische Selbstsuggestion zusammengeschlossenen Menge hinein der erstaunt-unschuldige Ausruf eines Kindes: »Aber er hat ja gar nichts an!«, und dieser wird nun zum Auslöser einer umgekehrten Kette des Konformismus, die alle diesmal freilich zur Kundgabe der Wahrheit »Aber er hat ja gar nichts an!« befähigt.

Nicht immer erfordert das Aussprechen der Wahrheit Mut. Aber des Mutes bedarf doch gewöhnlich jener, der sich gegen vermutete Mehrheitsmeinungen – gegen das sprichwörtliche Heulen mit den Wölfen oder Blöken der Schafe – stellen will. Und das gilt umso mehr, wenn die vermutete Mehrheitsmeinung – wie gegenwärtig in der Ideologie der politischen Korrektheit – im moralbeschwerten Gewand auftritt, also ein ›gut‹ einem ›böse‹ gegenübersteht; und das gilt ganz besonders dann, wenn derart moralisch aufgeladene Meinungen sich in Gruppen verfestigt haben, die für einen potentiellen Abweichler von essentieller Bedeutung sind. Dann riskiert er mit seinem Nein nämlich Ausgrenzung, soziale Ächtung und möglicherweise gehörige Risse in seinem individuellen Selbstwertgefühl, das immer auch der sozialen Anerkennung bedarf.

Moralischer Mut ist also an die Überwindung der Furcht vor sozialer Ausgrenzung geknüpft, und gerade deshalb zeigt das kleine Kind, das im Märchen einzig die nackte Wahrheit ausruft, psychologisch noch keinen Mut – ihm sind ja die potentiellen sozialen Gefahren des Aussprechens von Wahrheiten noch völlig fremd. Übrigens sollten wir auch das Verhalten der übrigen Märchenbevölkerung nicht vorschnell feige nennen. Konformismus kann sich in harmloser Alltäglichkeit äußern und sogar moralisch Wertvolles produzieren, aber zur Feigheit mutiert er immer erst dann, wenn er sich mit der Lüge und dem Willen zur Schädigung von anderen paart. Das wird später noch genauer betrachtet werden. Bereits jetzt aber sei schon kurz die ganz unterschiedliche Rolle angesprochen, die das konformistische Zugehörigkeitsstreben bei vielen Phänomenen des physischen Mutes im Vergleich zum moralischen spielt. Während zu den typischen Kennzeichen des moralischen Mutes der Widerspruch gegen einen Chor von Jasagern gehört, wird Konformismus im Kontext des physischen Mutes oft gerade umgekehrt zu einem Stimulans für die Überwindung der Furcht vor physischer Verletzung, macht also diese Mutform allererst möglich. Das liegt daran, daß die Mutigen dieses Typs sich in der Regel auch dadurch von Märchenhelden wie dem tapferen Schneiderlein unterscheiden, daß sie nicht als Einzelkämpfer – ausschließlich im Vertrauen auf sich selbst – abenteuersuchend in eine unbekannte Welt ausziehen, sondern in ein soziales ›Wir‹ eingebunden sind, dessen Anerkennung gesucht und dessen Mißachtung gefürchtet wird. Wir werden noch sehen, daß gerade viele Extremfälle opferwilligen Todesmutes ohne das ideologisch leicht mißbrauchbare konformistische Zugehörigkeitsstreben gar nicht erklärbar sind, aber am sinnfälligsten wird der intrikate Zusammenhang von Konformismus und physischem Mut doch bei den »Mutproben« Heranwachsender. Das »train surfing« beispielsweise – das ›Mitfahren‹ auf den Dächern von Hochgeschwindigkeitszügen, das vielfach zu schweren Verletzungen und zum Tode führte –, das in manchen Ländern in den

1990er Jahren zu einer modischen Mutprobe unter Jungen im Teenageralter avancierte, bietet eine drastische Illustration dafür, wie die Furcht, als Feigling verhöhnt und ausgeschlossen zu werden, die Furcht vor physischer Verletzung überwinden kann, und wie sehr zumal bei Heranwachsenden das Selbstwertgefühl am Faden der Anerkennung durch die sogenannte »Peergroup« hängt.

Wir haben die beiden Grundformen des Mutes in ersten Annäherungen umkreist und wollen nun zunächst die physische Form genauer ins Auge fassen. Beginnen wir mit einigen Hinweisen zur schärferen Konturierung von drei Aspekten physischen Muts: seiner spezifischen Aktbezogenheit, seiner Rückbindung an ein moralisches Bewertungsschema, ein Sollen, das ihm allererst das Etikett einer Tugend verschafft, und schließlich einer sich kulturgeschichtlich durchziehenden geschlechtstypischen Konnotation, in der er wesentlich als Attribut und Privileg des Mannes erscheint.

Zunächst zum *ersten* Aspekt, zur Aktbezogenheit. Im Gegensatz zu einer vielfach anzutreffenden Alltagsrhetorik sind Mut und Feigheit nicht quasi fixe charakterstrukturelle Eigenschaften, die das Handeln von Personen in weitgehend festgelegte Bahnen lenken. Den immer Mutigen gibt es nur im Märchen, während in unserer Wirklichkeit selbst der Mutigste nicht davor gefeit ist, vom Mut auch »verlassen« und von Furcht »übermannt« zu werden, wie es so schön heißt. Natürlich läßt sich die Überwindung von Furcht für bestimmte Situationen trainieren, aber dadurch wird Mut noch lange nicht zu einem gleichsam hortbaren psychischen Gut, dessen man sich dann in ganz anderen Gefährdungsfällen als den trainierten einfach bedienen könnte. Jeder hat nur den Mut, den er als Handelnder in einer konkreten Gefahrensituation mit ungewissem Ausgang zeigt; und situationsspezifisch und auch in Abhängigkeit von solchen Unwägbarkeiten wie der Stimmung, der körperlichen Verfassung oder auch nur der Tageszeit kann Mut steigen und sinken, gelähmt oder entfacht und manchmal ganz banal auch einfach nur angetrunken werden. Aber wie immer er auch entstanden sein mag – jenseits des Tuns führt er keine selbständige Existenz, und die Rede vom »Muthaben« im Sinne eines von konkreten Handlungen abgelösten psychologischen Besitzes ist nur eine Redensart.

Nun zum *zweiten* Aspekt, zur moralischen Einbettung des mutigen Aktes. Wer sich mit einem auf den psychologischen Mechanismus der Furchtüberwindung beschränkten Mutbegriff zufriedengibt, subsumiert eine Vielzahl ganz heterogener Phänomene unter dasselbe Wort: einsame Aktivitäten wie das »mutmachende« Pfeifen des kleinen Kindes im dunklen Keller oder Goethes Training zur Überwindung seiner Höhenangst auf dem Straßburger Münster, moralisch Fragwürdiges wie die »Mutproben« Heranwachsender oder Verbrechen wie einen »tollkühnen« Bankraub oder den moralischen Heldenmut des zur Opferung des eigenen Lebens willigen Lebensretters. Neben diesem uferlosen Gebrauch kennt unsere Sprache aber noch eine zweite, begrenztere Verwendungsweise, die voller moralischer Anspielungen und Bewertungen ist. Und dabei wird Mut mehr oder weniger direkt nur mit tugendhaften Handlungen in Verbindung gebracht, mit Handlungen, denen außer der Furchtüberwindung in der Regel noch zweierlei eignet: ein Bezug auf andere, das heißt eine sozial-altruistische Komponente, und die Ausrichtung an einem moralischen Sollen, einem gesellschaftlich gewollten Wert. Ein derartiges Mutkonzept scheidet natürlich von vornherein das Rechtswidrige oder moralisch Fragwürdige aus, aber es würde auch gefährlichen Aktivitäten mit ausschließlichem Selbstbezug des Handelnden, wie beispielsweise dem individuellen Risikobergsteigen, das Etikett des Mutes versagen, weil das Erlebnis von Furchtüberwindung als Selbstzweck kaum jener Tugendqualität genügen kann, die dieser Mutbegriff immer mitmeint. Mit Tugendmerkmalen würden sich solche Individualaktivitäten allenfalls dann anreichern, wenn sie als Mittel zu einer Charakterschulung begriffen würden, die zum Mut als altruistischer Tugendleistung befähigen soll.

Natürlich ist auch der moralisch eingebundene Mutbegriff nicht vor den Fallstricken historischer und kulturspezifischer Relativierung gefeit, die aus Divergenzen im Verständnis von moralisch Wertvollem resultieren können. Es gehört mittlerweile zum Alltagswissen, daß Taten, die in einer Kultur als heldenhaft verehrt werden, in einer anderen vielleicht als Terror gelten; oder daß eine nachwachsende Generation als verabscheuungswürdig empfinden kann, was ihren Eltern als Inbegriff tugendhaften Mutes erschien. Aber all dies ändert doch nichts an der Tatsache, daß es ausschließlich der Bezug auf einen gesellschaftlich anerkannten moralischen Wert ist, der der vital-psychologischen Fähigkeit des Menschen zur Furchtüberwindung Tugendcharakter verleiht. Und als Archetypen des tugendhaften Mutes werden überall zwei Rettertaten verstanden: die Rettung Schwacher aus lebensbedrohlichen Situationen und die Verteidigung von Heimat und Vaterland gegen einen bösen Feind. Im Märchen tauchen beide Typen der Rettung oft quasi vereinigt in der finalen Heldentat auf, auch derjenigen des tapferen Schneiderleins. Denn auch dieses erhält die volle Anerkennung seines Mutes – und damit die ansonsten von den Märchenkönigen eifersüchtig bewachte Tochter – erst, nachdem es eine Bedrohung des Reiches durch ein abgrundtief Böses aus der Welt geschafft hat.

Mit der moralischen Einbettung des Mutes haben wir bereits den Bereich des Überganges von Mut in Tapferkeit betreten. Tapferkeit – darunter soll hier in Anknüpfung an Kant jene Sonderform des Mutes verstanden werden, bei der außer der gerade angesprochenen moralischen Sinngebung noch der Wille zum dauerhaften, unverzagten Standhalten besonders akzentuiert ist; das durchhaltende Selbstbehauptungsstreben im Dienste des Guten selbst unter den Dauerbedingungen ›übermächtig‹ erscheinender Gefahren und Schmerzen. Ein derartiges Durchhaltenkönnen, das gewöhnlich besonderer Willens- und Charakterschulung bedarf, hatte Kant mit seinem Diktum: »Tapfer ist der, dessen Mut in Gefahren anhaltend ist« im Blick.

Kommen wir nun zum *dritten* Aspekt des physischen Mutes: der Mannestugend. Mit dieser Attribuierung ist natürlich nicht gemeint, daß Frauen der Zugang zu dieser Mutsphäre grundsätzlich versperrt wäre – jedem fallen sofort Sinnbilder opferwilligen fraulichen Mutes ein –, sondern nur, daß physischer Mut primär auf männertypischen Handlungsfeldern anzutreffen und gefordert ist. Im lateinischen Wort »virtus« mit seiner Verbindung von Mannhaftigkeit mit einer zunächst und vor allem soldatisch verstandenen Tugend der Tapferkeit wird dieser Zusammenhang besonders offensichtlich. Jedenfalls hat dieser geschlechtstypische Bezug in allen europäischen Sprachen zur Bildung üppiger Sprachbilder, zu einer schillernden Metaphorik angeregt, in die wir jetzt etwas hineinhorchen wollen. Als spirituelles Zentrum des

Mutes im Körper – als jene Instanz, die die Kraft zur Furchtüberwindung befeuert – gilt überall das Herz, wovon bereits unübersehbar das Wort »courage« mit seinem Ingredienz »cœur« (das Herz) zeugt. Der Mutige ist beherzt, und der Held hat – wie der gleichnamige Ritter – ein Löwen-, der Feigling hingegen nur ein Hasenherz. Soll beim Mut der Aspekt angreifender, draufgängerischer Kraft besonders betont werden, greift man gerne auf Sprachsymbole mit sexuellen Anspielungen – zielend auf den männlichen Unterleib als Hort der »Manneskraft« – zurück. Erinnert sei an das Wort vom »Eier-Haben«, das in vielen europäischen Sprachen fester Bestandteil des Argot, der Vulgärsprache, ist. Das Gegenbild dazu ist der »Schlappschwanz«, ein Ausdruck, der sich nicht nur auf die zwischen die Beine geklemmte Rute des »feige« abziehenden Hundes bezieht, sondern auch auf einen traurigen Zustand des männlichen Gliedes in Situationen, in denen anderes von ihm erwartet wurde. Vom Verständnis des Mutes als einer Mannestugend zeugt übrigens besonders plastisch eines der am weitesten verbreiteten Synonyme für Feigheit, die »Memme«, denn dieses Wort geht etymologisch auf »mamma« und »mamme« als Bezeichnungen für die weibliche Brust zurück.

Natürlich spielen in der Bildwelt mannhaften Mutes neben dem Herzen auch die Nerven eine besondere Rolle. Der Mutige »behält« seine Nerven, wie die Redensart behauptet. Durch psychophysische Selbstkontrolle drängt er die herantretende Furcht zurück, und das strahlt dann über eine Vielzahl körperlicher Zeichen »mutmachend« auch nach außen aus, während ein anderer in ähnlicher Situation Nerven »zeigt« oder »verliert«. Und dann rutscht ihm, wie es salopp heißt, das »Herz in die Hose«, und er kann, von Furcht übermannt, zum wehrlosen Objekt physiologischer Automatismen werden, die vom Zittern bis hin zu jenem katastrophalen Kontrollverlust reichen können, auf den in der Vulgärsprache das Wort vom »Schiß« als Synonym für Furcht anspielt. Natürlich versagen die Metaphern der Feigheit vor Endzuständen des totalen psychophysischen Übermächtigtwerdens, das den Eigenwillen gänzlich lähmt – wen Furcht, Schreck, Entsetzen oder Grauen haben »erstarren« lassen, der kann nicht mehr »feige« genannt werden, weil ihm jede Potenz zum Anders-handeln-Können verlorengegangen ist.

Das ist freilich anders beim »Hasenfuß«, mit dem – man denke an Figuren bei Rabelais – oft ein lächerlicher Typus des Feiglings karikiert wird, nämlich jener Maulheld, der im Gegensatz zum tapferen Schneiderlein bei den leisesten Anzeichen einer Gefahr sofort Fersengeld gibt. Eine andere Tiermetapher, der »feige Hund«, ist eigentlich eine Hundebeleidigung. Aber was gemeint ist, ist doch klar: eine zur Charaktereigenschaft habituell verfestigte Feigheit, gepaart mit kriecherischer Unterwürfigkeit gegenüber jedem Stärkeren.

Die Körperhaltungen des Mutes und der Tapferkeit sind die exakten Gegenbilder zum hasenfüßigen Reißausnehmen, hündischen Auf-dem-Bauche-Kriechen oder Schwanzeinziehen: der »aufrechte« Gang, der »freie« Blick, das »offene Visier«, das stolze »Stirnbieten« und die »Standhaftigkeit«. Bei Platon werden derartige Körperattribute übrigens auch ästhetisch gewertet, gelten als schön, während die körperlichen Ausdrucksformen der Feigheit häßlich seien. Zum dichtesten Sinnbild der Tapferkeit geraten sie in weitverbreiteten Schilderungen jener Helden, die Galgen oder Schafott »ungebeugt« betreten und dadurch einen letzten moralischen Sieg über den Tyrannen erringen. Schlauheit und List haben in der Metaphorik von Mut und Feigheit eine ambivalente Stellung: Einerseits verkörperte im Mittelalter das sogenannte »schlaue Füchslein« die feige Flucht, doch andererseits ist die Fähigkeit zur listigen Finte sehr wohl auch mit dem Bild des klassischen Helden vereinbar, wenn sie, wie bei Odysseus, mit großem physischen Mut gepaart ist. Derartige Helden gleichen dann – wie Machiavellis Idealfürst – einer Synthese von Fuchs und Löwe.

Aber zuletzt sei auch noch auf ein bedeutsames kulturgeschichtliches Bild von einem Mut hingewiesen, dem die Tugendmerkmale abhanden gekommen sind. Es bildet eines der zentralen Themen der griechischen Mythologie und meint den zum frech-frevlerischen Hoch- und Übermut gesteigerten Mut, einen Mut ohne Demut, die gotteslästerliche Hybris. Sophokles hat Aias, einen der gewaltigsten Helden im Trojanischen Krieg, als Verkörperung der Hybris gezeichnet, indem er ihn zur Göttin Pallas ein, so Sophokles, »ungeheures, unsagbares Wort« rufen ließ, nämlich den Satz: »Göttin, steh du den anderen Kämpfern bei! / Wo ich steh, wisse, wird die Front nicht reißen.« Aber der Fall des frevlerischen Übermutes ist in der griechischen Mythologie immer vorgezeichnet, die grausame Strafe der Götter gewiß.

Das männerspezifische Handlungsfeld par excellence für Mut und Tapferkeit war natürlich jenes Feld, in dem es im wahrsten Sinne um alles geht, das Schlachtfeld. Und es war immer ihre besondere soldatische Ausformung, die seit der Antike bis in die jüngere Vergangenheit als grundlegendes Paradigma für das Verständnis dieser Tugenden fungierte. Daß sich soldatischer Mut seinerseits in eine Vielheit von Einzelformen untergliedern ließe – man denke beispielsweise an die Unterschiede des Mutes zur Offensive zum defensiv gerichteten Mut oder eines strategisch-›klugen‹ Mutes zu einem ›blind‹-draufgängerischen Kurzzeitmut –, sei hier nur am Rande erwähnt. Dem westlichen Gegenwartsmenschen sind die verschiedenen Schraffierungen soldatischen Mutes eher fremd geworden, aber das darf uns nicht davon abhalten, zumindest einige der Grundmerkmale dieser Urform etwas genauer unter die Lupe zu nehmen; auch deswegen, weil die konformistische Komponente, die viele Formen physischen Mutes befeuert, gerade an Extrembeispielen soldatischer Tapferkeitsleistungen besonders deutlich hervortritt.

Tatsächlich bietet unter allen soziologischen Phänomenen das kriegerische Handeln eines der eindringlichsten Beispiele für den intimen Zusammenhang zwischen der sozialen Seinsweise des Menschen – seiner existenziellen Bindung an spezifische Gruppen – und seiner Fähigkeit zum individuellen Über-sich-selbst-Hinauswachsen im Besiegen von Furcht. Basal dabei ist natürlich die Einbindung in die kämpfende Gruppe selbst, in der schon im antiken Griechenland bereits der einfache Hoplit systematisch auf die Überwindung von Furcht trainiert wurde. Das Mutigmachen des Soldaten durch Training, das auch in Platons subtilen Überlegungen zum Mut eine große Rolle spielt, erlebte mit der minutiös ausgearbeiteten Erfindung ganz neuartiger Drilltechniken in der frühen Neuzeit, die die Truppenteile auf Befehl wie eine Maschine funktionieren lassen sollten, ihre rigoroseste Steigerung. Freilich: Weder der härteste Drill noch die eidliche Verpflichtung zur Tapferkeit, die auch in der Bundeswehr noch gilt, noch Doppelbedrohungen wie bei sowjetischen Truppen im Zweiten Weltkrieg, die vielfach von ihren Kommissaren mit gezückten Pistolen in den Kampf getrieben wurden, konnten verhindern, daß immer wieder Soldaten auf dem Schlachtfeld in einer so elementaren Weise von Furcht übermannt wurden, daß ihnen die Kontrolle über ihren Körper vollständig entglitt. Die Figur des »Zitterers« taucht schon bei Herodot auf, und im Ersten Weltkrieg wurden die sogenannten »Zitterer« und »Schüttler« zu einem Massenphänomen, dem gegenüber die damalige Militärpsychiatrie ziemlich machtlos blieb. Solche Fälle, für die das Wort »Feigheit« natürlich völlig unpassend wäre, machen deutlich, daß es ganz elementare individuelle Unterschiede in der Erlebnisqualität von Furcht gibt, die auch durch rigoroseste Techniken sozialer Konditionierung kaum aus der Welt zu schaffen sind.

Die Geschichte des Krieges kennt natürlich nicht nur die beim Einzelnen mißlingende Furchtüberwindung, sondern genauso das gar nicht seltene Phänomen, daß militärische Einheiten ihre Korsettfunktion für die Aufrechterhaltung von Kampfeswillen bei allen Gruppenmitgliedern in bestimmten Situationen ganz plötzlich verlieren und ein massenpsychologischer Schnellprozeß der Ansteckung eines jeden mit Furcht erfolgt, der eine eben noch funktionierende Kampfgruppe in einen wilden Haufen panisch fliehender Einzelner verwandelt – ein Phänomen, das die Griechen oft auf einen göttlichen Bestrafungswillen zurückführten und das ebenfalls kaum vom Feigheitsbegriff abgedeckt werden kann. Bekanntlich können solche Prozesse der Furchtausbreitung durch die beispielgebende Kraft bewahrten Mutes Einzelner auch gestoppt werden, aber es gibt doch manche Hinweise dafür, daß der Mechanismus sozialer Übertragung von Mut gruppenpsychologisch voraussetzungsreicher ist als sein Gegenteil, die Ansteckung mit Furcht. Neben den Prozessen eines rapiden Umschlags von Mut in Furcht verdient genauso das Phänomen des langsam erlahmenden Mutes Aufmerksamkeit; die Tatsache, daß der Level des Mutes in soldatischen Einheiten in längeren Zeitperioden absinken kann, bis hin zu Zuständen einer Gruppenapathie, in der alle nur noch quasi »mutlos« funktionieren. Derartiges macht evident, daß soldatischer Mut immer auch eine nur begrenzte Ressource ist, die sich durch ständigen Gebrauch vernutzen und erschöpfen kann – ein Sachverhalt, der übrigens einen deutlichen Unterschied zur Zivilcourage bezeichnet, die sich durch Praktizierung zu maximieren pflegt. Die Tendenz zur Vernutzung kann zwar durch Erfahrung und Routine bis zu einem gewissen Grade kompensiert werden – man nennt das dann wachsende »Kaltblütigkeit« –, aber spätestens im 20. Jahrhundert hat sich doch die Erkenntnis durchgesetzt, daß derartige Kompensationen irgendwann an Grenzen stoßen und einer Erlahmung des Mutes Platz machen. Deswegen hat man in den beiden Weltkriegen den Soldaten institutionalisierte Erholungsphasen außerhalb des Schlachtfeldes zugestanden, Auszeiten eines »Fronturlaubs« zur Wiederbelebung der Tapferkeit, was in früheren Jahrhunderten sicher Verwunderung erregt hätte.

Grundsätzlich gilt es zu unterscheiden zwischen herausragenden Sonderleistungen soldatischen Mutes und dem ›gewöhnlichen‹ Mut, den man jedem Truppenmitglied abverlangt. Grundmerkmal des Ausnahmemutes, der üblicherweise durch Tapferkeitsauszeichnungen geehrt wird, ist das bewußt-willentliche Inkaufnehmen des Großrisikos, getötet zu werden. Er steht also für eine besondere Opferbereitschaft, deren Zustandekommen oftmals paradoxerweise gerade auf einem überstarken Konformitätswunsch beruht: dem Wunsch nach einer besonderen Anerkennung von Zugehörigkeit entweder durch alle oder durch eine bewunderte Autoritätsperson, die für das individuelle Selbstwertgefühl von essentieller Bedeutung ist. Das Komplement zu diesen individuellen Sonderformen soldatischen Mutes ist auf der Gegenseite der Feigheit eine merkwürdige Spielart derselben, die einen paradoxen Dreh in ihr Gegenteil aufweist und ›mutige Feigheit‹ genannt werden kann: das ehrlich-offensive Eingeständnis fehlenden eigenen Mutes, getragen vom Mut zum Aufsichnehmen von Strafe, Mißachtung, Hohn und Gruppenausschluß. Genau in diesem Aufsichnehmen unterscheiden sich solche ›mutigen Feiglinge‹ übrigens vom Deserteur, dem sogenannten »Fahnenflüchtling«, den die Furcht zur gänzlichen Durchtrennung aller Zugehörigkeitsbande treibt – einer Figur, die aus der Perspektive soldatischer Ethosprinzipien immer die verächtlichste Verkörperung von Feigheit darstellte.

Bekanntlich bekommt soldatischer Mut seine grundlegende moralische Legitimation immer erst durch ihren Bezug auf eine größere soziale

Einheit – die Polis, das Vaterland usw. –, in die der Soldat hineingeboren wurde und die auch seine Familie umfaßt. Die Legitimation bedient sich gewöhnlich gedanklicher Konstruktionen, die den Kampf als Abwehr einer existenziellen Bedrohung durch einen bösen Feind ausmalen. Nur als Beitrag zur Rettung des bedrohten Eigenen vor derartigen Feinden gewinnt soldatische Tapferkeit moralische Dignität, und sicher ist der Wunsch, einen Beitrag zu dieser Rettung zu leisten – vielleicht durch herausragende Einzeltaten, für die dann auch gesellschaftliche Ehrung und Ruhm winken –, ein zentrales Motiv für Tapferkeit. Aber das ist keineswegs ausreichend. Als Triebkraft mindestens genauso wichtig ist die Furcht vor dem Feigheitsvorwurf; eine Furcht, die deswegen so gravierend ist, weil mit ihr zugleich eine tiefergehende Furcht aktualisiert wird, eine Urfurcht des Menschen: die Furcht vor dem Verlust sozialer Zugehörigkeit. Das meint beim Soldaten keineswegs nur Furcht vor sozialer Ächtung durch die Kameradengruppe. Vielmehr haben gruppeninterne Ächtungsprozesse gewöhnlich auch einen über die Gruppe selbst hinausweisenden Sinncharakter, sind durchwirkt mit Bezügen auf die übergeordnete soziale Gesamtheit, dergestalt, daß auch die Zugehörigkeit zu dieser in Frage gestellt erscheint: »Du, als Feigling, gehörst weder wirklich zu uns, noch zum großen Wir, dem wir dienen!«, lautet, ganz vereinfacht, diese zweifach gerichtete Ächtungsdrohung. Furcht vor dem Verlust von Zugehörigkeit und Wunsch nach ihrer besonderen Bestätigung – das sind die beiden Grundmotive, auf denen soldatische Tapferkeit wesentlich beruht. Sie vermögen übrigens auch – und möglicherweise sogar besonders machtvoll – dann zu wirken, wenn dem Soldaten das Opfer des eigenen Lebens explizit abverlangt wird.

Die Kriegsgeschichte von der Antike bis in die jüngere Vergangenheit ist überreich an Beispielen für den Fall, daß gerade mit diesem Opfer gleichsam ein Sonderstatus von Zugehörigkeit angestrebt wird, nämlich das Weiterleben in der ehrenden Erinnerung der anderen, deren Imagination einzig das Opfer ermöglicht. Wer hingegen dieses Opfer verweigert, wenn es seine Kameraden erbringen, mußte oft mit besonderer Ächtung rechnen. Ein frühes Beispiel dafür ist der von Herodot erwähnte Spartaner Aristodemus, der wegen eines Augenleidens bei der Schlacht auf den Thermopylen, bei der das Selbstopfer aller Teilnehmer gefordert war, nicht mitgestritten hatte und vollkommen unerwartet als Überlebender zurückkam. Er mußte bitterste soziale Ächtung erdulden. Solche Arten sozialer Furcht zeitigen psychische Wirkungen, die man zusammenfassend Furcht vor der Beschämung nennen kann. Beschämung, dieser niederdrückende Gefühlszustand, in dem der Einzelne nach spezifischen Verfehlungen den verurteilenden Blick aller anderen auf sich selbst zu spüren vermeint, entsteht durch reale soziale Ächtung, aber auch im Zuge einsamer Prozesse der Selbstverurteilung, bei der die verurteilenden Augen der anderen als verinnerlichter Moralstandard des eigenen Selbst wirken. Furcht vor sozialer Ächtung ist also letztlich Furcht vor dem Gefühl der Beschämung – entweder durch andere oder durch sich selbst –, und in ebendieser Form wirkt Furcht auch als Hebel soldatischer Tapferkeit.

Soldatische Tapferkeit und ihre Höchstform – die Bereitschaft zum Opfer des eigenen Lebens – basierten auf Ethosprinzipien mit dem Vorrang eines ›Wir‹ (der Kameradengruppe, des Volkes, der Nation) vor dem ›Ich‹, Ethosprinzipien, an die spezifische Ehrbegriffe geknüpft waren, deren Verinnerlichung als männliche Tugend galt und die Figur des »soldatischen Mannes« formten. Jeder weiß, daß derartige Ehrbegriffe in unseren postheroischen westlichen Gesellschaften kaum noch wertgeschätzt werden und den meisten ganz fremd und antiquiert – tauglich allenfalls als Objekt des Spottes – erscheinen. Daß dies am stärksten in Deutschland der Fall ist, hat mehrere Gründe, unter denen natürlich die Folgen der beiden Weltkriegsniederlagen die erste Stelle einnehmen. Im Zusammenhang mit einem zum »Schuldstolz« mutierten Schuldbewußtsein erfuhren soldatische Ethos- und Ehrbegriffe eine radikale Desavouierung, und da im Kalten Krieg bis in die Gegenwart die Verteidigungsfähigkeit Deutschlands weitgehend in den Händen fremder Mächte lag, hat sich hier darüber hinaus eine quasiinsulare Mentalität herausbilden können, in der der Gedanke von der Notwendigkeit eines militärischen Selbstbehauptungswillens kaum noch eine Rolle spielt. Hinzu kommt der Bedeutungsrückgang nationalstaatlicher Wir-Gefühle im Zuge der Globalisierung, der dem deutschen Bedürfnis nach Selbstauflösung entgegenkommt und im Zusammenhang mit Ideologien humanitaristisch-universalistischer Machart die baldige

Heraufkunft einer Welt ohne Feindschaft – Kants »ewiger Frieden« – suggeriert. Komplettiert wird das durch neuartige Menschenbilder globalkapitalistischer Provenienz, die den totalmobilen, von allen Bindungen ›befreiten‹, den atomisierten Einzelnen als Ideal ausmalen, der sich Glück und Selbstverwirklichung nur noch in Bildern hedonistischen Konsums vorzustellen vermag. Das Ethos soldatischen Opfermutes für ein größeres ›Wir‹ muß in Gesellschaften, die Nietzsches »letzten Menschen« in der Gestalt der ›emanzipierten‹ Konsummonade als Ideal anpreisen, als Absurdität erscheinen.

Wir wenden uns nun nach dieser längeren Exkursion ins ferne Reich soldatischer Tapferkeit in wenigen kursorischen Hinweisen Gegenwartsaspekten tugendhaften physischen Mutes zu. Der erste Aspekt gilt jenen professionalisierten öffentlichen Gruppen, wie etwa der Polizei oder der Feuerwehr, die, geprägt durch ein spezielles Berufsethos, eigens für die Rettung und den Schutz in Gefahr geratener Gesellschaftsmitglieder geschaffen wurden, Institutionen, an deren Gelingen das Funktionieren moderner Staatlichkeit hängt. Erosionen solcher Institutionen deuten sich zurzeit vielerorts in Westeuropa als Folge der Multikulturalisierung an. Tribalistische Tendenzen verbreiten sich und mit ihnen das »Recht des Stärkeren«, dessen Kehrseite dann eine aus der Verbreitung von Furcht und Einschüchterung resultierende Zunahme von Furcht und Feigheit ist. Wenn das staatliche Gewaltmonopol Risse bekommt und sich Tendenzen multikultureller Tribalisierung verstärken, wird nicht nur asozialer Mut gefördert, sondern es entstehen auch Feigheiten eines neuen Typs, hochgradig aggressive Feigheitsformen mit teilweise lebensbedrohlichem Potential für den Mutigen. Ein Beispiel dafür sind jene sich häufenden Konfrontationen zwischen Jungmännergruppen und Schwächeren in bestimmten Großstadtarealen, in denen die Übermacht der Gruppe einen sich in Dominanzgesten, Demütigungen, physischen Bedrängungen oder sexuellen Belästigungen äußernden Feiglingsmut hervortreibt, der immer dann zu unkontrollierter Brutalität eskaliert, wenn sich die Opfer wehren oder empörte Dritte schlichtend oder handelnd einzugreifen versuchen. Dann haben physischer Mut und Zivilcourage gegenüber der Übermacht der in der Gruppe aggressiv enthemmten Feigheit nur selten Chancen.

Vergleicht man den physischen Mut professionalisierter Rettergruppen mit dem Rettermut von Privatpersonen, dann stößt man auf eine ethisch relevante Differenz. Zum Ethos der professionalisierten Rettergruppe gehört die Hilfe »ohne Ansehen der Person«, während der Rettermut von Privatpersonen nie nur einer einzigen Form der Uneigennützigkeit gehorcht. Vielmehr kommen in Abhängigkeit von der Besonderheit der Gefahrensituation unterschiedliche altruistische Prinzipien zur Anwendung. Zu einer undestillierten Reinform des Altruismus ist der Rettermut des Privatmenschen nur beim riskanten Einsatz für Unbekannte fähig. In Situationen hingegen, in denen gleichermaßen Unbekannte und Angehörige in Gefahr geraten sind, zeigt sich der Altruismus immer in abgestufter Form. Es herrscht ein Primat des Einsatzes für die eigenen Angehörigen – einen vorbehaltlos-altruistischen Mut ohne Präferenz für das Eigene gibt es nur als weltfremde ideologische Konstruktion. Die Soziobiologie vermutet eine genetisch geformte Disposition als Ursache für diese Präferenz.

Es gibt manche Indizien dafür, daß tugendhafter physischer Mut auch außerhalb der soldatischen Sphäre in unserer postheroischen Gesellschaft kein sehr hohes Prestige genießt. Der Ansehensverlust dieser Tugend hat strukturell mehrere Ursachen, von denen eine der wesentlichen der bedeutende christliche Sozialphilosoph Josef Pieper bereits Anfang der 1930er Jahre in seinen Traktaten über die Tugenden angesprochen hat. Pieper setzt sich darin kritisch mit dem Menschenbild des Liberalismus auseinander, das im heutigen Neoliberalismus eine extreme Zuspitzung erfahren hat. Im liberalistischen Gesellschaftsbild steht das primär am eigenen Nutzen interessierte Einzelindividuum im Zentrum, das erst in zweiter Linie als Gesellschaftswesen, als ein sozial Handelnder in Erscheinung tritt. Pieper rügt zu Recht Tendenzen der ideologischen Verabsolutierung der liberalistischen Denkfigur des nutzenmaximierenden Einzelnen und verweist darauf, daß die Einbindung des Menschen in verschiedene Formen eines ›Wir‹ ein von seinem Individualitätsstatus gar nicht abtrennbares Urprinzip ist; keine sekundäre Zutat, aus der eine Mindergewichtung des Altruismus gegenüber einem angeblich weit essentielleren Egoismus resultieren könnte, sondern ein für die Identität eines jeden unhintergehbares Basisfaktum. Nun haben in Lebensstilen unserer liberalistischen postmodernen Massendemokratie die von Pieper anvisierten Grundmotive des Liberalismus noch einmal eine Wandlung erfahren. Dem Prinzip des Egoismus begegnen wir gegenwärtig vor allem im Reklameideal eines hedonistisch-konsumistischen Selbstverwirklichungsstrebens für jeden, das sich verbindet mit einer habituell verfestigten Attitüde angeblicher »Toleranz«, hinter der sich freilich gewöhnlich nur der Abgrund postmoderner Beliebigkeit und einer Indifferenz gegenüber dem Eigenen – dem großen ›Wir‹ der eigenen Kultur und Geschichte – verbirgt. Daß in einem derartigen mentalen Klima die Tugend physischen Mutes als Einsatzbereitschaft für bedrohte Andere im ›Wir‹ kaum mehr angemessen gelehrt, kultiviert und verstanden werden kann, ist evident.

Ein weiterer Grund für den Prestigeverlust des physischen Mutes ist die Krise der Männlichkeit. Wo eine hochentwickelte gesellschaftliche Technostruktur klassische männliche Körperfähigkeiten weitgehend überflüssig gemacht hat, wo ein scheinbar kaum jemals gefährdbarer Zustand des Friedens das Prinzip der Wehrfähigkeit wie eine politisch-gesellschaftliche Marginalie erscheinen lassen kann und wo im Zuge weitgehender Verwirklichungen der Gleichstellung der Geschlechter der Normcharakter feminisierter oder geschlechtsneutralisierter Habitusmerkmale zugenommen hat, werden männliche Vorbildcharaktere für tugendhaften physischen Mut rar. Die Jüngeren begnügen sich dann für die Befriedigung nach wie vor weiterbestehender Bedürfnisse vor allem mit Substituten im Sport oder Identifikationen mit den Heldenfiguren einer boomenden Action-Kulturindustrie.

Als dritten Grund für die Geringschätzung physischen Mutes können vielfältige Tendenzen zu einem Denken in überdehnten Egalitätsprinzipien angeführt werden, die am offensichtlichsten bei den Umgestaltungen des Bildungswesens in den letzten Jahrzehnten zutage traten. Wo aber Gleichheit zunehmend zum unhinterfragten Maßstab erstrebter Menschenformung avanciert, sinkt auch das Wertgewicht tugendhaften physischen Mutes, der immer auf Überdurchschnittliches, auf Auszeichnung zielt. In einer Atmosphäre solcherart Gleichheitsdenkens werden eher Attribute der Feigheit zu Tugenden umgelogen. Könnte es nun aber sein, daß ein Aufschwung des moralischen Mutes bei uns den Prestigeschwund des physischen Mutes kompensiert hat? Fragen wir zunächst, was mit dieser zweiten Grundform des Mutes überhaupt gemeint ist.

Moralischer Mut – und seine Sonderform die Zivilcourage – verwirklicht sich im Kern in der Überwindung der Furcht vor sozialer Ächtung und Ausgrenzung bei einem Nein, der Verweigerung der Zustimmung zu einem als moralisch illegitim empfundenen Mehrheitswillen; und er erlangt dann seine markanteste Ausprägung, wenn das Individuum als Folge des Nein mit einer Bedrohung seiner sozialen Existenz rechnen muß. Der Realisationsmodus dieses Mutes funktioniert also genau gegenläufig zu vielen Formen des physischen Mutes, insbesondere des soldatischen: Während letzterer wesentlich durch den Wunsch nach einer besonderen Anerkennung von Zugehörigkeit und der Furcht vor ihrem Verlust – also durch einen besonderen Konformitätswillen – angetrieben wird, muß bei ersterem genau diese Furcht besiegt werden, damit das Individuum zum Einklang mit den Forderungen des eigenen Gewissens gelangt: Nur an der Größe des Risikos sozialer Ausgrenzung bemißt sich psychologisch die ›Größe‹ moralischen Mutes. Nichtsdestoweniger stammen aber auch die verbreitetsten Metaphern zur Illustration moralischen Mutes aus der Sphäre soldatischer Tapferkeit, so die Rede vom »Standhalten«, »Stirnbieten«, »offenen Visier« und »aufrechten Gang«.

Die Entfaltungsmöglichkeiten moralischen Mutes waren wesentlich jedoch mit historischen Sonderbedingungen der abendländischen Geschichte verknüpft. Erst die europäischen Individualitäts- und Toleranzideale erzeugten obrigkeitlich-gesellschaftliche Bereitschaften zum Gewaltverzicht bei aufgekündigter Konformität. Hingegen war in vormodernen Gesellschaften moralischer Mut häufig nur im Zusammenwirken mit physischem zu haben, was exemplarisch historische Ausnahmegestalten wie Sokrates oder Galilei illustrieren. Kulturgeschichtliches Sinnbild des Zusammenwirkens von moralischem und physischem Mut ist die Figur des Märtyrers mit seiner Bereitschaft zur Opferung des eigenen Lebens für dasjenige, was ihm sein Glaube oder Gewissen befiehlt.

Wer die beiden grundlegenden Arten menschlicher Furcht – die Furcht vor physischer Verletzung und die Furcht vor sozialer Ächtung – vergleichend ins Auge zu fassen versucht, kann leicht zu dem Gedanken verleitet werden, daß erstere weit gravierender auf den Menschen einwirken müsse, moralischer Mut also gleichsam nur ein anthropologisch zweitrangiges Mutprinzip darstelle. Befördert werden solche Vorstellungen auch durch typische Merkmale abendländischer Menschenbilder, Merkmale, die um die Leitwerte von Individualität und Selbstbestimmung kreisen und uns zu einem mit Superioritätsgefühlen durchzogenen Selbstverständnis gegenüber kollektivistischen Kulturen der Vergangenheit und Gegenwart verhelfen. So verstehen wir die Entwicklung hin zur europäischen Moderne als einen Emanzipationsprozeß, in dem sich der Einzelne immer stärker aus der Vormundschaft der Kollektivmächte der Tradition – der Kirche, des Standes und der Familie an erster Stelle – herauslösen konnte, hin zu einem von weitgehender Selbstbestimmung charakterisierten Leben. Und in der Gegenwart akzentuieren wir unser individualistisches Selbstbild gerne in der Abgrenzung zu den gruppenorientierten Kulturen Asiens und vor allem des Islam mit seinen strikten normativen Regulierungen des gesamten Lebens und der Ein- und Unterordnung des Einzelnen unter die »Umma«, die Gesamtheit der Gläubigen. Auch in der Geistesgeschichte wurde seit der Aufklärung, seit dem Postulat Kants, sich seines Verstandes ohne die Anleitung durch andere zu bedienen, das Ideal der selbstbestimmten Persönlichkeit in immer neuen Varianten philosophisch durchdacht und postuliert, bis hin zu solchen solipsistischen Konzeptionen wie Max Stirners »Einzigem«, Georg Simmels »individuellem Gesetz« oder Friedrich Nietzsches »souveränem Individuum«. Der große Gesang Zarathustras erzählt von der selbsttätigen Höherbildung des Individuums zum »Übermenschen« durch souveräne Umschaffung aller geltenden Werte.

Sind aber derartige Menschenbilder überhaupt überzeugend? Kennt nicht jeder viele Situationen, in denen wir in einer Weise gruppenkonform handeln, die das Bild vom selbstbestimmten Individuum als eine Illusion, eine maßlose Selbstüberschätzung erscheinen lassen? Und wird diese Erfahrung nicht erhärtet durch die wichtigsten Forschungsergebnisse der empirischen Sozialpsychologie aus dem letzten Jahrhundert zur menschlichen Konformitätsbereitschaft? Wer diese Ergebnisse auf sich einwirken läßt, kommt aus staunenden Aha-Einsichten der Selbsterkenntnis gar nicht mehr heraus, und man lernt die präzise entschlüsselten situationellen und systemischen Bedingungen kennen, die auch die angeblich so selbstbestimmten Menschen unserer Zeit – also uns – typischerweise in Mitläufer verwandeln, in austauschbar handelnde Konformisten, die, je nach Kontext, ›Gutes‹ oder ›Böses‹ zu verwirklichen mithelfen. Ausgestattet mit diesen Kenntnissen, werden uns dann auch typische Reaktionsformen auf jenen angemaßten Meinungskonformismus verständlicher, gegen den in unserer Gesellschaft sich zuvörderst der moralische Mut exponieren muß; gegen den Meinungskonformismus der politischen Korrektheit, der unsere Gesellschaft immer stärker vergiftet und verheerende Folgen zeitigen wird, wenn sich ihm kein kampfbereiter Widerpart in den Weg stellt.

Jedenfalls demonstrieren uns unsere eigenen Erfahrungen gemeinsam mit den Ergebnissen der Sozialpsychologie und den Beobachtungen auf dem Feld der politischen Korrektheit, daß das in der westlichen Moderne glorifizierte Bild vom Menschen als einem selbstbestimmt handelnden Wesen doch dringend eines Korrektivs bedarf, das da lautet: Seine soziale Angewiesenheit macht den Menschen auch zu einem konformistischen Wesen, das kaum etwas so sehr fürchtet wie soziale Ausgrenzung und Ächtung. Diese Furcht, die ein Erbteil einer unübersehbar langen phylogenetischen Vorgeschichte sein muß, in der der Mensch unumgänglich an seine Eigengruppe gefesselt war, äußert sich bei den auf ihre Selbstbestimmung so stolzen Gegenwartsmenschen nicht selten in Formen, die sich von denen im Märchen »Des Kaisers neuen Kleidern« nur geringfügig unterscheiden, und das macht auch evident, daß der moralische Mut keineswegs als eine anthropologisch zweitrangige Ausprägung des Mutprinzips aufgefaßt werden sollte. Übrigens ist auch moralischer Mut wie der physische trainierbar, und er wächst, indem wir ihn zeigen. Und zu zeigen vermögen wir ihn dann am ehesten, wenn wir eine – möglichst genaue – Kenntnis unserer furchtbestimmten konformistischen Neigungen erworben und Erfahrungen der Scham über die eigene Feigheit gesammelt haben, aus denen der Entschluß zu einem Nein emporwächst, einem Nein, an dem die Selbstachtung hängt: »Etiam si omnes, ego non!«

Zum Verständnis dieser Mutform sollte man sich zunächst mit grundlegenden Ergebnissen der sozialpsychologischen Konformitätsforschung vertraut gemacht haben. Hier können nur einige ganz grobe Hinweise gegeben werden. Ihre ersten Anstöße bekam diese Forschung in den 1930er und 1950er Jahren im Zusammenhang mit wahrnehmungspsychologischen Experimenten. Den Beginn bildeten experimentelle Untersuchungen zu konformistischen Reaktionsformen in Situationen zweideutiger Art, unter denen die Untersuchung des sogenannten »autokinetischen Effektes« des Sozialpsychologen Muzafer Sherif aus dem Jahre 1935 besondere Prominenz erlangt hat. Sherif präsentierte seinen Versuchspersonen eine vieldeutige visuelle Wahrnehmung, die von ihnen einzeln auch jeweils unterschiedlich taxiert wurde. In Gruppen befragt, glichen sich aber ihre Meinungen einer gemeinsamen Sichtweise an, die dann auch für den Einzelnen dauerhaft gültig blieb, ›objektiv‹ wahr. Besonderes Interesse verdienen Experimente über den Grad konformistischer Beeinflussung in zweideutigen Situationen aus späteren Jahrzehnten, die zeigen, daß der Konformismus mit der Wahrnehmung der Wichtigkeit der Situation und der Notwendigkeit ihrer angemessenen Deutung sogar wächst. Das aber kann höchst prekäre Folgen für andere und für einen selbst haben. Versuche zur Täteridentifikation durch Augenzeugen ergaben beispielsweise, daß wir – die eigenen Zweifel niederhaltend – zu falschen Festlegungen auf eine verdächtigte Person neigen, wenn wir zuvor mit solcherart falschen Festlegungen in einer Gruppe konfrontiert wurden, was möglicherweise verheerende Konsequenzen für einen zu Unrecht Beschuldigten haben kann. Die Tendenz zum Konformismus in zweideutigen Situationen kann freilich auch zu massiven Selbstgefährdungen führen. Untersuchungen über Verhalten in Situationen mit vielen Indizien für eine potentiell große Gefahr enthüllten, daß Menschen zu teilweise grotesken Uminterpretationen von Zeichen und zum Nichthandeln neigen – gegen alle sinnliche Evidenz und entgegen ihrem Verhalten als Einzelne –, wenn sie entsprechende Signale von anderen erhalten. Sie setzen lieber ihr Leben aufs Spiel, als aus der Reihe zu tanzen.

Einen großen Schritt vorwärts machte die wahrnehmungspsychologisch inspirierte Konformitätsforschung mit Experimenten von

Solomon Asch in den 1950er Jahren. Asch konfrontierte seine Versuchsteilnehmer nicht mehr mit ambivalenten Situationen, sondern mit visuellen Sachverhalten vollkommen unzweideutiger Art. Die Teilnehmer sollten die Größenverhältnisse verschiedener Linien beurteilen, was sie als Einzelne auch durchgängig richtig taten. Konfrontiert aber mit einer falschen Ansicht der übrigen Gruppenmitglieder, schlossen sich viele dieser an; ein Konformismus wider besseres Wissen, den kein Experte zuvor erwartet hatte und als dessen einzige Ursache die Angst vor einem kurzen Außenseiterstatus in einer Gruppe von kompletten Fremden gelten muß, die ohne jede Bedeutung fürs eigene Leben sind. Neuere neurologische Erkenntnisse haben uns zusätzliche Hinweise gegeben, warum selbst in einer derartigen Situation die öffentliche Behauptung individueller Urteilskraft so schwierig ist: Während bei der konformistischen Übernahme der falschen Gruppenmeinung im Asch-Experiment primär die für die visuelle Wahrnehmung zuständigen Gehirnareale aktiviert werden, sind es bei der Behauptung individueller Unabhängigkeit gegen die Gruppe jene, die mit dem Erleben negativer Emotionen verkoppelt sind. Der Nonkonformismus auch gegen eine offenkundig falsche Gruppenmeinung muß also mit psychischen Kosten bezahlt werden, die freilich – wie Modifikationen des Experiments zeigten – dann massiv sinken, wenn ein potentieller Abweichler mit mindestens einem Alliierten rechnen kann. Übrigens werden im Kontext des Asch-Experiments auch die typischen Abstimmungsergebnisse solcher Gremien wie des Bundesverfassungsgerichts oder des US-Supreme Court plausibler, in denen die einstimmige Entscheidung die bei weitem häufigste ist, und die Entscheidung mit nur einer Gegenstimme die seltenste.

Es ist evident, daß die psychischen Kosten des Nonkonformismus mit der Wichtigkeit der Gruppe für uns steigen werden, insbesondere, wenn die Gruppe über die Waffe vielfältiger Ausschlußsanktionen verfügt: Das Bedürfnis, als dazugehörig anerkannt zu werden, erweist sich dann meist als stärker als der Wunsch nach Selbstbestimmung. Als zentrales Kriterium für die psychische Wichtigkeit von Gruppen sollte gelten, ob an der von ihnen gespendeten sozialen Anerkennung unsere Selbstanerkennung wesentlich hängt, so daß ein Verlust ihrer Anerkennung das Selbstwertgefühl bedroht. Das erzeugt Ängste, die die innere

Stimme des individuellen Vorbehalts zu überdecken vermögen und den Einzelnen zur Annahme auch ganz verrückter Gruppenmeinungen und Handlungspostulate motivieren kann. Das gilt insbesondere bei zwei Zusatzbedingungen: einer starken Abgrenzung der Gruppe gegen ein Außen und der internen Dominanz von Autoritäten, fraglos anerkannten Führern. Handelt es sich dabei um ideologisch homogene politische Gruppen, können leicht Präferenzen für hochriskante und desaströse Entscheidungen entstehen, nachdem in der Gruppe durch Prozesse kommunikativer Selbstbestätigung eine von Sieges- und Unverletzlichkeitsillusionen bestimmte Atmosphäre geschaffen wurde, in der die kognitiven Dissonanzen der nicht geäußerten Vorbehalte einzelner Mitglieder auch intrapsychisch weitgehend weggedrängt werden konnten. Es gibt Indizien dafür, daß solche verheerenden politischen Entscheidungen wie Kennedys Schweinebucht-Desaster 1961 oder die Eskalation des Vietnamkrieges und wahrscheinlich auch der zweite Irakkrieg der Bush-Administration das Ergebnis von Prozessen in abgekapselten Regierungsgruppen waren, in denen den eindeutig geäußerten Präferenzen des Chefs keine institutionalisierten Verfahren zur Kenntnisnahme alternativer Sichtweisen gegenüberstanden.

Der extremste Konformitätsdruck entwickelt sich natürlich in führergebundenen Gruppen, in denen eine rigide Abkapselung gegen die Außenwelt zusammenfällt mit einer Totalvereinnahmung ihrer Mitglieder, also typischerweise in terroristischen Gruppen oder Sekten mit von den Führerfiguren personifizierten Welt- oder Selbsterlösungslehren. Wie sich in ihnen völlig unabhängig von der individuellen Intelligenz ihrer Mitglieder die kollektive Bereitschaft zur Übernahme auch der verrücktesten Wahnideen entfalten kann, ist erstmals in den 1960er Jahren in mittlerweile klassischen Untersuchungen Leon Festingers erforscht worden. Daß sich derartige Bereitschaften bis hin zur Bereitschaft des freiwilligen Suizides unter Einschluß der Ermordung der eigenen Kinder steigern können, zeigt, welche selbstdestruktiven Extremformen sozialpsychologisch bedingte Konformitätsprozesse herbeiführen können. Der Massenselbstmord der mehr als neunhundert Mitglieder der Sekte des Predigers Jim Jones im Jahre 1978 ist dafür nur das eklatanteste Exempel in einer Reihe vergleichbarer Geschehnisse.

Gehen wir nun aber von derartigen spektakulären Extremformen des Konformismus zu jener moderateren Spielart über, die in den letzten Jahren immer tiefer in alle Bereiche unserer Gesellschaft eingedrungen ist und die *conditio sine qua non* jeder Demokratie, die Meinungsfreiheit, substanziell bedroht: die Ideologie der politischen Korrektheit. Worum handelt es sich bei dieser Ideologie? Dazu vorerst einige thesenhaft komprimierte Beobachtungen über Entwicklungen der jüngeren Vergangenheit.

Die Überlegenheit unserer Gesellschaft über nichtdemokratische Ordnungen wird mit Vorliebe durch Verweis auf die zentrale Bedeutung der »Meinungsfreiheit« zu begründen versucht, und in der Tat gibt es bei uns kaum rechtliche Einschränkungen der Redefreiheit. Nun weiß aber jeder halbwegs aufgeklärte Zeitgenosse, daß die öffentliche Inanspruchnahme dieses Grundrechts beim Betreten bestimmter thematischer Felder, die noch benannt werden, mittlerweile keine fraglos akzeptierte Selbstverständlichkeit mehr ist, sondern massive Selbstgefährdungen in Form sozialer Ächtungen zur Folge haben kann, also moralischen Mut erfordert. Wer diesen Mut nicht besitzt, der sollte das verminte Gelände solcher thematischen Felder möglichst meiden, denn in dessen Innenbereich ist die Meinungsfreiheit – und manchmal auch die objektiv nachprüfbare Wahrheit – keinen Pfifferling mehr wert, und die Regeln vernünftigen Argumentierens sind hier genauso außer Kraft gesetzt wie die einfachsten Gebote menschlichen Anstandes. In ihnen existiert ein dichtes Netz informeller Normierungen, die das inhaltlich Gewünschte und Gestattete genauso konformistisch festzulegen trachten wie dessen sprachliche Form. Ergebnis ist ein überbordender Gebrauch von Worthülsen, jenem Orwell-ähnlichen »Newspeak«, das vor sozialer Ausgrenzung schützt, indem es die Wirklichkeit verzerrt.

Der informelle Charakter dieser Gedanken- und Wortnormierungen muß besonders unterstrichen werden. Ihnen liegen in der Regel keine Dekrete irgendwelcher Machtzentren zugrunde, sondern sie haben die schwierig greifbare Form unausgesprochener wechselseitiger Erwartungen und Erwartungserwartungen, die sich in komplexen gruppenpsychologischen Anpassungsprozessen durch Selbstzensur, vorauseilenden Gehorsam und Bereitschaft zur sachwidrigen Informationsselektion bei der Mehrheit der Produzenten der veröffentlichten Meinung immer wieder reproduzieren. Der Mut zum Nonkonformismus, also das Beharren auf einer eigenen, von der informell produzierten Einheitsnorm abweichenden Meinung, wird mit Sanktionen sozialer Ausgrenzung beantwortet, deren Maß und Eigenart nie genau vorhersehbar ist. Mal erfährt der Abweichler nur ein reales oder mediales Naserümpfen, mal kann selbst das Aussprechen unbestreitbarer Wahrheiten mediale Entrüstungsstürme mit intellektuellen Hetzmeutenbildungen entfesseln, die sich erst dann wieder legen, wenn der Opponent des Erwarteten im Dauerbeschuß von Rufmordkampagnen zur Strecke gebracht worden ist.

So wird eine diffuse Angst vor den materiellen, sozialen und vor allem psychischen Folgen des Nicht-mehr-Dazugehörens zum zentralen konformitätsstiftenden Agens; eine Angst, die solche absurd-gespenstischen Formen sozialer Schauspielerei bewirken kann wie den Fall, daß alle im Sinne der politisch korrekten Meinungsnorm sprechen, die insgeheim niemand teilt. Und daß solche diffusen Ängste sich immer wieder erneuern, dafür sorgen dann die im schrillen medialen Unisono periodisch inszenierte Skandale, die ritualisierte und hysterisierte Handlungen des Ausstoßens und An-den-Pranger-Stellens von Abweichlern darstellen. Der Skandal bezweckt ein exemplarisches Strafen, das jedem unmißverständlich die möglichen Folgen des Aus-der-Reihe-Tanzens vor Augen halten soll. Wir kommen darauf noch zurück.

Die Massenmedien treten zwar als kollektiver Hauptakteur der politischen Korrektheit in Erscheinung, sind aber vernetzt mit anderen Funktionssystemen – demjenigen der Politik an erster und dem einiger Wissenschaftsdisziplinen an zweiter Stelle –, in denen in jeweils unterschiedlichem Ausmaß ebenfalls dieser ideologische Code propagiert wird. Als Instrument zur Herstellung von Meinungskonformität funktioniert er systemübergreifend, als Zusammenspiel divergenter, sich wechselseitig bestätigender und antreibender Spieler, in dem freilich die Massenmedien den Part der großen Posaune spielen, die die stereotypen Melodien der korrekten Meinungen fortissimo unablässig ins Ohr der Bevölkerung hineinbläst; mit dem Ziel einer Konditionierung, die das Mißtrauen in den eigenen Verstand und die eigene Wahrnehmung fördern und den Einzelnen als erstrebenswert erscheinen lassen soll, was er nach Maßgabe eigener Interessen oft gar nicht wollen kann. Die Massenmedien sind der zentrale Transformator, in dem die aus divergenten Teilsystemen kommenden Energieströme der politischen Korrektheit zusammenfließen und durch eine Reihe systemspezifischer Techniken zu simplifizierten, nicht selten infantilen Parolen umgearbeitet werden, die den Beobachter manchmal unweigerlich an die Propagandaparolen der Schafe in George Orwells *Animal Farm* denken lassen: »Two legs good, four legs better!« So ist durch die Meinungsmacht der Massenmedien ein die Politik und Teile der Wissenschaft einschließendes Megasystem des Konformismus mit weitgehend ähnlichen informellen Kommunikations- und Sanktionsregelungen in ihren Innenbereichen entstanden, die das Festhalten ideologiedurchtränkter Wirklichkeitsbilder stützen, eine Selbstimmunisierung auch gegen ganz machtvolle, von ›außen‹ kommende kognitive Dissonanzen.

Was ist das Hauptkennzeichen dieser konformitätsheischenden Ideologie? Das ist offensichtlich die Ersetzung oder zumindest Überlagerung der Leitdifferenz von ›wahr/falsch‹, die dem Funktionssystem der Wissenschaft entstammt, durch die normative von ›gut/böse‹, die nicht auf das sachliche Beurteilen eines Ist-Zustandes zielt, sondern auf eine Bewertung der Wirklichkeit im Hinblick auf einen Sollzustand, ein Ideal oder eine Utopie. Durch diese Ersetzung, die, bei Eindringen in die Sphäre der Wissenschaft, wissenschaftszerstörend wirkt, wird zwangsläufig in jede Argumentation das Gift der Moralisierung und Emotionalisierung eingespeist. Die Konstruktion simplifizierender Alternativen, Freund-Feind-Deklarationen und die Kultivierung von Empörungsritualen im Hinblick auf den als ›böse‹ markierten Pol sind die Folge. Außerdem bewirkt der Moralpanzer der postulierten politisch korrekten Meinungsnorm – die Substitution des ›wahr/falsch‹-Codes durch einen ›gut/böse‹-Code –, daß wie durch einen Zauberschlag von den kompliziertesten Sachverhalten alle Schalen der Komplexität abfallen.

So wird durch systematische Ausblendung und Tabuierung all dessen, was der vorausgesetzten Dichotomie von ›gut‹ und ›böse‹ widerspricht, Wirklichkeit kinderleicht verstehbar, aber dieses impliziert auch, daß Auseinandersetzungen mit den Propagandisten der politischen Korrektheit auf einer Sachebene, als argumentativer Diskurs, oft kaum möglich sind. Manche Autoren haben das schmerzhaft erfahren müssen. Ihr Bemühen, die Wirklichkeit – unleugbare, faktengestützte Zusammenhänge – für sich sprechen zu lassen, interessierte im Orkan hysterisierter Medienkampagnen keinen Deut, weil auf der Basis eines nicht durch die Leitdifferenz ›wahr/falsch‹, sondern ›gut/böse‹ gesteuerten Denkens nicht erst manche Wertentscheidungen, sondern bereits spezifische Tatsachenbehauptungen und Fragestellungen in den Ruch des Bösen geraten und der Tabuisierung anheimfallen können. Da die politische Korrektheit eine Supraideologie ist, die sich in recht unterschiedlichen Themenfeldern ausgebreitet hat, konkretisiert sich ihre grundlegende Leitdifferenz ›gut/böse‹ in einer Vielzahl bereichsspezifischer Gegenbegriffe, etwa nach dem Muster Toleranz versus Homo- bzw. Islamophobie oder Vielfalt versus Rassismus. Sie bilden ein Netz fest verankerter Vorgaben im System der veröffentlichten Meinungen, semantische Pflöcke mit klaren Gebrauchsanweisungen zur Unterscheidung des Drinnen- und Draußenseins, von Freund und Feind, ein trefflich zum Selbstbestätigen, Verdächtigen, Diffamieren, Denunzieren und Selbstzensieren geeignetes Instrumentarium, in dem mittlerweile immer häufiger der Kampf gegen alle Varianten des Bösen »Antifaschismus« genannt wird und den Meinungsgegnern mit Vorliebe »Phobien« unterstellt werden. Die merkwürdige Karriere des Wortes Phobie in den Kontexten der politischen Korrektheit, eines Wortes, das ja nichts weniger als ein psychiatrischer Fachbegriff ist, läßt sich auch als Hinweis für einen zumindest untergründigen Stigmatisierungswunsch des Gegners als eines Geisteskranken verstehen.

Welches sind die wichtigsten thematischen Felder der politischen Korrektheit? Man kann insgesamt sechs Bereiche erkennen, unter denen drei eine ganz besondere Relevanz zukommt: Der *erste* Themenbereich ist das Projekt von Europäischer Union und Euro als einem supranationalen »alternativlosen« »Friedensprojekt«, gegenüber dem die Nationalstaaten als hoffnungslos überholte Relikte von vorgestern ausgemalt werden. Kritiker dieses Projekts werden gewöhnlich als »Antieuropäer« etikettiert. Der *zweite* Themenbereich ist die hochemotionalisierte Problematik der Masseneinwanderung und – damit engstens zusammenhängend – der *dritte* das Verhältnis der europäischen Völker zum Islam. Hier entfaltet sich der korrekte Diskurs im Spannungsfeld der Pole von multikultureller »Bereicherung« einerseits und »Rassismus« und »Islamophobie« andererseits. Freilich verschleiert auch hier die Dichotomie von gut und böse die möglichen Kosten dieses singulären Großexperiments. Die Gefährdungen, die unserer Gesellschaft durch ihre forcierte Durchmischung mit Einwanderern erwachsen können, deren religiös-kulturell verankerte Gesellschaftsleitbilder und Loyalitäten mit der europäischen Wertetradition – insbesondere unserem Begriff vom Staatsbürger – inkompatibel sind, werden wortmagisch weggeredet, was eine zunehmende Zerspaltung westeuropäischer Gesellschaften in einander tendenziell feindlich gegenüberstehende ethnisch-religiöse Großgruppen nicht unrealistisch erscheinen läßt.

Zum *vierten* Themenbereich der politischen Korrektheit sind die Geschlechterbeziehungen und sexuellen Präferenzen geworden, die von der Genderideologie dominiert werden. Kerne dieser Ideologie, die mit dem traditionellen Feminismus nichts zu tun hat, sind zum einen ein hypertropher Machtwille, der auf die Überwindung der biologischen Grenzen des Geschlechterverhältnisses zielt, zum anderen der Kult um die Homosexualität. Im vorgeblichen Kampf gegen Diskriminierungen, die es tatsächlich bei uns schon lange nicht mehr gibt – sogenannte »Homophobien« –, wird unter der Flagge solcher Parolen wie »Für sexuelle Toleranz und Vielfalt« die Homosexualität gewissermaßen mit einer positiven Sonderaura ideologisch umhüllt, zum *non plus ultra* im Reich sexueller Orientierungen stilisiert. Der tiefere Sinn der Genderideologie ist der Antinatalismus, der Unwille zum generationellen Weiterleben.

Den *fünften* Themenbereich der politischen Korrektheit nimmt die Geschichtspolitik ein, ein für seine Instrumentalisierung im politischen Gegenwartskampf zurechtgeschnittenes Geschichtsbild, mit dem Nationalsozialismus als Zentrum. Das politisch korrekte Wollen der Gegenwart wird dabei als positives Gegenbild zum Schreckbild des Nationalsozialismus ausgelegt, so daß Kritiker der politischen Korrektheit leicht in »Nazi-Nähe« gerückt werden können. Und der *sechste* Themenbereich schließlich umfaßt die Klimaproblematik, das Bestreben zur Durchsetzung nur eines Narrativs als Ursache der Klimaerwärmung, dessen Infragestellung die Anschuldigung der »Klimaleugnung« nach sich zieht.

Wie bereits angedeutet, ist auf allen diesen sechs Themenfeldern die massenmediale Skandalisierung die wichtigste Sozialtechnik zur Durchsetzung der konformistisch-korrekten Meinungsnormen. Ihre besondere Schärfe bei Verstößen gegen das korrekte ›gut/böse‹-Muster ergibt sich daraus, daß sie primär auf die Person des Abweichlers zielt, die man nun, da sie ja angeblich moralisch Illegitimes geäußert hat, im Brustton vollkommener Berechtigung öffentlich zur sozialen Ächtung freigibt. Eine gelungene Skandalisierung läßt irgendwann nur noch einen einstimmigen Chor von Empörten hören, die sich in machtvoller Selbstanfeuerung ihrer Zugehörigkeit zum Lager der Guten vergewissern und den Abweichler als einen moralisch Aussätzigen markieren, zu dem jeder »Anständige« feindseligen Abstand zu halten hat. Derartige Kampagnen sozialer Ächtung sind, als ein exemplarisches Bestrafen, die mächtigsten Waffen zur Durchsetzung der politischen Korrektheit. Sie halten jedem eindringlich die Konsequenzen für Nichtkonformität vor Augen und umzäunen ein Gedankenterrain so, daß jeder, der in seine Nähe gerät, zu besonderen Vorsichtsmaßregeln – wie im archaischen Tabu – gezwungen ist. Ihren größten Erfolg haben sie, wenn bereits das einsame gedankliche Durchspielen von Alternativen zum ›gut/böse‹-Code ein schlechtes Gewissen erzeugt. Dann hat die Skandalisierung den Konformismus im ›Über-Ich‹ verankert, das die Person ›ganz von selbst‹ denken läßt, was sie im Sinne des politisch Korrekten denken soll.

Die Gefährdungen der Demokratie durch die Ausbreitung der politischen Korrektheit sind horrend. Nur zwei ganz grundlegende Sachverhalte seien benannt. Der *erste* ist der Verlust von Meinungsvielfalt und eine Tendenz zur Selbstdestruktion durch Verschwinden des politischen Ideenstreits. Hier kommen alle jene sozialpsychologischen Konformitätsprozesse zur Geltung, die erstmals in Elisabeth Noelle-Neumanns Theorie von der »Schweigespirale« untersucht worden sind. Die Furcht vor sozialer Ausgrenzung, so Noelle-Neumann, raube den Menschen in hochgradig moralisierten und emotionalisierten politischen Kontroversen den Mut zur Parteinahme für Positionen, denen die Unterstützung wegzubrechen droht. Diese Furcht vergrößert sich mit dem Abwärtstrend solcher Positionen und erzeugt dadurch einen sich selbst verstärkenden Prozeß ihrer Herausdrängung aus der öffentlichen Sphäre, und zwar nicht nur durch ihre Verheimlichung, sondern auch aufgrund massenhaften Positionswechsels in der Bevölkerung. Am logischen Endpunkt solcher Prozesse ist dann nur noch die politisch korrekte Einheitsnorm zu hören.

Wo aber Menschen aus Furcht vor sozialer Ächtung sich nicht mehr ihre Meinung auszusprechen trauen und öffentlich Zustimmung zu Behauptungen bekunden, die sie insgeheim als Lüge empfinden, wird nicht nur die Selbstachtung bedroht, sondern es verschwindet auch das Vertrauen ins politische System. Der Legitimationsverlust durch Aufkündigung des Vertrauens ist der *zweite* große demokratiezerstörende Prozeß, den die Zementierung der politischen Korrektheit bewirkt. Das einzige Gegenmittel gegen dieses gesellschaftszersetzende Gift ist die Überwindung der eigenen Feigheit, also die Überwindung der Furcht vor sozialer Ausgrenzung. Wem dieses gelingt, der wirkt exemplarisch auf andere ein – er gibt ihnen Mut. Und wer den eigenen moralischen Mut erprobt, sammelt Erfahrungen für dessen Verfestigung zu einer Haltung, die immer selbstbewußter die Stimme des eigenen Gewissens öffentlich gegen ächtungsbereite Mehrheiten zu erheben befähigt.

Mut in seinen beiden großen Formen, als physischer und moralischer, so kann man abschließend festhalten, ist eine rare menschliche Tugend, die sich immer wieder gegen die Verlockungen der eigentlich näherliegenden Feigheit durchsetzen muß; eine Tugend, die wegen ihrer Seltenheit immer wieder zu großen Erzählungen inspiriert hat, bis hin zu den phantastischen Ausformungen im Märchen. Nur die anthropologische Potenz zum Mutigsein hat überhaupt die menschliche Evolutionsgeschichte ermöglicht, aber die beiden Grundformen unterscheiden sich doch eklatant in einem Merkmal: ihrer Stellung zu einem Grundprinzip menschlicher Existenz, dem Prinzip der sozialen Zugehörigkeit. Gerade Extremformen physischen Mutes wie der soldatische beruhen ganz wesentlich auf dem Bedürfnis nach einer besonderen Anerkennung von – und der Furcht vor – dem Verlust von sozialer Zugehörigkeit, die aber beim moralischen Mut aufs Spiel gesetzt wird.

Deswegen konnte sich moralischer Mut auch erst in der jüngeren Geschichte im Zusammenhang mit ganz neuartigen Individualitätsidealen voll ausfalten. In unserer Gegenwartsgesellschaft sollte er sich an erster Stelle gegen die Anmaßungen der politischen Korrektheit in Stellung bringen, aber nicht nur für diesen Bereich wird das Ausmaß seines Vorhandenseins doch üblicherweise weit überschätzt.

DIE GRENZE

Verortungen eines vieldimensionalen Begriffs

Kaum ein Wort findet in derart unterschiedlichen Sinnzusammenhängen Anwendung wie der Begriff der Grenze. Zwar denkt man dabei normalerweise als erstes an territoriale Markierungen – sei es zur Kenntlichmachung von Privatbesitz oder der Machtbefugnisse politischer Herrschaftsverbände wie des modernen Staates –, aber von da aus wird man doch auf vielfältige andere Assoziationswege gelockt, auf denen sich die Wortbedeutung ändert. Aus der Sphäre der Räumlichkeit in diejenige der Zeitlichkeit überwechselnd, verbindet man mit Grenzen alles, was sich aus dem Kontinuum der Zeit durch einen Anfang und ein Ende herausheben läßt, beispielsweise natürliche Phänomene wie den Übergangsbereich vom Tag zur Nacht oder das an der modernen abstrakten Uhrzeit orientierte Alternieren von Arbeit und Freizeit oder jene hochartifiziellen Epochenmarkierungen, mit denen man ein ›Mittelalter‹ als eine Sinngestalt eigener Art von einer ›Neuzeit‹ zeitlich trennt oder eine ›Moderne‹ von einer ›Postmoderne‹, und schließlich jene unüberschreitbare Grenze aller Grenzen, die das Leben vom Tode scheidet.

Ein anderes semantisches Feld von Grenzmetaphern bieten die Formungen unseres Handelns, die qua Recht, Moral oder Religion aus der heterogenen Vielfalt des Denkbaren und Möglichen spezifische Handlungsmuster für bestimmte Situationen verbindlich setzen, und diese Verbindlichkeit durch Sanktionsdrohungen für den Fall der Abweichung vom Gesollten unmißverständlich unterstreichen; Normen setzen unseren Handlungsmöglichkeiten Grenzen, die man im Zuge des Hereinwachsens ins Gesellschaftsgefüge erst allmählich erlernt. Auch jedem Erwachsenen werden immer wieder, so sagt man, »Grenzen gesetzt«, sei es durch imperativische Aufforderungen oder subtile soziale Mißbilligungen, beispielsweise, wenn er fraglos geltende moralische oder Diskretionsregeln verletzt. Soziales Handeln umschließt immer auch einen grenzhütenden Sollaspekt, der im Phänomen des Tabus seine schärfste Ausformung gewinnt.

Einen weiteren Anwendungsbereich des Grenzbegriffs bieten die hochabstrakten Trennungen eines ›Innen‹ von einem ›Außen‹, durch die sich in unserer modernen funktional differenzierten Gesellschaft spezifische Systeme wie das der Ökonomie, Politik, Wissenschaft oder Kunst von ihrer jeweiligen ›Umwelt‹ unterscheiden – Systemgrenzen unsichtbarer Art, die sich durch jedes Handeln im System aufgrund eines systemspezifischen binär strukturierten Codes, der das Handeln steuert, fortwährend erneuern. Schließlich denke man auch an jene psychologischen Markierungen, die die ihrerseits vielfältig nuancierbaren Begriffe »Identität« oder »Ich-Grenzen« ansprechen, Markierungen, durch die Personen oder Gruppen ihr Selbstbild auszudrücken versuchen, und zwar notwendigerweise immer auch durch Abgrenzungen vom behaupteten Anderssein der Anderen. Von derartigen psychologischen Deutungen eines ›Ich‹, die in der Moderne subtile, hochreflektierte Ausgestaltungen erfahren haben, wiederum zu unterscheiden sind jene Zugehörigkeitsdefinitionen, in denen sich die Person durch bestimmte Rechte und Pflichten als Teil einer sozialen Gruppe, eines ›Wir‹ – einer Familie, eines dörflichen Systems, einer Stadtbürgerschaft, einer Religionsgemeinschaft oder einer Nation – erfährt und ein entsprechendes Zugehörigkeitsgefühl entwickelt, immer im abgrenzenden Kontrast zum entsprechenden ›Wir‹ der anderen.

Was ist der abstrakte Kerngehalt des Wortes von der Grenze in derartigen unterschiedlichen Verwendungszusammenhängen? Das Wort, daran erinnert Konrad Paul Liessmann, meint zunächst nichts weiter als eine wirkliche oder metaphorisch gedachte Linie, durch die zweierlei voneinander unterschieden wird, dieser Territorialbereich von jenem, das Jetzt von einem Vorher oder Nachher, das Erlaubte vom Unerlaubten, das Mein von einem Dein, das Ich vom Du, ein Wir vom Ihr. Unterscheiden basiert auf Grenzziehen, weshalb Grenzziehen die fundamentalste kognitive Operation des Menschen überhaupt bezeichnet, diejenige, durch die allererst ein Etwas bestimmbar wird, und zwar durch Bezug auf ein Etwas, das es nicht ist: Ich bin nicht Du, der Tisch kein Stuhl, Wir sind nicht Ihr. ›Diskriminieren‹ im kategorialen Sinn heißt nicht abwerten, sondern unterscheiden, und jede Unterscheidung basiert auf einer Grenzziehung, die konstatiert, daß dieses nicht jenes ist. Wer das Wort der Diskriminierung nur in seiner inflationären moralisierenden Gegenwartsbedeutung kennt, sollte auf seinen Ursprungssinn gestoßen werden, der darin erinnert, daß das Diskriminieren die *condition sine qua non* des Erkennens ist, eine wertfreie Operation, die niemanden und nichts ›diskriminiert‹. Entsprechendes gilt für den Begriff der ›Ausgrenzung‹, der in der gegenwärtig bei uns vorherrschenden Sprache nur noch in seiner pejorativen Bedeutung bekannt ist. Jedes Unterscheiden beruht auf Ausgrenzungen qua Grenzziehung, und die selbstverständlichsten Unterscheidungen dieser Art, mit denen wir tagtäglich umgehen, ohne uns dessen recht bewußt zu sein, sind eben Definitionen. Eine Definition – das Wort stammt übrigens vom lateinischen *finis* (Grenze, Ende) – ist nichts anderes als die Eingrenzung eines Gemeinten durch Ausgrenzung eines nicht Gemeinten, nichts anderes als eine Sinnzuschreibung durch Markierung einer sinnausschließenden Grenze, eine Inklusion qua Exklusion.

Als Bezeichnung für die territoriale Abgrenzung diente im Deutschen bis zum Beginn der Neuzeit das Wort »Mark«, das sich aus dem Indogermanischen herleitete. Erst langsam wurde es durch das dem Slawischen entlehnte Wort »Grenze« abgelöst. Die Bedeutungen, die ihm dann in der Folgezeit in den neuartigen Bereichen seiner Anwendung zuwuchsen, tragen in sich doch vielfältige metaphorische Verweise auf die Sphäre, der das Wort entstammt. Dabei findet man neben Sprachbildern aus der Ordnung lediglich zweidimensionaler Flächen, in denen die Grenze nur ein Diesseits von einem Jenseits trennt, oft solche, in denen das Diesseits und das Jenseits als ein Innen und ein Außen angesprochen wird, nach dem Bildschema des Raumes als eines Behälters, dessen Hülle einen oftmals positiv konnotierten Binnenraum von einen Außenraum abgrenzt. So bestimmen abgrenzende Raummetaphern auch unsere zeitlichen Orientierungen – Zeitperioden pflegen wir als »Zeiträume« zu denken –, unser Reden über »Normen« und »Moral« – man denke an Ausdrücke wie »innerhalb« des Gesetzes oder das »Abschließen« von Verträgen –, die Deutungen unserer Gefühle, die wir »ausbrechen« lassen, oder unseres Ichs, wenn wir »außer uns« geraten.

Das strikt binäre Schema, in dem wir Grenze denken, die unzweideutige Trennung von zweierlei, ist jedoch nur ein Aspekt unserer Auffassung des Phänomens. Er bedarf der ergänzenden Perspektive eines Gegenaspektes, um dem Begriff wirklich Genüge zu tun. Wer über Grenzen nachdenkt, denkt nicht nur im Modus des Abtrennens und Ausschließens, sondern genauso in demjenigen des Verbindens und Überschreitens, und dies bezeichnet keineswegs nur eine Marginalie, sondern ein Konstituens der Sache selbst. Eine Grenze, die prinzipiell unüberschreitbar ist, deren andere Seite sich unserer Erreichbarkeit – sei es in der Vorstellung oder im Handeln – vollkommen verschließt, ist keine Grenze mehr, sondern nur noch ein Abgrund zum Nichts. In glaubensgesättigten Zeiten konnte der Tod eine Grenze bezeichnen, eine Grenze, deren Übertritt der Person den Eintritt in ein religiös ausgemaltes Jenseits ermöglichte, während er für uns nur noch das definitive Ende bedeutet. Nur die Vorstellbarkeit eines Übergangs auf die andere Seite beziehungsweise ins Außerhalb, wie mühevoll oder gefährlich er realiter auch immer sein mag, macht eine Grenze als Grenze definier- und erfahrbar, als ein Phänomen des Beschränkens und Ausschließens. Den unaufhebbaren wechselseitigen Zusammenhang zwischen Beschränken und Überschreiten, Trennen und Verbinden, der wesentlich zum Begriff der Grenze gehört, haben besonders Hegel und nach ihm Foucault betont, der stichworthaft notiert: »Die Grenze und die Überschreitung verdanken einander die Dichte ihres Seins: Eine Grenze, die absolut nicht überquert werden könnte, wäre inexistent; umgekehrt wäre eine Überschreitung, die nur eine scheinbare oder, schattenhafte Grenze durchbrechen würde, nichtig.«

Eine harmonische Verbildlichung der inneren Zusammengehörigkeit der Aspekte des Trennens und Verbindens im Begriff der Grenze vermag eine durch einen Fluß markierte Landschaft zu bieten, den eine Brücke überspannt. Durch die Brücke sind die durch den Fluß geschiedenen zwei Seiten miteinander verbunden – es ist ganz wesentlich die ästhetische Wirkung der Brücke im Ensemble einer Landschaft, die die Brücke zum eindrücklichsten Symbol des Aspektes der Überschreitung im Begriff der Grenze hat werden lassen, eines Aspektes, der, wohlgemerkt, keinesfalls mit dem Aufheben oder Hinausschieben von Grenzen verwechselt werden darf. Die realen Grenzphänomene unseres Seins bieten uns ganz unterschiedliche Ausformungen und Gewichtungen des Zusammenhangs beider Dimensionen. Es gibt und gab territorial-politische Grenzen, deren Überwindungsversuch mit tödlichen Gefahren verbunden war – Grenzen als scharfbewachte Mauern, die, wie die Mauer im geteilten Deutschland als Trennungslinie zweier feindlicher Systeme ein Volk zerschnitt.

Eine vergleichbare Ungleichgewichtung bieten Phänomene wie die durch das archaische Tabu markierten Handlungsgrenzen, deren Überschreitung mit der Vorstellung schwerster Strafen durch transzendente Mächte verbunden war, oder die islamischen Zugehörigkeitsregeln, die einen Austritt aus dem religiösen »Wir«, der »Umma«, bei Todesstrafe zu verhindern trachten. Den Gegenpol zu derartigen Akzentuierungen des Trennenden im Grenzbegriff bilden Phänomene mit einer Dominanz des Verbindenden, etwa im Konzept der Grenze als eines durchlässigen Zwischenraums, in dem sich vorher eindeutig Getrenntes in neuartigen Begegnungen und Kombinationen aufeinander beziehen kann.

Daß Grenzen zwei existenzielle Grunderfahrungen ermöglichen, die sich ihrerseits selbst in vielfältigen Mischungen und Ambivalenzen fühlbar machen können – die positive eines Sicherheitsgefühls und die negative einer Freiheitseinschränkung –, verweist auf die gerade angesprochenen zwei Dimensionen im Begriff der Grenze. Jede bewußte Abgrenzung entsteht aus dem Bedürfnis nach kognitiver oder emotionaler Sicherheit, denn nur die Grenzziehung ermöglicht jene identitätsstiftenden Unterscheidungen, ohne die wir in allen Dimensionen unserer Existenz – von der kognitiven Erfassung der Dingwelt bis hin zu unseren Selbstdeutungen als unverwechselbarer Personen – orientierungs- und ortlos blieben. Werden aber Grenzen in tendenziell undurchlässige Mauern verwandelt, dann entstehen kognitive, soziale und individuelle Erstarrungen, gegen die irgendwann immer das Freiheitsverlangen Einzelner rebelliert: Menschliche Existenz ist Vollzug einer unaufhebbaren Dialektik von Grenzsetzung und Grenzüberschreitung, von Sicherheitsverlangen und Freiheitsbedürfnis, des Wunsches nach Verharren in einem gewohnten Zustand des ›Ist‹ und der Sehnsucht nach Erfahrung eines noch unbekannten Anderen.

Daß die Tür diese existenzielle Dialektik am eindringlichsten zu versinnbildlichen vermag, hat Georg Simmel subtil erläutert. Jede Behausung, die der Mensch schafft, erzeugt einen von einem Außenraum abgegrenzten Innenraum, der, als Sphäre des Wohnens und der Beheimatung, von jeher das Ursymbol des Schutzes gegen ein unbekanntes und gefährliches Außen darstellte, einen sicherheitsspendenden Behälter, als dessen Hüterin in allen traditionalen Gesellschaftsordnungen die Frau und Mutter gedacht wurde, während dem Mann die Wächterfunktion oblag. Die Tür nun ist gleichsam das zentrale Gelenk zwischen dem schützenden Binnenraum und einer tendenziell gefährlichen Außenwelt. In ihr ist die Grenze zugleich aufgehoben und markiert, denn gerade, so Simmel, weil sie »auch geöffnet werden kann, gibt ihre Geschlossenheit das Gefühl einer stärkeren Abgeschlossenheit gegen alles Jenseits dieses Raumes, als die bloß ungegliederte Wand. Diese ist stumm, aber die Tür spricht«. Die Tür veranschaulicht am prägnantesten die Dialektik von Grenzsetzung und Grenzüberschreitung und Freiheit und Sicherheit, denn ihre Funktion zielt nicht nur in eine Richtung wie etwa diejenige des Fensters, das nur zum Hinaussehen gedacht ist – zum Blick ins Außerhalb vom geschützten Binnenraum –, sondern in ihr ist das reale Hinaus – über die Grenze, in die Freiheit, als ein Fortgehen in jedwede Richtung – mit dem Hinein als einem Zurückgehen ins sicherheitsspendende Gehäuse, den Ort des Einwohnens, symbolisch unauflöslich verbunden. Was Simmel in der Tür andeutet – die Dialektik der Grenze, als Zusammenhang von Fortgehen und Heimkehr –, findet sich in der *Odyssee* als Epos von der Lebensreise ausgefaltet. Die Odyssee ist eine Reise im Kreis, in der das Individuum nach Verlassen des heimatlichen Hauses in fortwährenden Grenzüberschreitungen seine Ich-Grenzen nicht verliert, sondern ausweitet und bestätigt, um am Ende nach Ithaka als jenen Ort zurückzukehren, dessen Erfahrung es auf den Erfahrungen der Reise vor einem Abgleiten ins Ortlose, in den Identitätsverlust bewahrt hat.

Fragt man nach den anthropologischen Letztursachen für die unaufhebbare Dialektik von Grenzsetzung und Grenzüberschreitung als einem Grundmerkmal der menschlichen Existenz, so wird man auf drei gestoßen: die Instinktunsicherheit des Menschen, seine unersättliche

Neugierde und sein jederzeit aktivierbares Aggressionspotential. Alle menschlichen Grenzen sind soziale und individuelle Konstruktionen, artifizielle Selbstbindungen, die die ordnungsstiftenden Funktionen instinktgeleiteten Handelns im Tierreich kompensieren: Der Mensch ist ein bewußt grenzsetzendes Wesen, weil er qua biologischer Konstitution – seiner Instinktreduktion – keine sicher funktionierenden natürlichen Handlungsschemata besitzt. Die Instinktunsicherheit ist aber auch eine der zentralen Ursachen für die unersättliche Neugierde des Menschen, die immer wieder zur Grenzüberschreitung motiviert. Die Neugierde ist ein anthropologisches Muß, weil der Mensch kaum über angeborene informationsvermittelnde Mechanismen verfügt, die sein Handeln arterhaltend festlegen – der Mensch ist zur neugierdegeleiteten objektivierenden Erkundung seiner Umwelt gezwungen. Und da die menschliche Neugierde ihrerseits vollkommen entgrenzt ist, sich auf alles bezieht – die Welt natürlicher Objekte, die soziale Umwelt und das Selbst – und lebenslang erhalten bleibt, macht sie auch das Überschreiten prinzipiell aller sozial konstruierten Selbstbindungen möglich: Menschliche Existenz bewegt sich qua Neugierde grundsätzlich im Modus des Transzendierens, auf den aller soziale Wandel und der Fortschritt zurückgeht. Dieser Modus schließt die Selbsttranszendierung ein, das Überschreitenwollen individueller Könnensgrenzen, bis hin zur Selbstumformung zu einem »neuen Menschen«, für die jede Kultur einen besonderen Bestand an Anthropotechniken – man denke nur an die Askeseregeln religiöser Virtuosen – entwickelt hat. In unserer Gegenwart sind die unaufhebbaren Selbsttranszendierungstendenzen des Menschen zur realistischen Möglichkeit einer biologischen Umkonstruktion geworden, zur Schaffung eines Über-Menschen durch Manipulation des genetischen Codes und der Hirnfunktionen. Die uralte Frage nach den Grenzen der Conditio humana stellt sich dadurch in ganz neuartiger Radikalität. Neben der Neugierde muß als zweite große Quelle der Grenzüberschreitungen das jederzeit aktivierbare Aggressionspotential des Menschen gelten, das sich – als Folge unzureichender natürlicher Hemmungen – gegen alle und alles richten kann, also auch vollkommen entgrenzbar ist. Die ungeheure Kreativität, die die Aggressivität beim destruktiven Überschreiten und Niederreißen von Grenzen zu entwickeln vermag, geht gewöhnlich darauf zurück, daß sie das neugierdegeleitete Wissenwollen ihren Zwecken dienstbar gemacht hat.

Wir wollen zunächst dem Grenzbegriff konkretere Konturen verleihen, indem an Beispielen seine unterschiedlichen Ausgestaltungen in größtmöglicher Grundsätzlichkeit erläutert werden. Begonnen sei mit demjenigen Grenzphänomen, auf das die Ursprungsbedeutung des Begriffs zurückgeht: der territorialen Grenze. Territorialität, die Inbesitznahme, Abgrenzung und Verteidigung von Land, hat sich nicht, wie Rousseau meinte, erst irgendwann in der Menschheitsgeschichte ausgebildet – für Rousseau war es ja bekanntlich der große Sündenfall, durch den allererst das Übel der unfriedlichen Zivilisation Einzug in einen bis dahin harmonischen Naturzustand hielt –, sondern Territorialität ist eine anthropologische Universalie, war immer da. Es spricht viel für die Annahme der Verhaltensbiologie, daß Territorialität eine stammesgeschichtlich erworbene Disposition bezeichnet, denn Revierverhalten – die Besetzung von Revieren und die Markierung und Verteidigung ihrer Grenzen gegen gruppenfremde Eindringlinge – findet sich bei den meisten der höheren Wirbeltiere; demnach würden in den vielfältigen kulturellen Ausprägungen menschlichen Territorialverhaltens immer auch Instinktresiduen stammesgeschichtlicher Provenienz aktiviert. Territorialität als Markierung von Besitznormen im Raum ist als anthropologische Universalie ein sich über jeweils komplexere Ebenen der Vergesellschaftung ausfaltendes Abgrenzungsprinzip, dessen äußerste Grenze der territoriale Besitzanspruch einer Großgruppe – sei es eines Stammes oder, in der Moderne, einer Nation – darstellt. Unterhalb dieser Grenze befinden sich dann die normativ fixierten territorialen Besitzmarkierungen von Sippen, Familien und schließlich, innerhalb der Familie, Individuen, die zumeist respektiert werden und bei Verletzungen gruppeninterne Schlichtungs- und Sanktionsprozeduren hervorrufen. Derartige Prozeduren fehlen für Verletzungen der äußersten Grenze, die den Lebensraum der Großgruppe absteckt. Werden hier territoriale Besitzansprüche durch Fremde bedroht, kommt es regelmäßig zur gewalttätigen Abwehr, bis hin zur kriegerischen Vernichtung der Eindringlinge.

In den 1960er und 1970er Jahren war in den Sozialwissenschaften die Annahme weitverbreitet, das Territorialprinzip sei erst mit der Entwicklung der Agrikultur und der Seßhaftwerdung des Menschen im Neolithikum in die Welt gekommen, während der altsteinzeitliche Mensch in friedlich schweifenden, in ihrer Zusammensetzung häufig wechselnden Verbänden gelebt habe, die das Territorium, in dem sie jagten und sammelten, nicht als Besitz betrachtet und verteidigt hätten. Diese Annahme – eine moderne Wiederkehr von Rousseaus Mythos – kann mittlerweile als vollständig widerlegt gelten, wobei hinzugefügt werden muß, daß die territorialen Markierungen in Jäger- und Sammlerkulturen in vielfältigen und teilweise nicht unmittelbar erkenntlichen Ausdrucksformen zutage treten, natürlich nicht als Grenzlinien im modernen Sinn, wohl aber beispielsweise durch sakrale Stätten, die auch den Besitzanspruch ans Land versinnbildlichen. Richtig ist, daß das Territorialprinzip mit der Erfindung der Agrikultur und der Entwicklung städtischer Kulturen ganz neuartige, nun wahrlich unübersehbare Grenzen hervorbrachte, unter denen die Stadtmauern und -tore die imposantesten Artefakte vielfältiger Trennungen und Verbindungen – zwischen Land und Stadt, Bürgern und Nichtbürgern, einheimischen Produzenten und fremden Fernhändlern, und vor allem: Freunden und Feinden – darstellten. Im modernen Nationalstaat schließlich erfuhr die binäre Ein- und Ausgrenzungsfunktion territorialherrschaftlicher Grenzen einen weiteren Bedeutungszuwachs durch ihre Wandlung zum identitätsstiftenden Prinzip für eine so zuvor nicht gekannte Wir-Einheit, die Nation, gleichsam als deren Haut: »Die Grenze ist die Peripherie des Staats-, Wirtschafts-, Völkergebiets, durch die die Aufnahme und Ausgabe aller der Stoffe stattfindet, die das Leben eines Volkes und Staates braucht und abgibt. Ein beständiges Geben und Nehmen findet durch die Grenze seine unzähligen Wege«, heißt es in Friedrich Ratzels *Politische Geographie* (1897).

Was selten reflektiert wird und Erwähnung findet, ist, daß das Territorialprinzip auch in einer interessanten psychologischen Variante beim einzelnen Individuum verhaltensbestimmend ist. Jeder Mensch trägt gleichsam einen unsichtbaren Behälter mit sich, in den er seine Individualsphäre in den Raum expandieren läßt, einen Raum, in den einzudringen nur wenigen Personen gestattet ist und der an manchen Örtlichkeiten auch symbolisch abgesteckt wird. In jeder Kultur gibt es ein quasi instinktives Gespür für die – kulturell jeweils unterschiedlich codierten – Grenzen dieses unsichtbaren Behälters, wovon normalerweise intuitiv eingehaltene Distanznormen im sozialen Verkehr zeugen. Werden sie dennoch verletzt, erfolgen automatisch Reaktionen zur Wiederherstellung des passenden Abstandes, der unsichtbaren Ich-Grenze im Raum. Die Wirksamkeit des individuellen Territorialprinzips läßt sich leicht überall dort beobachten, wo viele Fremde auf engem Raum zusammen sind, beispielsweise in Zügen, Gasthäusern, Schwimmbädern oder Bibliotheken.

Territorialität ist das augenscheinlichste Prinzip der Grenzsetzung in menschlicher Vergesellschaftung, aber es ist nicht spezifisch menschlich, sondern schreibt, in vielfältigen kulturellen Überformungen, ein Organisationsmuster aus dem Tierreich fort. Spezifisch menschlich hingegen ist die folgende Verwirklichung des Prinzips. Im Gegensatz zum Tier leben Menschen – ausgenommen ist davon nur der Säugling – immer in mehreren sozialen Einheiten zugleich, sind Bewohner divergenter Kleinwelten: Menschliche Vergesellschaftung folgt – und genau das deutet der Begriff der sozialen Differenzierung an – einem zellenbildenden Prinzip, realisiert sich immer in funktional unterschiedlichen, sich überformenden oder überschneidenden und dabei teilweise auch territorial voneinander abgegrenzten Gruppen mit Mehrfachmitgliedschaften des Einzelnen – die soziale Existenz des Menschen ist immer, also keineswegs nur in der Moderne, mehrdimensional. Das zellenbildende Prinzip menschlicher Vergesellschaftung ist ein Prinzip der Grenzziehung zwischen Innen und Außen, Drinnensein und Draußensein, zwischen Wir und Ihr, eine Strukturierung von Zugehörigkeit, die das Werk bestimmter Normen ist, die man in der Normsoziologie Grenznormen genannt hat.

Grenznormen funktionieren als unmittelbare, aber auch mittelbare Regulatoren sozialer Ein- und Ausgrenzungen; als unmittelbare vornehmlich durch Fixierung spezieller Zulassungsbedingungen oder Handlungsvorschriften für das Verhältnis zu Außenstehenden und als mittelbare beispielsweise durch besondere Solidaritätsverpflichtungen, die sich nur auf die Innenseite der Grenze, die Mitglieder der Gruppe beziehen. Da nun jeder Mensch in jeder Gesellschaft Mitglied verschiedener sozialer Gruppen ist, hat er auch Grenznormen verschiedener sozialer Provenienz verinnerlicht, und deshalb ist es prinzipiell immer möglich, daß er in Situationen gerät, in denen die Ansprüche dieser Grenznormen in unversöhnlicher Ausschließlichkeit aufeinander stoßen. Er wird also zwangsläufig ›schuldig‹, wenn er den Anforderungen der einen Gruppe von Grenznormen den Vorzug vor denjenigen der anderen gibt, und genau dieses Schuldigwerden bezeichnet das Sinnterrain, das der Begriff des Tragischen anspricht, des Grundstoffs der griechischen Tragödie. Das Wort von der existenziellen Grenzsituation wird gemeinhin zur Charakterisierung derartiger Situationen genutzt.

Grenznormen sind die zentralen verhaltensbestimmenden Orientierungspunkte, wenn sich Menschen als Angehörige oder Repräsentanten verschiedener sozialer Gruppen, als Rollenträger gegenübertreten. Aber von dieser gruppenbezogenen Dimension unserer sozialen Existenz muß analytisch doch wiederum – trotz ihrer vielen Durchdringungen in der Wirklichkeit – die Ebene der Individualität unterschieden werden; der Bezug von Menschen als unaustauschbarer Personen aufeinander, eine Ebene der Sozialität, die ihre weitestgehende Ausprägung im Individualitätskult der westlichen Moderne gefunden hat und die ihrerseits eine Grenzziehung zwischen einer Sphäre des Öffentlichen und des Privaten in der Gesellschaftskonstruktion zur Voraussetzung hat.

Was ist nun das zentrale grenzziehende Prinzip, das auf der Individualitätsebene sozialer Beziehungen die Besonderheit der Beteiligten am unzweideutigsten ausdrückt? Gemeinhin nimmt man zu bestimmten übergeordneten Hilfsbegriffen Zuflucht, die auf dieses Prinzip anspielen, etwa, indem man den Begriff der Ich-Identität ins Spiel bringt. Wodurch aber konstituiert sich eine derartige Identität, und wie äußert sie sich dem Anderen gegenüber? Was ist ihr Kern? Darauf gibt es eine einfache klingende, in Wahrheit freilich höchst komplexe Bezüge umschließende Antwort: Es ist das soziale Nein, die Ablehnung eines Gesollten oder Erwarteten, die als unzweideutigste Grenzziehung zwischen dem Ich und dem Du funktioniert – das Nein ist das wichtigste Prinzip, in dem sich die personale Besonderheit des Einzelnen, seine

Ich-Identität sowohl ausdrückt als auch konstituiert. Denn nur über das Nein, die Abwehr eines Zugemuteten können wir uns unseres positiven Wollens, der Ja-Dimension unserer Existenz, bewußt werden; erst durch die Kontrasterfahrung des Nein gewinnen wir einen geschärften Sinn für das von uns wirklich Gewollte – das Nein ist also der zentrale Hebel beim Aufbau unserer Identität, unserer personalen Unverwechselbarkeit. Und dieser Aufbau ist ein lebenslanger, aus den rudimentären Anfängen der Nein-Verwendung des Kleinkindes sich hochentwickelnder, vielen Revisionen unterworfener und nie fertiger Prozeß, der so Unterschiedliches umschließt wie den Aufbau unserer ästhetischen Präferenzen bis hin zu jenen heroischen Widerstandshaltungen gegen Tyrannei, die zum Opfer des eigenen Lebens befähigen.

Dabei darf freilich nicht vergessen werden, daß für den Aufbau unserer Ich-Identität nicht nur das grenzziehende Nein gegen den Anderen, sondern auch gegen uns selbst notwendig ist, ein Aspekt, der die fundamentalste Seite menschlicher Existenz anspricht. Das grenzziehende Nein zu einem von uns selbst Gewollten, das Gegenübertreten eines Ja-Ichs und eines Nein-Ichs in der psychischen Binnensphäre der Person, im inneren Zwiegespräch, ist der grundsätzlichste Modus, in dem sich der unauflösliche Zusammenhang von Selbsttranszendierung und Selbstbegrenzung beim Aufbau unserer personalen Identität zeigt.

Eine höchst bedeutsame Variante des Nein-Prinzips als eines der zentralen grenzziehenden existenziellen Entscheidungsprinzipien darf nicht vergessen werden, und das ist jene Ausformung, die es in der Sphäre der Politik erhält. Auch hier ist das Nein zum politischen Gestaltungswillen eines Anderen das Primäre, aus dem das Ja eines eigenen politischen Entwurfs allererst erwächst – jede politische Ideologie baut auf dem Grundstein eines grenzziehenden Nein auf –, aber in der Sphäre der Politik wird durch das Nein der Andere zum zu bekämpfenden Gegner und unter bestimmten Umständen zum Feind. Genau das meint Carl Schmitts These vom Freund-Feind-Gegensatz als Essenz des Politischen, eine wohlbegründete These, die bei Schmitt übrigens keine normative, sondern eine rein deskriptive Aussage darstellt.

Soweit zunächst einige ganz grundsätzliche soziologische Bestimmungen des Grenzprinzips. Die Grenzziehung, das wurde deutlich, ist eine *conditio sine qua non* menschlicher Vergesellschaftung, eine anthropologische Konstante, und zwar eine Konstante, deren Unaufhebbarkeit man nicht nur sozusagen zähneknirschend hinnehmen muß, sondern die uns durchaus als ein sinnvolles, lobenswertes Phänomen erscheinen könnte. Denn nur qua Grenzziehung können wir unterscheiden, und die sozialen Ausgrenzungen, die dieses Unterscheidenkönnen nach sich zieht, sind die zentrale Bedingung für unsere Verortung in der Welt, unsere Identität als diese Person, Angehöriger dieser sozialen oder politischen Einheit.

In den letzten Jahrzehnten und besonders in jüngster Zeit ist aber in unserer Gesellschaft ein Diskurstyp hegemonial geworden, in dem Grenzen vornehmlich als ein negativ konnotiertes Phänomen Erwähnung finden, als etwas Abzulehnendes und zu Überwindendes. Man findet diesen Diskurstyp in den unterschiedlichsten sozialen Zusammenhängen, an erster Stelle der Politik und den Massenmedien, aber genauso in den Kulturwissenschaften – überall stoßen wir auf eine Rhetorik des Lobes der Grenzüberschreitung und Grenzauflösung. In den Kulturwissenschaften beispielsweise ist sogar die übliche binär bestimmte Definition des Grenzphänomens weitgehend in den Hintergrund gedrängt worden und einer Auffassung von Grenzen als Räumen gewichen, Räumen des Übergangs und des Sichvermischens, wovon eine nahezu inflationäre Zunahme des Gebrauchs der Präpositionen »inter-« und »trans-« in diesen Disziplinen zeugt. Die Absonderlichkeiten moderner pädagogischer Ideologien, die Inklusionen ohne Exklusionen einfordern oder der Gendertheorie mit ihrer Auflösung der biologischen Grenzen zwischen Mann und Frau zugunsten der Konstruktion von mehr als fünfzig trans- oder intersexuellen Zwischenwesen seien hier nur am Rande vermerkt.

Bevor nun diese Rhetorik des Lobes der Entgrenzung in ihren Funktionen und Auswirkungen – auch gerade in der Sphäre der Politik – genauer betrachtet wird, sollen ihre Eigentümlichkeiten zunächst an einigen Beispielen konkreter gezeigt werden. Begonnen sei mit einem zunächst weitabliegend scheinenden, freilich anthropologisch sehr aufschlußreichen Beispiel, nämlich den Reflexionen des Medienphilosophen Vilém Flusser zur Haut als der Körpergrenze des Menschen.

Flusser hat sich mehrfach mit dem Phänomen der Grenze auseinandergesetzt und dabei der üblichen, der binären Logik des Ein- und Ausschlusses folgenden Auffassung eine der sogenannten Fuzzylogik und ihres Konzeptes der »unscharfen Mengen« entstammende Deutung gegenübergestellt, durch die Grenzen nur noch als Zonen der Verbindung und Vermischung erscheinen. Wohlgemerkt: Der Aspekt des Verbindens wird bei Flusser nicht in seiner inneren Zusammengehörigkeit mit dem Aspekt des Trennens beleuchtet, so wie wir das hier anfangs entwickelt haben, sondern er wird verabsolutiert und einzig positiv konnotiert und dadurch nun seinerseits zu einem Instrument des Ausschlusses des vollständig negativ konnotierten Aspektes der Trennung – dem Grenzbegriff wird also sein dialektisches Spannungsverhältnis genommen, er wird, im wahrsten Sinne des Wortes, einseitig. Ganz pointiert hat Flusser seine Position einmal in einem Interview benannt. »Hoffen wir«, sagt er dort, »daß die Idee, überall Grenzen zu ziehen, verwischt wird: Das ist ein Mann, das ist eine Frau, das ist Deutschland, und das ist Frankreich. Es gibt keine Weißen und keine Schwarzen [...]. Jedes systematische Denken ist ein falsches Denken [...]. Die Wirklichkeit ist verworren und dadurch interessant.«

Flussers Deutung der Haut folgt nun ganz diesem vereinseitigten Denkmuster. Die Haut erscheint nicht mehr als die signifikanteste Körpergrenze zwischen dem Ich und dem Du und einem Innen und einem Außen, sondern als eine auch biologisch in sich vielfältig geschichtete Übergangszone, deren äußerste Schicht, die sich beständig ablösende und erneuernde Epidermis, noch nicht einmal eine klare Zuordnung zum Organismus oder zur Außenwelt gestatte. Und auch im Verhältnis zwischen dem Ich und dem Du wird die Haut als sinnlichstes Medium der Verbindung ausgemalt, als eine Körperzone, die die fundamentalsten Erfahrungen einer Auflösung des Ich im Nicht-Ich ermögliche. Was aber bleibt bei derartigen Deutungen der Haut ausgegrenzt? Und: was sind ihre versteckten anthropologischen Prämissen? Nun, ausgegrenzt bleibt jene Dimension des Nachdenkens über die Haut, die, ausgehend von ihrer leichten Verletzlichkeit, die Verletzungsmacht des Menschen als ein Zentralmerkmal aller Zwischenmenschlichkeit begreift; als ein unaufhebbares anthropologisches Faktum menschlicher Vergesellschaftung, mit dem jederzeit zu rechnen ist. Es gibt eine ehrwürdige Tradition der philosophischen Anthropologie – als einer ihrer älteren Vertreter sei Thomas Hobbes, als jüngerer sei Elias Canetti erwähnt –, die die leichte Verletzbarkeit der Haut durch den feindlichen Anderen ins Zentrum rückt und den dadurch zugefügten Schmerz als die markanteste Erfahrung unseres eigenen Körpers. Somit manifestiert sich die Erfahrung unserer Haut als der Körpergrenze zwischen dem Ich und dem Du am existenziellsten im Moment ihrer Durchbrechung durch einen feindlichen Anderen. Kurz: Vilém Flussers vereinseitigte Philosophie der Haut beruht – wie ein großer Teil der Rhetorik des Lobes der Entgrenzung – auf einem Menschenbild, das menschliche Vergesellschaftung nur im Modus des freundlichen Miteinander, aber nicht in demjenigen des feindlichen Gegeneinander zu denken vermag.

Das Lob der Entgrenzung kennzeichnet auch die Kunstauffassung und ästhetische Theorie der Moderne. Der traditionelle Kunstbegriff beruhte auf der eindeutigen Abgrenzung des Kunstwerks von einer profanen Alltagssphäre, einer Abgrenzung, die als Voraussetzung der auratischen Wirkung von Kunst gedacht wurde. Als ein treffendes Symbol dafür kann der Bildrahmen für den Bereich der bildenden Kunst gelten, wie Georg Simmel in einem kleinen Essay schön erläutert hat. Jedes Bild, das als Kunstwerk, als ein Artefakt wahrgenommen werden will, kann als schöpferische Vergegenständlichung einer unverwechselbaren, in sich ruhenden Einheit begriffen werden, als ein artifizielles Für-sich, das, aus der Sphäre des Nutzbaren, der utilitaristischen Dingwelt herausgenommen, den Betrachter zu einer Haltung des Abstandes herausfordern soll, einer Distanz, die allererst die ästhetische Wahrnehmung des Bildes in seinem sich selbst genügenden Für-sich-Sein ermöglicht.

Der Bildrahmen ist nun das sinnfälligste Mittel zur Herstellung dieser zweifachen Distanz: Die Grenze markierend, die ein Äußeres, das alltäglich Nutzbare, ausschließt, wirkt er nach innen als Medium jenes Zusammenschlusses des Dargestellten zu einem singulären Für-sich, das den Betrachter auf Abstand hält. Die meisten Rahmen haben Eigentümlichkeiten, die diese ein- und ausschließende Funktion visuell erleichtern – dazu gehört auch die leichte Erhöhung der äußeren

Rahmenseiten gegenüber den inneren –, wohingegen es eine Negierung der grenzziehenden Funktion des Rahmens darstellt, wenn er durch spezifische Ornamentierungen selbst den Status eines künstlerischen Für-sich anstrebt: als Grenze wirkt der Rahmen nur durch seine Bescheidung auf sein Mittelsein. Fast alle Varianten des avantgardistischen Kunstdiskurses der Moderne nun zielten auf Überschreiten und Einreißen jener Grenzen, die der Bildrahmen symbolisiert: Sei es – um nur zwei Beispiele zu nennen –, daß man keine Grenze zwischen dem Machen und dem Gemachten mehr anerkennen wollte und nicht das Artefakt, sondern dessen Herstellungsprozeß zur Kunst erklärte; oder sei es, daß man Nutzobjekte des Alltags zu Kunstobjekten erhob – das Selbstverständnis der künstlerischen Avantgarde des 20. Jahrhunderts artikulierte sich als ein Projekt des permanenten Niederreißens der von vorgegebenen Definitionen des Kunstbegriffs markierten Grenzen. Da dieses Niederreißen sich nun aber als eines im Namen der Kunst selbst feierte und zugleich die Freiheit der Kunst zu einem verfassungsrechtlich geschützten Gut avancierte, sah sich die Avantgarde, die ja nicht den Kunstbegriff ad acta legen wollte, fortwährend in die paradoxe Situation einer Verteidigung von Grenzziehungen gerade beim experimentierenden Überschreiten derselben gedrängt: Die Grenzüberschreitungen waren nicht, was sie intendierten – Grenzzerstörungen –, sondern nur neue Grenzziehungen.

Wir müssen uns zuletzt noch stichpunkthaft den Formen und Funktionen der Rhetorik des Lobes der Grenzüberwindung und Entgrenzung zuwenden, die unseren politisch-gesellschaftlichen Gegenwartsdiskurs bestimmen, einer Rhetorik, die man mit guten Gründen als die charakteristischste Meinungsströmung unserer Zeit auffassen kann: Überall schallt uns das Loblied des Überschreitens, Öffnens, Erweiterns und Entschränkens entgegen, am lautstärksten natürlich in jener aggressiven humanitaristisch aufgeladenen Variante von Forderungen, wie sie im Zusammenhang mit den neuen Migrationsströmen und den sie begleitenden Katastrophen massenmedial verbreitet werden. Bei genauerem Hinhören fällt aber schnell auf, daß diese Form der Rhetorik des Lobes der Entgrenzung gewöhnlich wenig reflektiert ist. Man liebt die abgegriffene moralisierende Worthülse und die ausgrenzende

Beschimpfung des Verteidigers der Schutzfunktionen von Grenzen, blendet Gedanken an soziale Langfristfolgen aus und zeigt wenig Gespür für die tieferen Quellen, die die eigene Rhetorik speisen, kurz: im politisch-medialen Feld äußert sich das Lob der Entgrenzung gewöhnlich als Jargon, als der typischste Ideologiejargon des Zeitgeistes. Was aber hat es mit diesem Jargon auf sich? Wie lassen sich genauer sein Sinn und seine Funktionen bestimmen?

Zur Beantwortung sollte man mindestens drei Verwendungsweisen dieses Jargons auseinanderhalten. Die beiden ersten ergeben sich durch eine Unterscheidung von zwei Dimensionen in jenem großen Prozeß der Entgrenzung, auf den das Schlagwort von der »Globalisierung« anspielt. Der Topos ist bei uns einerseits ein Kennzeichen empirischer Prozesse, dient aber zugleich auch als Kürzel für ein Gewolltes, ein utopisches Projekt gewisser Funktionseliten. In der politisch-medialen Verwendung des Begriffs freilich fließen diese beiden Dimensionen gemeinhin zusammen und dadurch werden Zusammenhänge zwischen Phänomenen der Entgrenzung suggeriert, die keineswegs zwingend sind. Von diesen beiden Ebenen wiederum zu unterscheiden ist ein dritter Verwendungsbereich der Ideologie der Entgrenzung, und das ist jene Form, in der sie nur als moralisches Postulat zur Verbesserung des Menschen auftritt, als jener Moraluniversalismus, den Arnold Gehlen eben so treffend »Humanitarismus« genannt hat.

Zunächst aber zur Problematik der Rhetorik der Entgrenzung im Zusammenhang mit der Globalisierung als empirischem Prozeß. Das Phänomen Globalisierung konnte sich voll erst nach dem Zusammenbruch des kommunistischen Weltsystems entwickeln. Sie umschließt mehrere große, ihrerseits miteinander verflochtene Einzelprozesse, die zwar die Grenzen nationalstaatlicher Territorialität überwinden, ohne daß ihnen aber ein Mechanismus auf grundsätzliche Aufhebung derselben inhärent wäre. Die wichtigsten dieser Einzelprozesse sind erstens der grenzüberschreitende Handels- und Kapitalverkehr, zweitens die noch vor einem Vierteljahrhundert völlig undenkbaren Möglichkeiten grenzüberschreitender Kommunikation und Informationsbeschaffung, die an die informationstechnologische Revolution des Internets geknüpft ist, jenes zeit- und raumüberwindenden Mediums, das zum

Inbegriff der Entgrenzung geworden ist und als technischer Träger der globalisierten Wirtschaftsprozesse fungiert, und drittens die ebenfalls ohne das Internet, die Handelsbeziehungen und die modernen raumüberwindenden Massenverkehrsmittel undenkbaren kulturellen Angleichungen, die sich am sichtbarsten in der Architektur moderner Großstädte und der Verbreitung einer Schrumpfform des Englischen als Erstsprache globaler Kommunikation zeigt.

Als übergeordnete Metapher für den grenzüberschreitenden Charakter derartiger Vergesellschaftungsformen ist der Begriff des »Netzes« und des »Netzwerks« modisch geworden. Es zeugt aber von einer großen Wirklichkeitsverkennung, in diesen Prozessen sozusagen automatische Schrittmacher einer alle und alles einschließenden Entgrenzung, einer grenzenlosen »Weltgesellschaft« zu vermuten, wie es der hegemoniale Gegenwartsdiskurs suggeriert, denn dabei wird vollständig übersehen, daß jeder derselben nicht nur Grenzen überwindet, sondern zugleich auch neue zieht. So hat der Prozeß der wirtschaftlichen Globalisierung zwar einen »Weltinnenraum des Kapitals«, so Peter Sloterdijks treffender Begriff, geschaffen, aber dieser schließt als eine Komfortzone der besonderen Art keineswegs die gesamte Menschheit in sich ein, sondern etwa zwei Drittel aufgrund des Nichtbesitzes von Geldvermögen aus sich aus – das Kapital als Motor länderübergreifender Entgrenzungen zieht neue Grenzen, die sogar in manchen Metropolen des Weltinnenraums sofort ins Auge fallen.

Ähnliches gilt für die Entgrenzung der Kommunikation und Informationsbeschaffung qua Internet. Wer das »Netz« als Medium einer globalen Kommunikation ganz neuartigen Gepräges begreift, sollte nicht vergessen zu erwähnen, daß der große Teil der Menschheit noch von dieser Kommunikation ausgeschlossen ist und aus demographischen Gründen auf absehbare Zeit auch ausgeschlossen bleiben wird: Die Inklusion in die entgrenzte Kommunikation in der Binnensphäre des Netzes impliziert also zugleich eine Ausgrenzung der Mehrheit der Menschen aus der Informationsgesellschaft – das »Netz« produziert eine neuartige Grenze zwischen globalisierter und örtlich gebundener Kommunikation. Und auch hinsichtlich der entgrenzenden kulturellen Angleichungen im Zuge der Globalisierung werden gerne neue Grenzziehungen übersehen. Nehmen wir die Sprache. Zwar hat sich eine Schrumpfform des Englischen zur Lingua franca des Weltverkehrs herausgebildet, deren Benutzung heutzutage etwa zwei Milliarden Menschen überall die Bewältigung standardisierter Vorgänge wie Buchen und Kaufen ermöglicht. Dabei wird aber zweierlei gerne übersehen: daß dieses Englisch es kaum gestattet, kulturell gebundene Empfindungen und Bedeutungen genauer in Worte zu fassen – versucht man es dennoch, häufen sich sehr schnell die Mißverständnisse –, und daß es einen Prozeß der Assimilation des Englischen an diverse Sprachkulturen dergestalt gab, daß es sich zu vielfältigen hybriden Idiomen ausdifferenzierte, deren Sprecher sich teilweise untereinander kaum mehr verständigen können. Der sprachlichen Entgrenzung korrespondierte also ein genau gegenläufiger Prozeß neuer sprachlicher Grenzziehungen, dem Fortschritt der Verständigung eine Zunahme der Verständnislosigkeit.

Gehen wir nun von diesen wenigen Stichworten zur Globalisierung als empirischem Prozeß zu jener als utopischem Elitenprojekt über, zu einem thematischen Kontext, in dem die Frage nach der Grenze ein nochmals andersartiges Problembündel aufwirft. Es gibt unterschiedliche Utopien der Globalisierung, von denen die wirkmächtigste gegenwärtig jene neoliberale Variante ist, die auf die Schaffung einer globalen Marktwirtschaft mit vollständiger Mobilität aller Produktionsfaktoren einschließlich des Faktors Arbeitskraft zielt, also auf die Gewährung umfassender Migrationsfreiheit. Ziel ist eine auf dem unbedingten Vorrang der Ökonomie basierende Weltgesellschaft mit einer jederzeitigen flexiblen Einpassung des Faktors Mensch in marktwirtschaftliche Imperative der Effizienz. Erst dieses Projekt der Globalisierung erzwingt grundlegende Revisionen des nationalstaatlichen Souveränitäts- und Territorialitätsprinzips – die Entmachtung der Nationalstaaten zugunsten demokratisch nicht legitimierbarer transnationaler Entscheidungsgremien und die Öffnung der Grenzen für eine ungehinderte Migration zum Zwecke der Verbilligung von Arbeitskraft und der Auflösung der Völker. Und es ist genau dieses Projekt, also ein Gewolltes und keineswegs das unvermeidliche Wirken gesellschaftlicher Naturgesetze, das in der Gegenwart in Gestalt des singulären Experiments der Europäischen Union sukzessive zu unserer politisch-gesellschaftlichen Wirklichkeit wird. Daß der weitgehende Abbau alter nationalstaatlicher Grenzen im Inneren dieser Union eben nicht mit dem Aufbau wirklich strikt geschützter Außengrenzen einhergeht, sondern bezüglich dieser Außengrenzen eine merkwürdige Rhetorik der Zweideutigkeit dominiert, die immer wieder Signale in die Länder außerhalb der Außengrenzen zum Überschreiten auch dieser Grenzen aussendet, erscheint vor dem Hintergrund des neoliberalen Globalisierungsprojektes nur schlüssig: In dessen Logik ist jede politische Grenze eben nur eine vorläufige, und dies umso mehr, als die demographische Situation Europas einen wachsenden Bedarf billiger Arbeitskraft – die Verfügbarkeit einer »industriellen Reservearmee« (Karl Marx) – zu einer unabdingbaren Forderung zu machen scheint. Daß mit der von der ökonomistischen Funktionslogik postulierten umfassenden Migrationsfreiheit noch weiterbestehende nationalstaatliche Grenzfunktionen sukzessive unterminiert werden und ihre alten Schutzfunktionen verlieren und sich im Inneren der entgrenzten Staaten alte Kulturgrenzen entlang neuartiger ethnisch-religiöser Konfliktlinien reproduzieren, erscheint den Verfechtern dieses ökonomistischen Projekts bestenfalls als Marginalie.

Das Menschenbild, auf dem diese ökonomistische Utopie der Globalisierung beruht, ist der Mensch als ortloser Einzelner, als atomisiertes Individuum, herausgelöst aus allen solidaritäts- und identitätsstiftenden sozialen und kulturellen Gehäusen und deshalb prinzipiell überall fungibel einsetzbar, der in sich entgrenzte Nur-noch-Mensch. Dieser überall effizient verwertbare ortlose Nur-noch-Mensch bedarf einer beständigen ideologischen Indoktrination und Konditionierung, die ihm zur euphemistischen Verklärung der eigenen Ortlosigkeit verhilft und ihm diese als einzig erstrebenswertes Schicksal erscheinen lassen soll. Sein Ort, so wird ihm suggeriert, sei »die Welt«, und was in diesem Ort noch an Grenzen politischer und kultureller Art bestehe, sei vorläufiger Art, befinde sich im Prozesse der Überwindung: die Welt sei auf dem Entwicklungsweg hin zu *einer* Welt, einem pazifizierten Ort; deswegen, weil sich die Menschen zunehmend als Nur-noch-Menschen gegenübertreten, im Modus eines freundlichen Miteinander, herausgelöst aus den Einschnürungen ihrer früheren Identitäten als Angehörige nationaler oder religiöser Wir-Gruppen beispielsweise.

Alle bei uns gegenwärtig dominierenden Ideologien sind Ideologien derartiger Entgrenzungen, Varianten einer Ideologie des humanitaristisch harmonisierenden Universalismus, der freilich angesichts der realiter fortbestehenden und sich teilweise sogar verschärfenden Grenzziehungen politischer und kultureller Art zunehmend wie eine zwar wohlklingende, nichtsdestoweniger aber hohle Phraseologie erscheint, als Vehikel einer systematischen Wirklichkeitsverkennung und des Selbstbetrugs. Das gilt nicht nur für den westlichen Menschenrechtsuniversalismus, dem die islamische Welt und die neuen aufstrebenden Mächte wie China zunehmend selbstbewußt ein ganz andersartiges Menschenrechtsverständnis entgegensetzen; sondern das gilt vor allem für den Ideologiejargon der »Weltoffenheit« und »Vielfalt«, der bei uns im Zentrum der Sprachregelungen der politischen Korrektheit steht: Es bedarf keiner großen Anstrengungen, um zu erkennen, daß dieser Jargon auf nichts anderem beruht als auf einer systematischen Wegdefinition der kulturellen Andersartigkeit des Anderen, all jener Grenzen, die für viele Angehörige der nichtwestlichen Welt eben nicht disponibel sind. Die postulierte »Weltoffenheit«, »Vielfalt« und »Toleranz« im Ideologiejargon der Entgrenzung kommt durch ein Wunschbild vom Anderen zustande, auf den man die eigene Ortlosigkeit projiziert: erstrebt wird in Wirklichkeit nicht die Vielfalt, die immer der Grenzziehung bedarf, sondern ein pluraler Monokulturalismus, Varianten der eigenen Leere. Völlig richtig hat Botho Strauß notiert: »Diese Leute ahnen offenbar nicht, wie nötig die Entfaltung des Pluralen der einen Instanz bedarf, die es ausschließt. [...] Wie kann man für das Viele sein, wenn man das Eine noch nie erfahren hat?«

Eines scheint jedenfalls gewiß: In einer Welt, in der die Tage der US-amerikanischen Hegemonie gezählt sind und neue selbstbewußte Staaten nach oben drängen, wird Europa nur dann zu einer ernstzunehmenden politischen und kulturellen Größe, wenn ihm eine zweifache selbstbewußte Grenzziehung gelingt – die klare Definition und der strikte Schutz einer Außengrenze und eine abgrenzende Selbstverortung, erwachsen aus einem eindeutigen politisch-kulturellen Nein.

WIDERSTAND IM REICH DER GROSSEN LÜGE

Spätestens seit 2015 lastet ein Grundgefühl ohnmächtiger Teilhabe an einer großen gesellschaftlichen Transformation auf vielen Mitbürgern, das sich gegenwärtig im quasinotverordneten Ausnahmezustand des Corona-Regimes albtraumhaft zuspitzt. Freilich hat die jüngere Entwicklung auch gezeigt, wie sehr in diesem Grundgefühl heftige psychische Resonanzen mitschwingen, die zur Umformung von Ohnmacht in Widerstand drängen. Für die Herausdestillierung ihrer Beschaffenheit – für genauere Einblicke in die Konstitution von Antriebsenergien zum tatwilligen »Nein!« – ist der erste Schritt oft die Selbstreflexion. Nun lehrt die Selbstreflexion sehr bald, wie abhängig das emotionale Profil des persönlichen Nein von all jenen verinnerlichten Texten ist, die als mehr oder weniger diffuser Leitfaden die Wahrnehmung des politisch-sozialen Geschehens maßgeblich lenken.

So sind die Reaktionen des Verfassers im Zuge der großen Transformation durch drei sehr heterogene Textsorten stark mitgeprägt: *erstens* durch die utopische Literatur von der frühen Neuzeit bis zu den Dystopien des 20. Jahrhunderts, die das asoziale Corona-Regime wie ein Kompositum aus dem radikalen Gleichheitswahn dieser alten Utopien und dystopischen Erniedrigungszeremonien erscheinen läßt; *zweitens* durch Macht- und Diktaturtheorien, die nahelegen, daß wir uns in der Beschleunigungsphase eines Prozesses befinden, der auf Totalabschaffung der ideologischen und institutionellen Basen der nationalstaatlichen Demokratie und auf ihre Ersetzung durch ein ›ideokratisches‹ supranationales Regime hinausläuft, für dessen Bestimmung der politischen Theorie noch weitgehend die Kategorien fehlen. Das geistige Selbstverständnis der liberalen Demokratie hat sich im Gift des Lügengewebes der in alle Ritzen der Gesellschaft eingedrungenen Phraseologie des humanitaristischen Moraluniversalismus bereits weitgehend aufgelöst; eines Sprachregimes, das durch konditionierende

Indoktrination die willige Mithilfe der Bevölkerung an ihrer eigenen Entmachtung und schließlichen Ersetzung im »großen Austausch« (Renaud Camus) anstrebt und sie gegenwärtig sogar (indirekter Impfzwang!) zur Abgabe des Urgrundrechtes auf Selbstbestimmung über den eigenen Körper zu überreden trachtet. Komplettiert wird das Sprachregime konditionierender Lügen durch Forcierung ›harter‹ Machttechniken, die die Ausschaltung jeder wirklichen Opposition bezwecken. Inhaltlich erfordern die globalistischen Regimeziele die weitgehende Destruktion sozialer Partikulareinheiten wie Familie, Volk und Nationalstaat und die Herstellung der Illusion einer ›Menschheitsunmittelbarkeit‹ der atomisierten Einzelnen. Und *drittens* schließlich haben psychologische Theorien über den Zorn und seine Mutanten zur Selbstaufklärung über psychische Antriebe des Widerstandswillens gegen einen als bösartige Überwältigung erlebten Prozeß verholfen, der mitunter – so beim Entsetzen über das politisch gewollte massenhafte Eindringen kulturfremder junger Männer über die ungesicherten deutschen Grenzen – wie eine traumatisch wirkende Verletzung des eigenen Körpers gefühlt wurde, gegen die sich heftige Aggressionsimpulse mobilisierten, die zwar kontrollierbar, aber doch weitgehend unverfügbar waren, willensunabhängig hinsichtlich ihrer Entstehung und ihres ›Da-Seins‹. Ihre prominentesten sind der Zorn, die Empörung, die Verachtung, der Ekel und schließlich der Haß – Varianten des durch Francis Fukuyama wieder prominent gemachten Thymos Platons. Unter ihnen nimmt der Haß auch deswegen eine Ausnahmestellung ein, weil – wie später gezeigt wird – wesentlich seinem Sinngepräge und seiner paradoxen soziologischen Legierung die Beharrungskraft eines durch Zorn und Empörung emporgetriebenen Widerstandswillens gegen vergewaltigende Über-Macht zuzuschreiben ist. Dem Haß verdankt politischer Widerstand eine einzigartige energetische Funktion. Aber ist Haß nicht moralisch vollkommen verwerflich? Oder läßt sich auch dieser Emotion eine – freilich gebrochene – Reverenz erweisen?

Viele neuzeitliche Wissenschaften haben sich in anthropologischen Bestimmungen ›des‹ Menschen versucht, aber die unterschiedlichen Deutungen, die dabei herausgekommen sind, bleiben doch banal und mitunter vulgär, wenn ihnen *eine* Dimension fehlt: die Auffassung des

Menschen als eines beständig um Selbstachtung – als Stolz, Würde oder Ehrgefühl etc. – ringenden Wesens, das auf die Abwehr all jener Gefühle angelegt ist, die mit Kränkungen und Demütigungen verbunden sind. Nur der Wille zur Selbstachtung befähigt zur Transzendierung rein utilitaristischer Verhaltenskalküle oder puren Lustmaximierungsstrebens und, im Extremfall, zum Selbstopfer. Aktuelle Phänomene wie der emotional aufgeladene Widerstand gegen den Maskenzwang bieten treffliches Anschauungsmaterial für Verdeutlichungen dieses Grundgedankens. Viele ahnen, daß das Wissen um eine mögliche beschränkte Wirkung der Maske und um ihre soziale Kontrollfunktion und Nutzung zur Aufrechterhaltung eines gesellschaftlichen Angstpegels alleine diese Aufgeladenheit nicht erklären kann.

Fundamentaler dafür scheint die durch die Maske vielfach als Gefühls-Evidenz beförderte Erkenntnis, wie sehr nicht nur ›normales‹ soziales Handeln, sondern auch das Selbstwertgefühl vollständig an der Unversehrtheit, Nacktheit und mimischen Funktionsfähigkeit des Gesichts – des Inbegriffs unserer Einzigartigkeit – hängen. Der Maskenzwang lässt nur noch kahle Schrumpfformen sozialen Handelns zu und produziert Entwürdigung, Selbsterniedrigung, und er ist in dieser Hinsicht sogar bösartiger als das Grüßen des Geßlerhutes, mit dem er manchmal verglichen wird. Zwar war auch der Geßlerhut ein kalkulierter Akt der Demütigung, was der Tyrann in Schillers Drama selbst öffentlich bekennt, bevor ihn der gerechte Fangschuß aus Tells Armbrust fällt. Aber der Zwang zum Gruß machte doch nur eine Geste und nicht das Gesicht zum Zielobjekt einer entwürdigenden Machtprozedur.

Grundsätzlich gilt: Widerstandsgefühle differieren hinsichtlich ihres soziologischen Gepräges und ihres leiblich erspürten Spannungs- und körperlich-mimisch erkenntlichen Ausdrucksprofils; und welche sich durch die Verletzung von Konstituentien der Selbstachtung einzustellen pflegen, hängt wesentlich vom Konstellationsgefüge sozialer Situationen ab. So ist genuiner Zorn an eine Nahbeziehung gekoppelt, in der er sich als ein von einer heftigen Wallung angetriebener Gefühlsausbruch gegen einen bestimmten Anderen untergeordneten oder gleichen Ranges äußert, in dem sich seine Energie vollständig verbraucht.

Ein Abkömmling des Zornes ist die – oft fälschlich mit »Entrüstung« gleichgesetzte – Empörung, die moralischste Energiequelle politischen Widerstandes. Empörung ist eine Spontanreaktion auch auf offenkundiges Unrecht, das anderen zugefügt wird, hat also Zusammengehörigkeits- und Mitgefühle zur Voraussetzung; und sie richtet sich gegen überlegene Akteure, gegen »Herrschende«. Empörung ist jener Zornesstoff, der Kollektive dann zur revolutionären Wallung treibt, wenn das Selbstverständnis und Institutionengefüge politischer Herrschaft dessen domestizierende Entschärfung blockieren. Die Erstellung einer Liste empörender Machtakte unseres Regimes, das in seinem rechts- und verfassungsbrechenden Furor sich selbst als der Extremist erweist, als den es seine politischen Opponenten diffamiert, würde viel Zeit erfordern. Am gravierendsten sind zum einen der gezielte Verzicht auf den Schutz staatlicher Grenzen zur ethnischen Durchmischung des eigenen Volkes, das dadurch politisch entmachtet und seiner soziokulturellen Lebensgrundlagen und eines beträchtlichen Teiles seines Reichtums beraubt wird; und zum anderen die medizinisch durch nichts gerechtfertigten Atomisierungsdiktate im vorgeblichen »Kampf« gegen einen unsichtbaren Mikrofeind, in dem die Existenzgrundlagen großer Bevölkerungsgruppen zerstört werden.

Im Bündel emotionaler Triebkräfte politischen Widerstandes fehlen selten die miteinander verschwisterten Affekte der Verachtung und des Ekels, denen auch ein weitgehend ähnliches mimisches Ausdrucksprofil eignet. Im politischen Feld formieren sie sich primär gegen die servilen Lakaien der Mächtigen und werden als gerechtfertigte moralische Abwertung und Wunsch zur Kontaktvermeidung verspürt. Im moralischen Ekel kulminiert Verachtung. Seine Ableitung vom physischen Ekel, dessen Inbegriff das Erbrechen ist, zeigt, daß er eine Reaktionsform gegen Personen ist, in denen ›Speichelleckerei‹ und Heucheln zusammenfließen; gegen Figuren vom Schlage eines Haldenwang oder Maas oder gegen die vielen lobhudelnden Schreiberlinge eines Regimes, dessen klarste Verkörperung auf unterer Ebene der Denunziant geworden ist. Ihnen gegenüber wird schon ein vorgestellter Händedruck als Beschmutzung erfahren. Haß hingegen wirkt nicht dissoziativ, sondern bindend. Seine Entstehung im politischen Kampf ist wesentlich von zweierlei abhängig:

von einer Konstellation, in der ein übermächtiger Akteur die Opposition gegen sich als Feindschaft deklariert; und von reaktiven Deutungen, die diesen Akteur als Verkörperung eines ›Bösen‹, als chronische existentielle Bedrohung des eigenen Selbst ausmalen. Dann wird Feindschaft mit der Gegen-Feindschaft des Hasses – einer konvertierten und konservierten Form des Zorns – beantwortet, die solange an den Gehaßten affektiv bindet, bis dieser als Bedrohungsquelle ›ausgeschaltet‹ ist.

Eine quasi metaphysische Tiefenschicht kann dem Haß dann zuwachsen, wenn die Lüge als charakteristischste Sprachäußerung der Macht erfahren wird, »denn«, so Arnold Gehlen in seinen berühmten Schlußworten in *Moral und Hypermoral*, »teuflisch ist, wer das Reich der Lüge aufrichtet und andere Menschen zwingt, in ihm zu leben. [...] er stiftet das Reich der Verrücktheit, denn es ist Wahnsinn, sich in der Lüge einzurichten«. Entgrenzter Haß stimuliert Erniedrigungs- und Gewaltphantasien und darf nicht gewollt werden. Aber der ›gezügelte‹, d. h. von Gewaltwünschen gereinigte Haß läßt sich unter den gegenwärtigen Bedingungen sehr wohl gutheißen. Aus ihm nährt sich insbesondere die Feindschaft gegen die höchste Repräsentantin des Regimes, die – obwohl wahrscheinlich nur Handlangerin in einem globalen Netz weit Mächtigerer – dessen bösartige Lügen am sinnfälligsten personifiziert.

Bevor wir uns der Widerstandsthematik konkreter widmen können, müssen wir einen genaueren Blick in das Konstellationsgefüge politischer Macht im Reich der großen Lüge werfen. Erkenntlich ist zunächst die weitgehende Entmachtung der klassischen Kontrollgewalten von Legislative und Judikative zugunsten einer Exekutive, die sich in der ›einsamen‹ Entscheidungsgewalt einer Person konzentriert, die eine politische Agenda der radikalen Entnationalisierung vorantreibt. Bezüglich dieser Agenda existieren unter den etablierten Parteien keine substanziellen Divergenzen, sie agieren als »Block«, dessen politische Willensenergie sich weitgehend im »Kampf gegen rechts« und der Feindschaft gegen die AfD bündelt, der einzig wirklichen, mittlerweile freilich von ihrem eigenen Vorsitzenden zerspaltenen Oppositionskraft im parlamentarischen System. Ihr soll ein ›Verfassungsschutz‹ den endgültigen Todesstoß versetzen, der nie neutrales Organ war, jetzt aber, nach Besetzung seiner Spitze mit einem Lakaien, zum vollständig willfährigen Instrument einer Exekutive geworden ist, gegen die er eigentlich vorgehen müßte. Gegen die vielen außerparlamentarischen Äußerungen von Widerstand mobilisiert das Regime immer stärker auch Gewalt, sei es durch die jugendliche Feiglingshorde der »Antifa«, die faktisch sein ziviler Prügelarm geworden ist, oder durch eine zunehmend wie eine ›Armee‹ auftretende Polizei, die zu unangemessener Aggressivität gegen bürgerlichen Protest gegen die Corona-Atomisierungspolitik angestachelt wird. Komplettiert wird der immer offenere Repressionscharakter des Regimes durch die Zensurorgien im »Netz«, die die Verbreitung politischer Gegenreden unterdrücken sollen. Zwar gilt das Recht gegenwärtig noch in weiten Bereichen, aber das Terrain ideokratischer Maßnahmestaatlichkeit hat sich doch rasant geweitet. Wir leben – um den berühmten Terminus Ernst Fraenkels aufzugreifen – in einer normen- und maßnahmenstaatlichen Doppelwirklichkeit.

Die Forcierung ›harter‹ Repressionsmittel darf aber nicht darüber hinwegtäuschen, daß die charakteristischsten Machttechniken des Regimes nach wie vor auf dem Gebiet der Sprache spielen; daß es vornehmlich durch sprachliche Konditionierungsprozesse die Bürger zum willigen Einverständnis in ihre eigene Entmachtung zu verführen trachtet. Als Kennzeichen dieses Sprachregimes hat sich der Begriff der politischen Korrektheit eingebürgert. Mit ihm ist ein weitgehend informelles, primär massenmedial verbreitetes Normierungssystem politisch relevanter Sprachakte gemeint, das inhaltlich Gewünschtes genauso konformistisch festzulegen trachtet wie dessen sprachliche Form und faktisch auf Zerstörung von Kommunikation und Meinungsfreiheit hinausläuft. Die Reproduktion und Verfestigung politisch korrekter Sprachcodes in der veröffentlichten Meinung hängt nicht nur an ideologischer Überzeugung, sondern wahrscheinlich stärker noch an gruppenpsychologischen Anpassungsprozessen, die, genährt durch eine diffuse hintergründige Angst, sich als Selbstzensur, vorauseilender Gehorsam und Bereitschaft zur sachwidrigen Informationsselektion äußern.

Ursache der Angst ist der informelle Charakter des Sprachregimes, der die ›Kosten‹ des Mutes zur Abweichung von der Einheitsnorm nie exakt kalkulierbar macht. Wenn aber selbst das Aussprechen unbestreitbarer Wahrheiten im Extremfall mediale Entrüstungsstürme mit intellektuellen Hetzmeutenbildungen entfesseln kann, die erst dann wieder zerfallen, wenn der Abweichler im Dauerbeschuß von Rufmordkampagnen sozial zur Strecke gebracht worden ist, dann werden jedem die möglichen Kosten des Aus-der-Reihe-Tanzens unmißverständlich klar, und es verbreitet sich durch Angst Feigheit und durch Feigheit das asoziale Regime der großen Lüge. Dieses Regime funktioniert im Zusammenspiel verschiedener sozialer Systeme – zwischen der Politik und den Massenmedien an erster und zwischen beiden und einigen Wissenschaftsdisziplinen an zweiter Stelle –, so daß in unterschiedlichen Bereichen ganz ähnliche informelle Kommunikations- und Sanktionsregelungen entstanden sind. In diesem Megasystem spielen die Massenmedien den Part der großen Posaune, die die stereotypen Melodien des Korrekten zunehmend in einer infantilisierten Parolenform, die an die Schafe aus Orwells *Animal Farm* denken lässt, fortissimo ins Ohr der Bevölkerung hineinbläst, mit dem Ziel einer Konditionierung, die das Mißtrauen in den eigenen Verstand und die eigene Wahrnehmung fördern soll.

Internes Schlüsselmerkmal dieses Sprachregimes ist die Überlagerung der Leitdifferenz von »wahr/falsch« durch die normative von »gut/böse«, die nicht auf sachliche Beurteilung eines Ist-Zustandes, sondern auf die Bewertung der Realität im Hinblick auf einen Soll-Zustand abzielt. Ergebnis dieser Überlagerung ist, daß in jede Aussage das Gift der emotionalisierenden Moralisierung eingespeist wird, das zuverlässig zu Freund-Feind-Deklarationen, Entrüstungsritualen und Diffamierungsintentionen gegen den als ›böse‹ markierten Pol führt; zu einer moralgepanzerten Komplexitätsreduktion, die Wirklichkeit zwar kinderleicht verstehbar macht, aber jeden argumentativen Diskurs erstickt. Wer – und sei es nur durch Tatsachenfeststellungen – Codes dieses Sprachregimes gravierend verletzt, muß damit rechnen, zum Objekt von Skandalisierungsprozessen zu werden, die soziale Ächtung und Vernichtung der materiellen Existenzgrundlage bezwecken. Die gezielte Aktivierung der phylogenetisch entstandenen menschlichen Urangst vor dem Verlust der Benefizien sozialer Zugehörigkeit ist die zentrale Machtquelle des Regimes, auf der das feindliche Gegenüber zwischen einem großen Lager des Konformismus und einem kleinen des Muts maßgeblich beruht.

Da die politische Korrektheit mittlerweile eine Vielzahl von Themenfeldern (Migration, EU, Euro, Klima, Geschlechterverhältnis, Geschichtspolitik, Corona) fest im Griff hat, konkretisiert sich ihr dichotomisches Basisprinzip bereichsspezifisch in unterschiedlichen semantischen Pflöcken des Gegeneinander, die auf teilweise divergenten ideologischen Grundlagen beruhen. Es ist aber sehr wohl möglich, die ideologische Hauptquelle zu identifizieren, die sie inhaltlich nährt: den humanitaristischen Moraluniversalismus. Er regiert auf den Feldern des Verhältnisses zum Nationalstaat und zur EU, der Migration und einer Geschichtspolitik, deren Kernziel die universalistische Selbstlegitimierung im fortwährenden ›Kampf‹ gegen das partikularistische Schreckbild des Nationalsozialismus ist.

Im Humanitarismus, einem typischen ideologischen Vehikel imperialer Projekte (Arnold Gehlen), ist das zellenbildende Grundprinzip menschlicher Vergesellschaftung, die durch Grenzen definierte Zugehörigkeit zu gestuften sozialen Partikulareinheiten (Familie, Volk, Staat etc.) in der schimärischen Vorstellung der ›Menschheitsunmittelbarkeit‹ ›des‹ Menschen vollständig negiert, dem – im Sinne des Schiller-Beethovenschen »Alle Menschen werden Brüder« – ein gleiches Maß an Zugehörigkeitsgefühlen zu »allen« angedichtet wird. Auf der in vielerlei politischen und metapolitischen Formen schillernden und schmeichelnden Semantik eines »grenzüberwindenden« Humanitarismus ist die Gegenwartskoalition zwischen linken Utopismen und Kapitalverwertungskalkülen errichtet; und aus ihrem Arsenal stammen die rhetorischen Waffen, die im Kampf gegen die europäischen Nationalstaaten im Zuge der Errichtung eines supranationalen EU-Herrschaftssystems vornehmlich gegen den »Rechtspopulismus« in Stellung gebracht worden sind. Auch die Verbotsdrohung gegen die AfD durch den Verfassungsschutz wird sich primär durch die Unvereinbarkeitsbehauptung des an oberster Stelle im Grundgesetz verankerten »menschenrechtlichen« »Würdeprinzips« mit dem »ausgrenzenden« Charakter eines partikularistischen Verständnisses der Staatsbürgerrechte und des deutschen Volkes zu rechtfertigen suchen.

Widerstand im und gegen das Reich der großen Lüge meint zuvörderst zweierlei: den Willen zur Kultivierung einer Gegensprache gegen die argumentationsunwillige Regimesprache und den Willen zur gesellschaftlichen Ausbreitung dieser Gegensprache in Sprechspiralen, die bewußt auf Aufbrechung der Macht der durch die Gegnersprache bewirkten Schweigespiralen zielen. Der Hauptgrund, warum diese so einfach wirkenden Postulate auf massive Verwirklichungshindernisse stoßen, ist nicht primär intellektuelle Inkompetenz, sondern die bereits angesprochene menschliche Urangst vor dem Verlust sozialer Zugehörigkeiten, die der moralische Mut, viel stärker als der physische, stets zu überwinden trachten muß. Der selbstbewußte öffentliche Gebrauch einer Gegensprache erfordert fortwährenden moralischen Mut im Kampf gegen ächtungsbereite Mehrheiten, und wie hoch dessen psychische Kosten sein können, läßt sich am Negativbeispiel des Vorsitzenden der AfD studieren, der – wohl wegen aufgezehrter Widerstandskraft gegen öffentliche Diffamierung – weitgehend in den Regimejargon zurückgefallen ist und dadurch eine Zerspaltung der einzigen oppositionellen parlamentarischen Kraft von innen bewirkt, die allererst der Verfassungsschutzdrohung die Macht zur schließlichen Zerschlagung des Zerspalteten verleiht. Die Gegensprache darf der Gegnersprache keine Reverenz erweisen; nur so stärkt sich eigener Mut und wird derjenige anderer beispielgebend befördert. Inhaltliche Kontur gewinnt sie primär als Widerpart der Leitideen des humanitaristischen Universalismus; sie setzt also der Destruktionskraft universalistischer Abwertungen historisch gewachsener kultureller Prägungen und sozialer Partikulareinheiten wie Familie, Volk und Nationalstaat eine selbstbewußte positive Affirmation derselben entgegen, die deren identitätsstiftende Kraft gegen globalistische Ortlosigkeit betont. Gegenwärtig – unter den Bedingungen asozialer Atomisierung im Corona-Regime – muß sich der Widerstandswille aber auf viel Grundsätzlicheres richten, nämlich auf die Wiederherstellung eines grundrechtlichen Zustandes, der allererst die öffentliche Artikulation von Widerstand ermöglicht. Im Kampf gegen den entwürdigenden Ausnahmezustand müssen sich alle parlamentarischen und außerparlamentarischen Kräfte vereinigen, denen an Meinungs- und Versammlungsfreiheit liegt, denn ohne diese gibt es keine demokratische Politik. Erst auf der wiederhergestellten Basis dieser Grundrechte kann die skizzierte Gegensprache öffentlich stärker in Erscheinung treten und sich – im Idealfall – in Redespiralen verbreiten, die den Mut zu ihrer Nutzung senken und ab einer bestimmten Schwelle den konformistischen Teilhabewunsch als Agens der Weiterverbreitung hervorlocken.

LITERATUR

Götz Aly (2007): *Unser Kampf. 1968 – ein irritierter Blick zurück*. Frankfurt/Main 2009.

Hans Christian Andersen (1837): »Des Kaisers neue Kleider«. *Märchen*. 3 Bde. Frankfurt/Main 1989.

Hannah Arendt (1951/1955): *Elemente und Ursprünge totaler Herrschaft*. München 1986.

Solomon Asch: »Effects of group pressure upon the modification and distortion of judgment«. In: Harold S. Guetzkow (ed.) *Groups, leadership and men*. Pittsburgh (PA) 1951.

Honoré de Balzac (1830/1842): *Gobseck. Die Menschliche Komödie*, Bd. 13. Frankfurt/Main u. Leipzig 1996.

Wolfgang Benz: »Einführung«. In: ders. (Hg.): *Islamfeindschaft und ihr Kontext. Dokumentation der Konferenz »Feindbild Muslim – Feindbild Jude«*. Berlin 2009.

Ernst Bloch (1959): *Das Prinzip Hoffnung. Gesamtausgabe*, Bd. 5. Frankfurt/Main 1977.

Pierre Boulez: »Sprengt die Opernhäuser in die Luft«. Gespräch in: *DER SPIEGEL*, Nr. 40/1967.

Henryk M. Broder: »Sind Muslime die Juden von heute?«. *Die Welt*, 13.01.2010.

Samuel Butler (1872): *Erewhon oder Jenseits der Berge*. Frankfurt/Main 1994.

Étienne Cabet (1847): *Reise nach Ikarien*. Berlin 1979.

Roger Caillois (1939/1950): *Der Mensch und das Heilige*. München – Wien 1988.

Ernest Callenbach (1975): Ökotopia. Berlin 1978.

Renaud Camus (2011): *Revolte gegen den Großen Austausch*. Schnellroda 2016.

Elias Canetti (1960): *Masse und Macht. Gesammelte Werke*, Bd. 3. München – Wien 1994.

Chahdortt Djavann (2004): *Was denkt Allah über Europa?*. Berlin 2005.

Günter Dux: *Die Spur der Macht im Verhältnis der Geschlechter. Über den Ursprung der Ungleichheit zwischen Frau und Mann*. Frankfurt/Main 1992.

Leon Festinger: *A theory of cognitive dissonance*. Stanford (CA) 1962.

Vilém Flusser: »Haut«. In: *Flusser Studies 02*, 2006 (Flusserstudies.net).

Vilém Flusser: *Zwiegespräche. Interviews 1967–1991*. Göttingen 1996.

Gabriel de Foigny (1676): *La Terre Australe Connue*. Éd. par Pierre Ronzeaud. Paris 2012.

Michel Foucault (1983/84): *Der Mut zur Wahrheit. Die Regierung des Selbst und der anderen II*. Berlin 2010.

Michel Foucault (1963): »Vorrede zur Überschreitung«. *Schriften*, Bd. 1 1954–1969. Frankfurt/Main 2001.

Charles Fourier (1808): *Theorie der vier Bewegungen und der allgemeinen Bestimmungen*. Hg. v. Theodor W. Adorno. Frankfurt/Main 1966.

Ernst Fraenkel (1941): *Der Doppelstaat*. Hg. v. Alexander von Brünneck. Hamburg 2001.

Sigmund Freud (1939): *Der Mann Moses und die monotheistische Religion. Studienausgabe*, Bd. IX. Frankfurt/Main 1982.

Gustav Freytag (1855): *Soll und Haben*. München 1978.

Francis Fukuyama (1992): *Das Ende der Geschichte*. München 1992.

Miriam Gebhardt: *Wir Kinder der Gewalt. Wie Frauen und Familien bis heute unter den Folgen der Massenvergewaltigungen bei Kriegsende leiden*. München 2019.

Arnold Gehlen (1969): *Moral und Hypermoral*. Frankfurt/Main 2004.

Arnold van Gennep (1909): *Übergangsriten*. Frankfurt/Main 2005.

Erving Goffman (1961): Asyle. Über die soziale Situation psychiatrischer Patienten und anderer Insassen. Frankfurt/Main 1973.

David Gollaher (2000): *Das verletzte Geschlecht: Die Geschichte der Beschneidung*. Berlin 2002.

Helmut Gollwitzer (1951): *... und führen, wohin du willst. Bericht einer Gefangenschaft*. Gütersloh 1983.

Svenja Goltermann: *Die Gesellschaft der Überlebenden. Deutsche Kriegsheimkehrer und ihre Gewalterfahrungen im Zweiten Weltkrieg.* München 2009.

Jacob und Wilhelm Grimm (1819): »Das tapfere Schneiderlein«. *Kinder- und Hausmärchen.* 3 Bde. Frankfurt/Main 1984.

Jürgen Habermas (1962): *Strukturwandel der Öffentlichkeit.* Neuwied u. Berlin 1971.

Gunnar Heinsohn (2003): *Söhne und Weltmacht. Terror im Aufstieg und Fall der Nationen.* München 2008.

Herodot: *Historien. Siebentes Buch.* Stuttgart 2019.

Moses Hess (1862): *Rom und Jerusalem. Die letzte Nationalitätenfrage.* Norderstedt 2016.

Thomas Hobbes (1651): *Leviathan.* Hg. v. Iring Fetscher. Frankfurt/Main 1984.

Eric Hobsbawm (1994): *Das Zeitalter der Extreme. Weltgeschichte des 20. Jahrhunderts.* München 1995.

Wolfgang Höhne: *Eine Frage der Demographie. Von der Kinderknappheit moderner Industriegesellschaften.* Karlsruhe 2012.

Max Horkheimer, Theodor W. Adorno (1947/1969): *Dialektik der Aufklärung. Philosophische Fragmente.* Frankfurt/Main 1984.

Michel Houellebecq (2015): *Unterwerfung.* Köln 2015.

Samuel P. Huntington (1996): *Kampf der Kulturen. Die Neugestaltung der Weltpolitik im 21. Jahrhundert.* München, Wien 1996.

Aldous Huxley (1932): *Schöne Neue Welt.* Frankfurt/Main 2015.

Lorenz Jäger: *Adorno. Eine politische Biographie.* München 2003.

Karl Jaspers (1954): »Die nichtchristlichen Religionen und das Abendland«, in: ders.: *Das Wagnis der Freiheit.* München 1996.

Immanuel Kant (1785): *Vom ewigen Frieden. Werkausgabe* Bd. XI. Frankfurt/Main 1977.

Gerd Koenen: *Das rote Jahrzehnt. Unsere kleine deutsche Kulturrevolution 1967–1977.* Köln 2001.

Ursula K. Le Guin (1974): *Planet der Habenichtse.* Hamburg 1999.

Konrad Paul Liessmann: *Lob der Grenze. Kritik der politischen Unterscheidungskraft.* Wien 2012.

Frank Lisson: *Die Verachtung des Eigenen. Über den kulturellen Selbsthaß in Europa.* Schnellroda 2019.

Herbert Marcuse (1964): Der eindimensionale Mensch. Neuwied u. Berlin 1976.

Karl Marx (1867): *Das Kapital. Kritik der politischen Ökonomie*, Erster Band. *MEW*, Bd. 23. Berlin 1979.

Christoph Meckel: *Suchbild. Über meinen Vater.* Düsseldorf 1980.

Sebastien Mercier (1771): *Das Jahr 2440. Ein Traum aller Träume.* Frankfurt/Main 1982.

Alexander Mitscherlich (1963): *Auf dem Weg zur vaterlosen Gesellschaft.* München 1996.

Alexander und Margarete Mitscherlich (1967): *Die Unfähigkeit zu trauern. Grundlagen kollektiven Verhaltens.* München 1991.

Michel de Montaigne (1774): *Tagebuch der Reise nach Italien, über die Schweiz und Deutschland von 1580 bis 1581.* Frankfurt/Main 2002.

Etienne-Gabriel Morelly (1755): *Gesetzbuch der natürlichen Gesellschaft.* Hg. v. Werner Krauss. Berlin 1964.

Ingo von Münch: *»Frau, komm!« Die Massenvergewaltigungen deutscher Frauen und Mädchen 1944/45.* Graz 2009.

Friedrich Nietzsche (1886): *Also sprach Zarathustra. KSA*, Bd. 4. München 1980.

Elisabeth Noelle-Neumann: *Die Schweigespirale. Öffentliche Meinung – unsere soziale Haut.* München 1980.

George Orwell (1945): *Farm der Tiere*. Zürich 2005.
George Orwell (1949): *1984*. Berlin 2021.
Rudolf Otto (1917): *Das Heilige. Über das Irrationale in der Idee des Göttlichen und sein Verhältnis zum Rationalen*. München 2004.
Robert Owen: *Eine neue Auffassung von der Gesellschaft*. Hg. v. Lola Zahn. Berlin 1989.
Josef Pieper (1934 ff.): Über die Tugenden. Klugheit. Gerechtigkeit. Tapferkeit. Maß. München 2004.
Platon: *Kritias. Sämtliche Werke*, Bd. V. Hamburg 1959.
Platon: *Politeia. Sämtliche Werke*, Bd. III. Hamburg 1958.
Heinrich Popitz: *Die normative Konstruktion von Gesellschaft*. Tübingen 1980.
François Rabelais (1532 ff.): *Gargantua und Pantagruel*. 2 Bde. München 1964.
Hans-Peter Raddatz: *Von Allah zum Terror? Der Djihad und die Deformierung des Westens*. München 2002.
Friedrich Ratzel (1897): *Politische Geographie*. Osnabrück 1974.
Jean-Jacques Rousseau (1755): *Abhandlung über den Ursprung und die Grundlagen der Ungleichheit unter den Menschen. Schriften*, Bd. 1. Hg. v. Henning Ritter. München – Wien 1978
Henri de Saint-Simon: *Ausgewählte Schriften*. Hg. v. Lola Zahn. Berlin 1977.
Jewgenij Samjatin (1920): *Wir*. Berlin 1994.
Erwin K. Scheuch: *Die Wiedertäufer der Wohlstandsgesellschaft*. Köln 1968.
Friedrich Schiller (1804): *Wilhelm Tell. Werke in drei Bänden*, Bd. III. München – Wien 1998.
Karl Schlögel (2006): *Grenzland Europa. Unterwegs auf einem neuen Kontinent*. München 2013
Carl Schmitt (1932): *Der Begriff des Politischen*. Berlin 2009.
Muzafer Sherif (1935): »A study of some social factors in perception«. *Archives of Psychology*, 27.
Rolf Peter Sieferle (1994): *Epochenwechsel. Die Deutschen an der Schwelle zum 21. Jahrhundert*. Berlin 2017.
Georg Simmel (1902): »Der Bildrahmen. Ein ästhetischer Versuch«. *Gesamtausgabe*, Bd. 7. Frankfurt/Main 1995.
Georg Simmel (1909): »Brücke und Tür«. *Gesamtausgabe*, Bd. 12. Frankfurt/Main 2001 [darin enthalten auch: »Das individuelle Gesetz«].
B. F. Skinner (1948): *Futurum Zwei. Die Vision einer aggressionsfreien Gesellschaft* [*Walden Two*]. Reinbek 1972.
Peter Sloterdijk: *Im Weltinnenraum des Kapitals. Für eine philosophische Theorie der Globalisierung*. Frankfurt/Main 2005.
Peter Sloterdijk: *Zorn und Zeit. Politisch-psychologischer Versuch*. Frankfurt/Main 2006.
Alexander Solschenizyn (1973 f.): *Der Archipel Gulag*. 3 Bde. Bern 1974–1976.
Sophokles: *Aias. Die Tragödien*. Stuttgart 1967.
Robert Spaemann: »Der Traum von der Schicksallosigkeit«. In: *DIE ZEIT*, Nr. 28/2012.
Baruch de Spinoza (1670): *Theologisch-politischer Traktat. Sämtliche Werke*, Bd. 3. Hamburg 2018.
Max Stirner (1844): Der Einzige und sein Eigentum. Stuttgart 1981.
Botho Strauß: *Die Fehler des Kopisten*. München – Wien 1997.
Klaus Theweleit: *Männerphantasien*. 2 Bde. Frankfurt/Main 1977, 1978.
Der utopische Staat. Thomas Morus, *Utopia*. Tommaso Campanella, *Sonnenstaat*. Francis Bacon, *Neu-Atlantis*. Reinbek b. Hamburg 1960.
Bernward Vesper (1977): *Die Reise*. Frankfurt/Main 1980.
Max Weber: *Gesammelte Aufsätze zur Religionssoziologie*. 3 Bde. Tübingen 1920.

QUELLENNACHWEIS

»Vaterlosigkeit und Feminisierung«, 2015 verfasst, vom Kulturprogramm des Südwestrundfunks (SWR2) wegen politischer Bedenken abgelehnt
»Die Rückkehr der Besiegten«, 2015 gesendet auf SWR2
»Mein Achtundsechzig«, 2018 gesendet auf SWR2
»Das Elend der Utopien«, 2008 erschienen in *Merkur*, H. 708, Mai 2008, 62. Jg.
(gekürzte Version), im selben Jahr gesendet auf SWR2 (möglicherweise in abgewandelter Version)
»Die Weltreligionen und die Gewalt«, 2005 erschienen in *Scheidewege*, 35. Jg., 2005/06, im selben Jahr gesendet auf SWR2 (möglicherweise in abgewandelter Version)
»Grundmerkmale des Gegenwartsantisemitismus«, 2013 gesendet auf SWR2 (längere Version), auch im Deutschlandfunk (gekürzte Version)
»Die Beschneidung«, 2012 gesendet auf SWR2
»Mut und Feigheit«, 2017 gesendet auf SWR2 (gekürzte Version), vollständige Version erschienen in *Scheidewege*, 50. Jg., 2020/21
»Die Grenze«, 2015 gesendet auf SWR2
»Widerstand im Reich der großen Lüge«, 2021 erschienen in *TUMULT*, Ausgabe Frühjahr 2021

Alle Beiträge sind für die Buchfassung durchgesehen worden.